원조 프로파일러

명탐정 홈즈의 추리

통학문적 접근

정계섭 지음

KYOWOOSA
敎友社

자연언어의 기제mechanism에 대해 오래 연구하다 보니 언어와 논리 그리고 언어와 사고가 불가분리의 관계에 있다는 사실을 깨닫게 되었다. 그래서 「언어와 사고」, 「언어와 논리」라는 강의를 교양 교육의 일환으로 10여 년 전에 개설하였다.

그런데 강의가 어렵다는 소문이 퍼지면서 학생들의 반응이 영 신통치 않았다. 어떻게 하면 유익하면서도 흥미와 관심을 끌 수 있을까 고심하던 중 어느 날 문득 아이디어가 떠올랐다. 언어학을 기호학으로, 논리학을 추리학 쪽으로 초점을 맞춰 전 세계가 열광하는 명탐정 셜록 홈즈를 통학문적으로 접근하자는 것이다.

이렇게 되면, 기호학과 추리학이 화학적으로 결합해서 새로운 분야 '탐정학'의 탄생을 기대할 수 있지 않을까. 이렇게 해서 5-6년 전부터, 「명탐정 홈즈의 추리」라는 강의를 매학기 개설해왔는데, 이번에는 예상 외로 학생들의 반응이 뜨거웠다. 간혹 소수의 학생들이 교양강의가 전공강의보다 더 어렵다고 분개(?)하는 경우도 없지 않았으나 대부분의 학생들은 크게 만족스러워했다. 대학의 교양 강의는 모름지기 학생들에게 문화충격을 주어야 한다는 평소의 신념이 실현되는 것 같아서 필자도 크게 고무되었고.

I 장은 탐정소설에 대한 정의와 대표적인 범죄학의 권위자 몇 명을 소개하고, 부록에 세계 100대 탐정소설을 첨부했다.

Ⅱ장은 탐정에게 필요한 최소한의 기호학적 지식을 다루었으며, 사건 해결에 단서가 되는 지표index를 어떻게 찾는가에 초점을 맞추었다. 예리한 관찰력을 키우는 훈련으로서 학창시절 IQ테스트에 나오던 문제들보다 더 나은 것은 없다고 여겨져 이런 문제들을 엄선해서 두뇌체조로 제시한다.

그리고 기호학적 천재성이 번뜩이는 볼테르Voltaire, 1694~1778의 Zadig를 '읽을거리'로 실었다. 자디그는 보지도 않은 여왕의 암캐와 왕의 말을 오직 지표에만 의거하여 완벽하게 묘사한다.

탐정이 획득하는 대부분의 정보는 부분적이고 단편적인 것으로서, 그는 이것을 가지고 전체 사건을 재구성reconstruction해야 한다. 여기가 바로 추리가 빛을 발하는 곳이다.

Ⅲ장은 귀납추리에 할애되었는데, 귀납추리란 결론을 부분적으로만 지지하는 추리이다. 전제들이 결론을 적극적으로 뒷받침하는 경우를 '좋은 추리', 그렇지 않은 경우를 '나쁜 추리'라고 한다. 일상생활이나 경험과학에서 우리는 '항상'이라고 해도 무방할 만큼 귀납추리를 하고 있다.

Ⅳ장은 본격적인 추론이 되는 연역추리를 다룬다. 올바른 연역을 '타당한' 연역이라 하고, 틀린 연역을 '부당한' 연역이라고 한다. 연역추리의 하이라이트는 삼단논법이라고 할 수 있는 바, 개념-판단-추론이 담겨있는 최소단위이기 때문이다. 사실 삼단논법을 제대로 배우자면 적어도 한 학기 정도는 필요하지만, 독자들은 벤 다이어그램 덕분에 거의 즉각적으로 타당성 여부를 검사할 수 있을 것이다.

Ⅴ장은 사고실험thought experiment과 감정이입empathy을 간략하게 소

개하였는데, 이 주제들은 이미 완성된 분야가 아닌 만큼 앞으로도 계속 연구되어야 할 주제들이다. 탐정의 업무에 있어 암호 해독은 약방의 감초격이어서 여기에서도 기초적인 몇 가지 테크닉을 소개하였다.

VI장은 이 모든 것들을 종합한 것으로서 탐정이 하는 일을 일목요연하게 정리한 장이다.

부록에는 학생들의 발표문을 실었는데 5~6대 1의 경쟁을 뚫고 여기까지 온 것들이다. 나의 주문은 첫째, 등장인물 소개를 간략하게 다이어그램으로 처리해 줄 것, 둘째, 읽지 않은 다른 학생들을 위해 간결하게 스토리를 소개할 것, 셋째, 홈즈가 지표, 즉 단서를 포착하여 사건을 해결하는 과정을 자세하게 추적하라는 것이었다. 그리고 마지막으로 12살 난 어린아이에게 설명했을 때 이해할 수 있어야 한다는 조건을 덧붙였다. 이 발표문들의 수준으로 보아, 필자는 다음과 같은 사실을 확신하게 되었다.

- 학생들이 치밀한 관찰의 중요성을 충분히 인식하고 실천에 옮길 수 있으며,
- 기본적인 추리법을 몸에 익혔고,
- 문제해결에 필요한 지식을 스스로 찾아 나설 수 있게 되었다.

그래서, 기대 이상의 성과를 거두었다고 자부한다. 발표문은 이론 강의에 이은 실습편에 해당한다.

그 밖에 본문의 내용과 관련되었지만 취급하지 못한 사안들은 '읽을거리'로 처리하여 실었음을 밝혀둔다. 그리고 저자 자신에게 실천

적 힘을 주는 지혜의 말씀들을 혼자만 알기에는 아깝다고 생각되어 발표문 사이에 실었다.

이 책은 10여 차례 강의한 경험을 바탕으로 이루어진 결과물이다. 초고는 모범적인 학생 성다은(일문과 3년)양이 워드작업을 해주어 벌써 3년 전에 준비되었다. 그러다가 필자가 Marselle대학에 가게 되었고 2년 후 다시 Sorbonne대학에 연수 차 다녀오는 바람에 지체되었다가, 금년 여름 방학에 다시 성다은양의 헌신적인 자원봉사 덕분에 본격적인 마무리 작업에 들어갔다. 이어서 김민아(심리학과 3년)양이 교정을 보았고, 특히 학생들 발표문에서 오탈자를 적지 않게 찾아내었다. 이 자리를 빌려 이 두 학생에게 각별한 고마움을 표하고자 한다. 교정본이 나올 때가 마침 중간고사 기간이어서 김유정(영문과 4년)양과 김소영(고려대 수학과 대학원)양도 수고해주었다.

요즘 어려운 여건 하에서도 흔쾌하게 출판을 허락해주신 오판근 사장님께 감사하고, 우아한 책으로 만드는데 온갖 수고를 다해주신 백지선 편집장에게 고마운 마음을 전한다.

끝으로 그동안 나의 강의를 들어준 모든 학생들과 열띤 질문으로 교실을 달군 학생들에게 “To my students with love!”를 바친다.

2012년 10월

정계섭 두손모음

| 차 례 |

I

들어가면서

> 모든 범죄는 반드시 흔적을 남긴다.
>
> 에드몽 로카르(Edmon Locard)

에드가 알랜 포Edgar Allan Poe, 1809~1849를 탐정소설의 아버지로 보는데 이의를 제기하는 사람은 없다. 그의 작품인 「모르그가의 살인」 1841은 탐정소설의 모든 요소를 두루 갖추고 있기 때문이다.

- 설명할 수 없는 희귀한 범죄
- 천재적이고 방법적인 탐정 듀팽Dupin[1]의 등장
- 사실을 재구성reconstruction하기 위한 연역추리

한편 프랑스의 추리작가 가보리오Emile Gaboriau, 1832~1873는 르꼭끄Lecoq형사가 등장하는 일련의 소설을 발표하여 대성공을 거두었는데, 당시 의대 학생이었던 코난 도일Conan Doyle, 1859~1930은 이 소설을 탐독하였고, 그 결과로 명탐정 셜록 홈즈Sherlock Holmes가 등장하는 「붉은 색 연구」가 1887년 발표되기에 이른다.[2]

결정적으로, 코난 도일이 의대생 시절 은사인 에딘버러 왕립병원의 벨Joseph Bell, 1837~1911 교수를 모델로 셜록 홈즈라는 인물을 창조하기에 이르는데, 어떤 환자에게 한 그의 추론은 감탄을 자아내게 한다.

---

1) 프랑스인으로 파리에 거주하고 독신이며 야행성에 독서광이다. 냉소적이고 지적인 사람의 전형.

2) 참고로 탐정소설의 간략한 계보를 소개하겠다.

작가	수사관	주요연대	비고
Edgar Allan Poe	Auguste Dupin	1841	사설탐정
Emile Gaboriau	Lecoq	1866	형사
Conan Doyle	Sherlock Holmes	1887	사설탐정
Agatha Christie	Hercule Poirot	1920	사설탐정, 전직경찰
Maurice Leblanc	Arsene Lupin	1929	도둑신사
Agatha Christie	Miss Marple	1930	armchair detective
Georges Simenon	Jules Maigret	1931	경찰

벨: 자, 당신은 군복무를 해왔군요.
환자: 예, 선생님.
(예의가 바르긴 하지만 모자를 벗지 않았다. 군대에서는 모자를 벗지 않는다.)
벨: 스코틀랜드 고지방 연대 출신이지요?
환자: 예, 선생님.
(자부심이 넘치는 걸 보니 스코틀랜드 출신이 분명!)
벨: 바베이도스에 주둔했었지요?
환자: 예, 선생님
(그가 상피병을 호소하는데 이 병은 영국이 아닌 서인도 지방에서만 발병하기 때문이다.)

코난 도일은 이렇게 임상의가 하는 작업이 탐정의 역할과 완전히 일치한다는 사실을 알아차리고, 마침내 셜록 홈즈를 탄생시킨 것이다. 임상의와 탐정에 더해 자연에 질문을 던지는 실험가도 여기에 추가하고 싶다.

탐정 소설에는 6가지 불변항이 있다.

① 범죄사건의 발생
② 동기(돈/복수/치정)
③ 범인
④ 희생자
⑤ 범죄 수법
⑥ 앙케이트 조사

여기에서 동기가 가장 중요한데, 그것은 수사 범위를 크게 좁힐 수 있기 때문이다. 또한 희생자의 신원확인은 용의자의 범주를 결정해준다.

1.2 법과학의 선구자들

본론에 들어가기 앞서 잠시 법과학forensic science의 선구자들을 살펴보도록 하자.

독일의 생리학자 갈Franz Gall, 1758~1828은 골상학骨相學, Phrenology의 창시자이며, 그는 두개골을 27개 부분으로 나누어 각각을 고유의 정신 기능이 있는 장소로 보고, 두개골의 형상으로 사람의 성격과 기질을 알 수 있다고 주장하였다.

체사레 롬브로소Cesare Lombroso, 1836~1909는 그의 저서 「범죄형 인간」Criminal man, 1876에서 환경에 의한 우연한 범죄자와 타고난 범죄자를 구분하였다. 그의 관상학적 견해에 의하면, 암살자들은 턱이 두드러지고 양쪽 광대뼈 간격이 넓으며, 머리카락이 굵고 색이 진하며 턱수염이 많지 않고 얼굴이 창백하다고 하였다. 또한 소매치기는 손이 길고 키가 크며 머리카락이 검고 턱수염이 많지 않다고 한다. 이밖에도 그의 저서에는 폭력범, 강도범, 방화범 등 각종 범죄형 인간들의 인상착의가 묘사되어 있다.3)

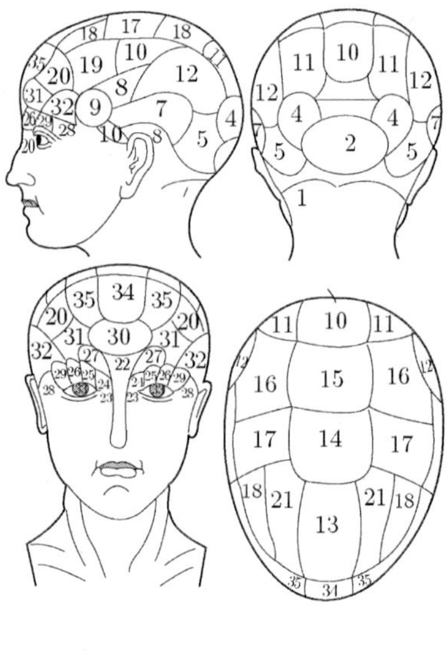

사진을 처음으로 인체 측정술에 활용한 사람은 알퐁스 베르

3) 서부 개척시대 보안관 자손과 악당의 자손을 조사한 보고에 의하면, 미 연방정부는 악당의 자손들에게 엄청난 지출을 했다고 한다.

티옹Alphonse Bertillon, 1853~1914인데, 관상학을 수사기법으로 활용하면서 당시로서는 획기적인 사진이라는 기술을 활용하였다. 경찰은 체포된 범인의 정면과 측면 얼굴 사진을 기록으로 남기고 여기에 눈, 코, 귀, 입, 턱 등에 나타나는 특징적인 형태를 칼자국이나 사마귀 등 특이사항과 함께 적어 전과자 식별을 용이하게 했다. 이 밖에도 발, 손목부터 팔꿈치까지의 길이와 중지의 길이, 머리둘레, 몸의 상처 자국이나 문신, 코의 형태적 특징(납작코, 매부리코, 들창코…), 눈과 머리카락의 색깔, 귀에 대한 묘사로 이른바 '글로 적은 초상화'를 만들었다. 위 사진의 인물들을 보면 첫눈에 이들이 선량한 시민과는 거리가 멀다고 느껴지지 않는가?

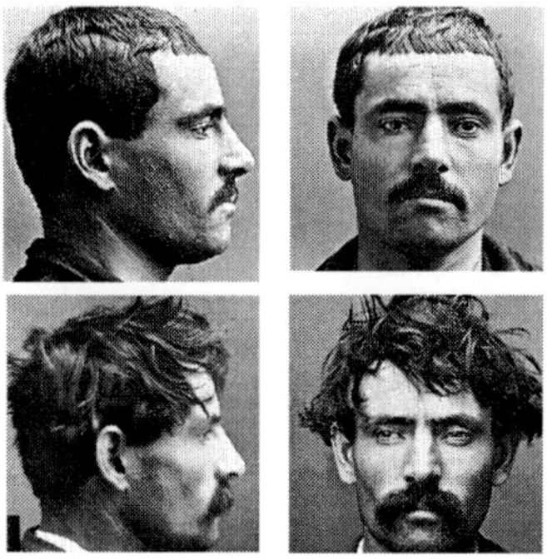

프랑스의 범죄학자 로까르Edmond Locard, 1877~1966는 "모든 범죄는 흔적을 남긴다."Locard's Exchange principle라는 말을 남겼다.[4] 그는 Lyon대 법의학 교수직을 사임하고 최초로 경찰연구소를 설립하였으며, 1912년 에밀 구르벵Emile Gourbin사건으로 일약 유명해졌다. 용의자인 Gourbin은 확고한 알리바이가 있었으나, 로까르박사는 그의 손톱 아래에서 '먼지 부스러기'를 확보한 다음 현미경으로 조사했다. 그 안에서 피살자의 목에서 떨어져 나왔음직한 피부조직을 찾아내었고, 이 피부 조직에는 피살자가 사용하던 분가루가 묻어있었다. 이를 통해 신분을 밝혀내고 사건을 해결할 수 있게 되었다.

4) Mark Benecke의 「DEM TATER AUF SPUR」(범죄자의 발자국)이 「모든 범죄는 흔적을 남긴다」는 제목으로 번역되었다. 김희상 역, 알마, 2008

Ⅱ

법 기호학 서론

> 언어가 가리키는 실재를 모를 때에는 그 말을 사용하지 말라.

아우구스티누스에 따르면 하느님은 두 권의 책을 썼는데, 하나는 성경이고 다른 하나는 '세상'이란 책이다. 이 세상은 하느님이 쓴 책이기 때문에 읽을 수 있는 눈이 있는 자는 그 속에 담긴 뜻을 읽어낼 수 있다. 세상이 하느님의 책이라는 비유에는 하느님은 세상을 통해 자신을 드러낸다는 의미가 있다. 즉 세상의 흔적과 기호를 잘 추적하면 하느님을 알 수 있다는 것이다. 뒤를 이어 갈릴레이도 "자연은 펼쳐진 책인데, 이 책의 언어는 수학의 언어, 즉 삼각형, 원, 사각형이다."라고 갈파한다.

움베르토 에코의 소설 「장미의 이름」은 이와 맥락을 같이하는 작품으로서, 수도사 윌리암과 그의 제자 앗조 수사가 등장하는데, 윌리암은 무지하고 소박한 청년 앗조에게 이렇게 말한다.

> "앗조야, 여행하는 동안 내내 가르친 게 무엇이었지? 위대한 교과서처럼 이 세상이 우리에게 말해 주는 것을 가지고 증거를 포착하라고 하지 않았나?"

흔히 회의론자들의 주장은 다음 세 가지로 요약된다.

1. 우리는 아무 것도 알 수 없다.
2. 설령 안다고 하더라도 전달할 수 없다.
3. 설령 전달한다 하더라도 이해할 수 없다.

그러나 윌리엄 수도사는 만일 어떤 것의 흔적과 징표가 있다면 그것에 대응하는 세계를 결국에는 발견해낼 수 있다고 확신한다. 여기에서, 윌리암과 앗조의 관계는 홈즈와 왓슨의 관계로 볼 수 있다. 작가는 다음과 같이 말한다.

앗조는 나에게 대단히 중요했다. 이 사춘기 소년은 문제의 사건을 경험하고 그것을 사진처럼 그려낼 수 있되, 그 사건의 진정한 의미는 이해하지 못해야 한다.

코난 도일의 시리즈에서 왓슨이 바로 앗조의 역할을 담당한다.

2.1 언어 기호

세상에 형태가 있는 것치고 기호가 아닌 것은 없으니 우리는 온갖 종류의 기호에 둘러싸여 살고 있는 셈이다. 회화나 조각 작품, 건축물도 기호의 관점에서 볼 수 있고 음악의 악보 역시 그러하다. 수학의 공식이나, 방정식의 형태로 표현되는 과학의 법칙도 기호들의 결합이니만큼 기호론적인 관점에서 접근할 수 있다.

다양한 기호들 중에서 언어 기호는 단연 으뜸가는 기호인데, 그것은 다른 기호들을 해석하기 위해 불가피하게 언어에 의존하기 때문이다. 소쉬르Ferdinand de Saussure, 1857~1913는 언어기호를 이렇게 정의한다.

기호sign	청각영상signifier, 記標
	개념signified, 記意

예컨대 내가 '바위'라고 칠판에 쓰거나 발음하면, 여러분의 머릿속에 바위에 대한 심상mental image이 떠오를 터인데, 나의 발화나 글자가 기표에 해당하고 뒤이어 떠오르는 심상 내지 개념이 기의가 된다. 기표를 꼭 청각인상에 제한할 필요는 없으며 다양한 지각상으로 나타날 수 있다는 사실을 앞으로 보게 될 것이다.

언어에 대한 과학을 정립하려는 소쉬르의 입장에서 언어 외적인 것을 제외한 것은 당연한 일인지도 모른다.[5] 그러나 언어가 세계와 맺는 필연적인 관계를 고려하면, 기호가 가리키는 지시물referent 또는 대상의 존재는 필수적이다. 그래서 미국의 Ogden과 Richard는 이른바 '기호삼각형'을 제시하기에 이른다.[6] 기호삼각형은 기표signifier, 기의signified 그리고 지시체referent로 이루어진다.

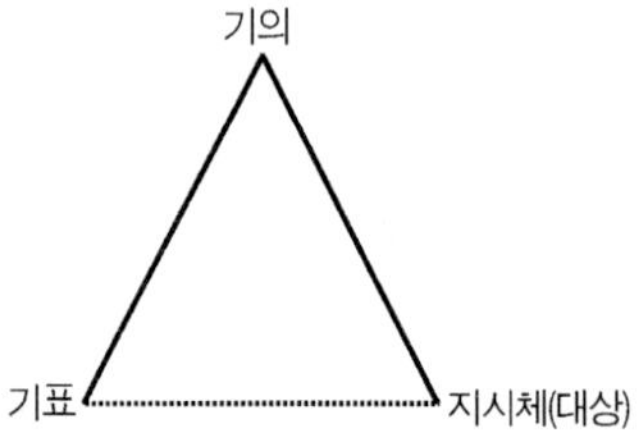

(점선은 기표가 기의를 통해서만 대상에 접근할 수 있다는 의미이다.)

달을 가리키는 손가락이 달이 아니듯이, 기호는 사물을 가리키지만 사물 자체는 아니라는 사실을 아는 것이 중요하다. 다음의 문장을 보자.

'개'라는 단어는 짖지 않는다.

벨기에의 초현실주의 화가 René Magritte의 다음 작품을 보자.

(해석 : 이것은 파이프가 아니다.)

5) 큰 나무 아래에서는 그림자 역시 크듯이, 이로 인해 의미론이 50년간이나 정체되었다고 한다. 모든 메달은 이면이 있기 마련이다.

6) 언어는 불가피하게 사물과 현상, 즉 세계와 관련이 있으므로, Saussure의 내재적 접근법보다 진일보한 것이다.

그래서 항시 '말'과 사물의 관계가 미묘해질 수 도 있는 것이다. 일상생활에서는 단어 자체가 사물이 되는 경우가 흔하기 때문이다. 기표와 기의의 관계는 필연적인가 관습적인가?

이에 대한 대답은 인간 언어의 다양성에서 찾을 수 있다. '나무'木를 뜻하는 각 언어의 어휘를 살펴보자.

	기표	기의
한국어	나무	'나무'라는 개념
영어	tree	
중국어	木	
독일어	baum	
불어	arbre	
· · ·		

바로 이러한 근거에서 소쉬르는 기표와 기의의 관계가 자의적恣意的이라고 하였다. '자의적'이라고 해서 개인이 마음대로 변경할 수 있다는 것은 아니다. 전통과 관습과 마찬가지로 기표와 기의의 관계는 사회적 합의의 산물이므로 마땅히 준수해야 한다.

언어의 기호나 자의성에 수반되는 귀결이 중요한데, 첫째, 어린아이가 모국어를 배우는 과정에서 기표는 기억되지만 기의는 정확하게 전달되지 않는다는 사실이다. 이런 상황은 어른이 되어서도 지속될 수 있다.[7)] 그래서 어린 시절에 습득한 어휘는 나중에 모두 다시 배워야 하는 것이다. 설사 어린이의 입에서 현학적인 어휘가 나오더라도 그것은 어른이 쓰는 의미가 아닌 경우가 많다.

---

7) 학생들에게 시험 삼아 '그믐', '칠칠한', '곰살궂은', '한나절' 등의 우리말 뜻을 물어보면 엉뚱하게 알고 있는 경우를 적지 않게 볼 수 있다.

실상 모국어를 완벽하게 구사하는 사람은 아무도 없다. 모국어의 습득도 전 생애를 통해 지속되는 것이다. 그래서 Humboldt는 음성과 의미의 관계에 대해, "분절된 음성을 사고의 표현이 되게끔 하려는 정신의 영원히 거듭되는 작업"이라고 간파한 것이다.

언어 기호의 자의성으로 인해 언어는 해석에 대해 열려있다. '달'이라는 대상에 대해 천문학자의 기의와 시인의 기의는 정서적으로 상당히 다를 수 있다. '숲'이라는 기호에 대해 식물학자와 목재상의 기의 역시 다를 것이다.

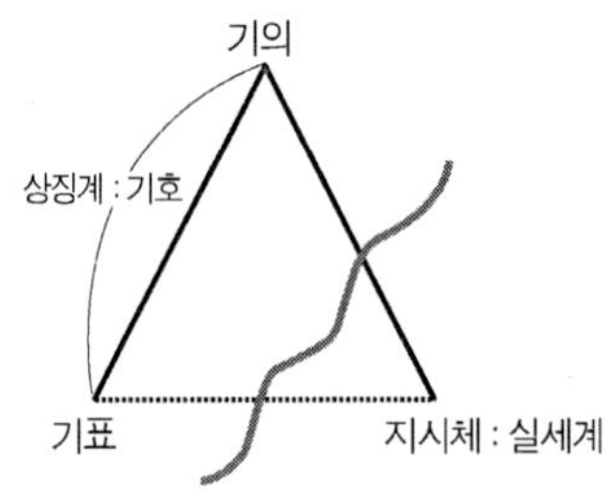

기호 삼각형은 세계를 언어로 이루어진 상징계와, 사물과 현상으로 이루어지는 실세계로 구분하는데 이는 인식론적으로 함축하는 바가 매우 크다.

우리의 견해에 의하면, 상징계는 사전dictionary의 차원이고, 실세계는 백과사전encyclopedia의 차원인데, 여기에 교육학적으로 매우 중요한 단서가 숨어있다.

어린아이에게 쓸모 있는 지식은 말이 아니라 사물에 대한 지식인데, 문제는 그것이 말만큼 용이하지 않다는 데에 있다. 학교에서 배우는 지식의 대부분은 언어를 통해 배우는 지식인데, 이런 지식은 산 지식이 아니다. 왜 그러한가?

우리가 경험하는 산山은 천차만별 이지만, 언어로서의 산은 고정되어 있다. '깊은 강', '거친 파도', '천길 낭떠러지'라는 표현 앞에서 우리는 빠질 걱정을 하거나 현기증을 느끼지 않는다. 어린이는 도시나 바다, 강의 이름을 배우지만 그것들이 실제로 어디에서 어떻게 존재하는지 전혀 알지 못한다. 암석의 종류(화강암, 현무암, 퇴적암, …)를 달달 외면서 이 암석들이 서로 어떻게 다른지 알지 못한다. 과학교육, 음악교육, 미술교육이 이런 식으로 말에 의해서만 이루어진다면 그 결과는 뻔하다. 요컨대 사람들은 아동에게 말에 의한 지식만 가르치고,[8] 그 말이 가르치는 세계에 대해서는 어떤 것도 이해시키지 못한다는 것이다.

바로 이러한 이유에서,

> 문자에 의해 터득하는 이는 사물에 부딪히면 그만 눈이 캄캄해 진다.[9]

그래서 사물을 궁구해서 지식에 이르라는 격물치지格物致知가 절실하게 요청되는 것이다. 이것이 바로 참학參學의 진정한 의미이다.

"언어가 가리키는 실재를 모를 때에는 그 말을 사용하지 말라."는 금언을 꼭 지킬 수는 없다 하더라도, 언어가 '양날의 칼'임을 항상 유념해야 할 까닭이다. Wittgenstein이라면 이럴 때 우리에게 침묵을 요청했을 것이다.

8) 필자의 경우, 한 번 들어본 적도 없지만 '합창'의 작곡가가 베토벤인 것을 알았고, 본 적도 없지만 '최후의 만찬'을 그린 화가가 레오나르도 다빈치라는 것을 알았다!

9) 경허선사편, 선문촬요, 이철교 역, 민족사, 2003, p.84.

읽을거리

필적학筆跡學, graphology

필체만으로 글씨 주인공이 어떤 사람인지 성격을 파악할 수 있다는 가정 하에 연구되는 분야이다. 뇌가 손과 팔의 근육에 지시해서 선, 굴곡, 각 등을 만들기 때문에 글씨체가 쓴 사람의 내적 세계를 반영할 수밖에 없다는 것이다. 그래서 어떤 면에서는 관상보다 더 정확하다고 볼 수도 있다.

예를 들어, 흐트러짐 없는 글씨는 들쑥날쑥한 글씨와는 판이하고, 그래서 규율과 도덕을 중시하는 성품을 반영하며, 각진 글씨를 쓰는 사람은 빈틈없고 용의주도한 성격이다. 글자 간격이 좁은 사람은 내성적이고 고지식한 경향을 보이는 사람이며, 행간격을 넓게 잡는 사람은 다른 사람을 배려할 줄 아는 성품이다. 글자를 크게 쓰는 사람치고 까탈스런 사람은 드물다. 이렇게 글씨의 크기, 형태, 곧음과 굽음, 글자 간격, 행 간격, 규칙성, 속도 등이 필적학의 연구 대상이 된다.

프랑스에서는 취업 시 자기 소개서는 반드시 육필로 쓰게 하는데 이때 글씨가 오른쪽으로 갈수록 아래로 내려가면 좋지 않은 인상을 준다고 한다.

우리나라에서는 현직검사가 항일운동가와 친일인사의 글씨가 각각 어떤 전형적인 특징을 갖고 있다는 이색적인 연구결과를 내놓았다.(구본진, 필적은 말한다, 중앙북스, 2009.)

2.2 비언어 기호

1) 시각

고개를 움직이지 않고 눈으로 볼 수 있는 범위는 좌우로 100도, 위로 60도, 아래로 75도이다. 그래서 좌우공간은 100×2/360=56%, 상하공간은 (60+75)/360=38%만을 볼 수 있다.

왼쪽 눈을 감고 연필 끝을 오른 쪽 눈의 정면에 놓고 응시하다가 연필을 오른 쪽으로 움직이면, 20도 벗어난 지점에 다다르면서 연필 끝이 안 보인다. 이를 눈의 맹점이라고 한다.

인간은 가시광선만을 볼 수 있는데, 인간과 달리 뱀은 적외선을, 벌은 자외선을 감지한다.

외부세계에 대한 정보 중 90%를 시각을 통해 입수한다. 그러나 시각은 모든 감각 중 가장 오류가 많은 감각이다. 아래 그림들은 닭을 그리라는 주문을 받고 실제로 학생들이 그린 것이다.

닭의 다리가 네 개라니!!!

거리를 눈짐작으로 추정하는 일은 쉬운 게 아니다. 아이들에게 나무의 높이나 강의 폭 그리고 거리를 가늠하게 하는 것은 좋은 시각 훈련이 된다. 무게에 대한 가늠 역시 마찬가지이다.

여기에서 우리는 데생에 대해 특히 주목하고자 한다. 위대한 레오나르도 다빈치는 14살 때 베로키오의 제자가 되는데, 피렌체에서도 명성이 자자한 스승의 공방에 머물면서 공부하게 되어 크게 기뻐한다. 그런데 스승은 그림 그리는 법은 가르쳐주지 않고 매일 계란을 그려 보라는 말만 한다. 그렇게 계속 그려나가다가 수십 일이 지나 불평이 폭발하자 그의 스승은 이렇게 타이른다.

> "이건 너의 예리한 관찰력을 훈련하는 것이야.
> 천개의 계란 가운데 모양이 똑같은 건 하나도 없어.
> 계란들의 미세한 차이를 신속하고 정확하게 찾아내
> 그것들의 특성을 파악하는 게 중요하단다."

실제로 계란의 보는 방향이나 위치를 바꾸면, 빛이 비치는 방향에 따라 다른 효과를 볼 수 있을 것이다.

피카소의 아버지가 피카소에게 비둘기의 발만 반복해서 그리도록 시켰을 때 다빈치의 일화를 활용했을 것으로 우리는 짐작할 수 있다. 한 가지 표본은 자꾸 보다 보면 눈에 잘 뜨이지 않는 것들, 예컨대 물고기의 양쪽 비늘의 배열이 다르다는 것을 알게 된다. 한 가지 사물을 제대로 관찰하는 법을 배움으로써 다른 사물도 정확하게 묘사할 수 있게 되는 것이다.

2) 청각적 관찰

시각은 물체의 운동이나 정지에 관계없이 작용하지만, 청각은 그렇지 않다. 만일 모든 것이 정지되어 있다면 아무것도 들을 수 없을 것이다. 청각에 자극을 주는 것은 음파, 즉 공기의 진동에 의한 것뿐이기에 그렇다.

청각은 삶의 감각적 경험을 풍요롭게 하고, 주변 세계와 의사소통을 가능하게 한다. 장님의 경우 귀를 이용해서 외부세계를 파악할 수밖에 없다. 열대 조류 전문가인 생물학자 Jared Diamond의 증언을 들어보자.

> "뉴기니아의 밀림은 너무 빽빽해서 새를 볼 수가 없다. 단지 귀로 새소리를 들을 수 있을 뿐이다. 오직 소리에만 의지해서 새를 식별해야 한다. 다행히 나는 음악을 좋아해서인지 몰라도 새소리를 잘 구분할 수 있는 밝은 귀를 가지고 있다. 어느 날 아침 열대우림으로 들어가서 다음날 새벽에 그곳을 빠져나왔는데, 나는 59종의 새소리를 듣고 무슨 새인지 알아냈다. 눈으로는 한 마리도 보지 못했다."

하늘 높이 나는 새에 미치지는 못하지만 두 발 동물인 인간은 네 발 짐승에 비해 높은 시야를 확보할 수 있어 청각정보 보다 시각정보에 의존하는 비율이 더 크다. 그러나 소리는 빛이 가지지 못한 위대한 능력이 있는데, 그것은 정서적인 울림을 통해서 사람의 마음을 움직이는 힘이 있기 때문이다. 그래서 인류는 청각예술인 음악을 시각예술인 회화보다 더 소중한 양식으로 떠받들어 왔던 것이다.

3) 미각에 의한 관찰

미각은 아주 현실적이어서 상상의 나래를 펼 수 없는 유일한 감각이다. 미각은 또한 인류의 문화와도 긴밀하게 연관되어 있어서, (자연 상태인) 날고기에서 익힌 고기문화로 변화하였다. 미각소素는 신맛산(酸), 쓴맛고(苦), 짠맛함(咸), 매운맛랄(辣), 단맛첨(甛) 5가지 맛으로 구성되어 있다.

각 나라의 사람들마다 미각이 서로 다르다. 생선의 경우 우리나라는 온갖 양념을 해서 조리하는데 반해, 프랑스에서는 그냥 구워서 소금을 찍어 먹는다. 처음에는 이게 무슨 맛인가 의아해했지만 나중에 진짜 생선 맛을 느낄 수 있었다. 커피마니아들이 블랙커피를 즐기는 것도 이런 이유이다.

고대의 의사들은 환자의 고름과 오줌의 맛을 진단에 이용했다. 당뇨병 환자의 오줌이 달다는 것은 수 천 년 전부터 알려진 사실이다.

4) 후각

냄새는 맛과 달리 가장 상상력을 자극하는 감각이다.

냄새는 잊혀 지지 않는다. 냄새는 시공간을 자유로이 넘나들게 해주는 일종의 마법사로서, 「잃어버린 시간을 찾아서」는 이 점을 유감없이 보여주고 있다. 그러나 꼭 프로스트만 그런 게 아니라 우리 모두는 어린 시절을 불현듯 떠올리게 해주는 각자의 독특한 냄새를 알고 있다.

일반적으로 좋은 냄새는 꽃, 건초향, 꿀, 나무 등 식물과 연관이 있고, 나쁜 냄새는 체액, 배설물, 썩은 고기 등 동물과 관련 된다. 대다수 동물에게 냄새는 자신의 영역을 표시하거나 성을 인식하는 표지가 된다.

냄새의 위력은 동요시키는 데에 있다. 샤넬 No.5의 관능적 매력이라든지 맛있는 음식 냄새의 불가항력적인 힘이 바로 그것인데 영국의 소설가이자 시인인 키플링Kipling도 이 점을 잘 알고 있었다.

> 당신의 심금을 울리는 가장 확실한 방법은 소리나 광경이 아니라 냄새이다.

향수 제조업자나 향기요법 치료사는 냄새를 맡는 일이 직업이다. 냄새와 맛을 함께 사용하는 직업으로는 포도주 감정사Connaisseur, 요리사, 제빵사 등이 있다. 건축업자들은 시범 아파트를 공개할 때 빵 굽는 냄새를 은은히 풍기게 함으로써 구매 욕구를 북돋울 줄 알고 있다.

우리는 음식물이 상했는지의 여부를 냄새로 판단한다. 또한 후각은 의학적 판단을 내리는 데 단서가 된다. 신장질환이 있는 사람은 숨을 쉴 때 암모니아와 유사한 합성물질로 인해 생선 냄새가 난다.

「바스커빌가의 사냥개」에서 홈즈는 "범죄 전문가가 구별해야하는 75가지 냄새가 있다."고 말한다. 실제 홈즈는 편지지에 밴 향香으로 어떤 여인의 신원을 밝히기에 이른다.

각 개인은 지문만큼이나 개인적인 체취를 지닌다. 헬렌 켈러는 냄새로 사람들의 직업을 맞추었다고 한다. 그런데 이 냄새라는 것은 말로 표현하기가 거의 불가능하다. 당신은 당신 자동차의 냄새를 익히 알고 있을 것이다. 한번 이 냄새를 언어로 표현해 보시라!

5) 촉각

태아에게 최초로 생기는 감각이 촉각이다. 어린아이는 따뜻하고,

차고, 딱딱하고, 부드러운 느낌을 엄마 몸과의 접촉을 통해서 배운다.

촉각의 의사소통망은 아주 섬세하게 다듬어진 체계이다. 입맞춤이나 애무를 생각하면 촉각은 무엇보다 '사랑의 언어'이다. 「적과 흑」에서 쥴리엥 소렐이 갈망하던 여인 레날 부인의 손을 잡는 장면의 상징적 중요성이라니! 그와 반대로 나쁜 촉감은 상대방을 혐오하게 만든다. 디킨즈Charles Dickens의 David Copperfield라는 소설에서 주인공 커퍼필드가 사악한 유리아 히프와 악수를 할 때, 물고기같이 끈적끈적한 유리아의 손 때문에 그를 혐오하게 되는 장면이 나온다.

직물이나 의상을 직업적으로 다루는 사람들에게 천의 촉감은 핵심적 요소 중의 하나이다.[10)]

생물학자 제라트 버메이Gerrat Vermeij는 아주 어렸을 때 시각을 상실하여 나머지 생애를 다른 감각기관에 의존하며 살아야 했다. 그는 눈으로 보는 대신 손으로 만져서 관찰을 했다. 시각으로 얻을 수 없는 통찰을 촉각으로 얻었던 것이다. 눈이 주로 2차원적으로 본다면, 손으로 형태를 더듬는 것은 3차원적인 지각을 준다. 장난감이나 여러 가지 물건을 자루 속에 넣고 자녀에게 손으로 만져서 무엇인지 알아 맞춰보는 연습을 시키면, 아이들의 지각을 고루 발달시키는데 큰 도움이 될 것이다.

캄캄한 밤에 낯선 창고 속에 갇혀 있다고 상상해 보자. 이때 한곳에 서서 이리저리 방향을 바꾸어 보면 피부에 와 닿는 공기의 흐름으로 출입구를 찾아낼 수 있을 것이다.

어두운 밤에 배를 탔을 경우, 얼굴에 닿는 바람에 따라 배가 어디로 움직이는지, 물살은 얼마나 빠른지 추정할 수 있다. 시각의 도움

---

10) 언젠가 덕성여대 스페인어과에서 멕시코 의상 발표회를 가졌는데, 섬유디자인과의 오순희 교수는 모델이 지나갈 때마다 의상의 천을 음미하였다.

없이 순전히 촉각으로 감지하도록, 아이들로 하여금 밤에 야외에서 놀게 하라! 산이나 들판이면 더욱 좋다.

「닥터스 씽킹」p.291에 촉감에 의한 명의名醫의 관찰이 잘 묘사돼 있다.

> 악수를 하면서 손바닥을 눌러보는 순간 진단이 나왔다. 다른 모든 의사들을 교묘히 피해간 진단이었다. 그들도 모두 악수를 했을 테지만, 텔가도 선생에게 밀가루 반죽 같은 그의 살은 잡역부의 손 그 이상을 암시했다. 선단거대증이었다. 이는 종양으로 인해 뇌하수체에서 성장호르몬이 과다 분비되면서 생기는 질환으로, 손발이 점점 비대해지고, 이목구비가 거칠어진다.[11)]

중요한 사실은 단순한 관찰만으로는 부족하다는 점이다. 다른 의사들도 촉각에 관한 관찰경험은 있었지만 이를 제대로 해석할 수 있는 지식이 결여되어있었던 것이다. 탐정에게 필요한 것은 예리한 관찰 못지않게 이 관찰을 올바른 결론에 이르게 해주는 지식의 뒷받침이 필수불가결하다.

> 귀니 윌리엄스는 난방이 잘 되지 않는 우리 병원의 환자들을 방문하기 전에 난방기에 손을 올려놓거나 뜨거운 물에 손을 담그곤 했다. 때때로 그는 나폴레옹처럼 오른손을 큰 외투 속에 넣고 병실을 걷곤 했다. 외투 속에는 뜨거운 물병이 감추어져 있어서 그의 손이 훌륭한 청취자가 되도록 해주었다. 차가운 손은 환자의 복부 근육을 반사적으로 긴장하게 하지만, 따뜻하고 편안한 손은 그 근육들을 완화시켜 긴장을 풀게 한

11) Jerome Groopman, How doctors think, 이문희 옮김, 해냄, 2007

다. 윌리엄스는 청진기보다도 자기 손을 더 신뢰하였고, 심지어 환자 자신의 설명보다도 자기 손을 더 믿었다. 그는 성난 얼굴로 곧잘 이렇게 말하곤 했다.

"환자들이 실제로 자기 뱃속에서 무슨 일이 일어나는지 어떻게 알아요? 환자들의 뱃속에서 나는 소리를 직접 들어 보세요. 그리고 청진기에 대해서 말이지만, 잔뜩 긴장한 환자의 살갗에 차가운 쇳덩어리를 갖다 댄들 도대체 뭘 알 수 있단 말이죠?"

윌리엄스의 말은 옳았다. 잘 훈련된 손을 복부에 얹으면 장기의 긴장이나 염증뿐 아니라, 더 복잡한 절차를 거쳐야 확인할 수 있는 종양의 모양까지도 알아낼 수 있다. 촉진은 무려 50년 동안 나의 가장 귀중한 진단 도구가 되어 주었다. 촉진은 내게 환자의 증세를 알려 줌과 동시에, 그 환자에게 의사가 개인적으로 관심이 있다는 사실을 느끼게 해주기 때문에 환자들의 두려움과 걱정을 진정시켜 고통을 완화하는 데 도움을 준다.

이것은 「고통이라는 선물」(두란노, 2001)의 저자가 윌리엄스로부터 의학에서 인간의 접촉을 대신할 만한 것이 없다는 사실을 배우고 한 증언이다. 다른 이야기지만 의사들이 어딘가 오만하게 보이는 태도와는 영 딴판이다.

6) 육감

제 6감은 어떤 특정한 기관을 갖지 않는다. 이는 단지 우리 머릿속에 있는 것이며, 그 감각은 순전히 내재적인 것으로서 지각 또는 관념에 속한다.

우리의 지식의 폭은 우리가 자유자재로 활용할 수 있는 개념의 수에 정비례한다. 그리고 정신의 정확성이란 이런 개념들의 명확성에 달려 있다. 인간의 이성이란 이 개념들을 비교하고 조합하는 기술이다.

여기에 두 가지 종류의 이성을 구분할 수 있는데, 첫째는 어린이의 이성인 감각적 이성[12]으로서, 복수 감각에 의해 단순 관념을 형성하는 단계이다. 보통 명사가 여기에 해당되는데, 예컨대 보고 듣고 튀긴 물에 젖으면서 '폭포'라는 관념을 형성하는 것이다.

어른의 이성은 지적 이성으로서, 복수의 단순 관념에 의해 복합 관념을 형성한다. 예컨대, 참새, 까치, 종달새 등으로부터 '조류'鳥類라는 상위어를 형성하는 경우이다.

2.3 지표指標; Index

일상적으로 지표는 방향을 가리키는 화살표 ' → ' 내지 어떤 대상을 가리키는 손가락을 의미하며, 그래서 사물의 가늠이 되는 안표를 의미한다. 비슷한 예로 연기는 불을 가리키고, 콧물이나 기침은 감기를, 번개는 천둥을, 먹구름은 비를, 하품은 졸림을 각각 나타낸다. 나아가서 IQ는 지능의 지표가 되고, GNP는 국가의 경제력을 나타내는 단어가 되고, 통계수치는 어떤 현상의 전반적 경향을 나타낸다.

요컨대 각각의 지표는 알려지지 않은 다른 사실에 대해 무언가를

12) 어린이는 외부 대상과 자신의 감각과의 관계를 알게 된 후에 이성의 세계에 들어선다. 그의 최초의 이성은 '감각적 이성'인 것이다. 예컨대, 난로에 손을 덴 아이는 두 번 다시 난로를 만지려고 하지 않을 것이다.

알게 해주는 즉각적으로 지각되는 사실이다. 이런 의미에서 앞서 살펴 본 언어적 기호나 비언어적 기호가 어떤 다른 사실의 단초가 된다면 역시 지표의 기능을 수행하는 것이다. 눈앞의 지표의 도움으로 우리는 과거로 역추리를 할 수도 있고 반대로 미래를 전망할 수도 있다. 지표와 지표가 가리키는 것과의 관계는 무엇인가? 우리는 이를 다음의 세 가지로 정리하고자 한다.

1. 공간적 / 시간적 인접성 내지 방향성
2. 물리적 / 생물학적 인과관계
3. 부분-전체 관계

① 공간적 / 시간적 인접성 내지 방향성

예전에는 비가 오기 전, 고양이가 세수하는 시늉을 하였는데, 습도가 높아져 벼룩이 생기기 때문이다. 피부가 얇은 개구리는 온도 변화에 민감해서 비가 오기 전 요란하게 울어댄다. 물고기는 물위로 뛰어오르고 제비는 낮게 난다. 습도가 올라가면 지면이 부드러워져 여기저기에 지렁이가 고개(?)를 내민다. 이 모두가 곧 비가 내릴 시기가 임박하였음을 알리는 지표가 된다.

② 물리적, 생물학적 상관관계 내지 인과관계

지식의 전 분야가 인과관계와 무관할 수 없다.

물리학

사과가 떨어지는 것을 보고 뉴턴이 중력의 법칙을 발견한 것은 인구ㅅㅁ에 회자되는 사실이다. 이렇게 어떤 현상-사과의 낙하-은 어떤 법칙을 가리키는 지표가 될 수 있다. 주전자 속의 끓는 물이

뚜껑을 들썩이게 하는 것은 보고 Watt는 증기기관을 고안해냈다. 끓는 물은 에너지의 지표가 된다. Thomson은 다른 학자들이 간과한 거품상자의 흔적을 보고 전자의 존재를 처음으로 규명하였다. 이때 흔적은 전자를 가리키는 지표이다. 물리학을 포함한 자연과학의 모든 관찰이나 실험이 어떤 지표를 찾기 위한 작업이라고 해도 과언이 아닐 정도로 이런 사례는 얼마든지 들 수 있을 것이다.

의학

우리는 의사가 하는 일이나, 탐정이 하는 일이 매우 유사하다는 믿음을 갖고 있다. 의학 분야에서 지표는 보통 징후라고 하는데 체온, 혈압, 맥박, 호흡 등이 이를 나타낸다.

고생물학

발굽이 있는 동물은 초식성일 수밖에 없는데, 발톱이 없어 후려칠 수가 없기 때문이다. 초식동물은 맷돌처럼 갈아 씹기 위한 평평한 어금니와 긴 소화기관을 지니고 있으며, 뿔이 있는 동물은 윗니가 없다.

우리가 보기에 고생물학자는 아주 탁월한 기호학자이다. 퀴비에의 말에 주목하자. 「비교해부학 강의」에서 그는 이렇게 말한다.[13]

> 마치 곡선의 방정식이 그 모든 성질을 나타내는 것처럼, 역으로 곡선의 작은 일부분으로도 그것의 일반식을 유도할 수 있다. 치아의 형상은 발가락 관절의 형상과 관련되고 어깨뼈의 형태는 발의 형태와 관련된다. 그리고 발, 어깨 뼈, 발가락 관절, 대퇴골, 그리고 어떤 다른 뼈를 들더라도 그것을 가지고 치아의 구조를 밝힐 수 있다. 다른 것에 대해서도 마찬가지다.

---

13) Charles Gillispie, The Edge of Objectivity(이필렬 역), 새물결, 2005, pp.324~325.

그렇기 때문에 생체의 이법理法에 관한 법칙을 합리적으로 파악하면 어느 하나의 뼈를 가지고도 그 동물 전체를 복원할 수 있다.

예를 들어서 발굽을 가진 동물은 초식을 해야 한다. 그들은 포획물을 잡을 수 없기 때문이다. 그리고 앞발은 신체를 지탱하는 데만 사용되기 때문에 견고한 어깨가 발달될 필요가 없었다는 것도 알 수 있다.

초식 동물의 치아의 치관齒冠은 곡식이나 풀을 잘게 부술 수 있도록 평평해야 하며 거칠어야 한다. 그리고 그러기 위해서는 사기질 부분과 골질 부분이 서로 엇갈려 있어야 한다.

이러한 형태의 치관은 우적우적 씹기도 해야 하고 부드럽게 하기 위해서 수평 운동도 해야 하기 때문에 턱뼈가 육식 동물처럼 단단하게 연결되어 있으면 안 된다. 관절은 평평해야 하며, 그것은 관자놀이 뼈의 평평한 면과 대응해야 한다. 관자놀이의 움푹 패인 곳은 근육이 거의 없어야 하며 넓지도 깊지도 않아야 할 것 등등이다.

이 밖에도 기상학기압계/온도계/풍향계/지진계 등, 독극물학, 관상학, 필적학, 골상학, 지문학, 법곤충학, 탄도학 등 세계는 지표로 쓴 책이라고 해도 과언이 아닐 정도로 인간은 지표에 둘러싸여 살고 있다.

③ 부분 – 전체 관계

DNA 분석으로 범인 또는 피살자의 신원을 알아내는 경우를 비롯하여, 지문指紋, 성문聲紋, 장문掌紋, 족문足紋 등은 부분을 가지고 그 소유자를 밝혀내는 전형적인 경우이다. 홈즈는, "대서양이나 나이

아가라 폭포를 보지도 듣지도 못했다 할지라도, 논리학자라면 물 한 방울만 보고도 그 존재가능성을 추리할 수 있어야 한다."고 말한다. 비슷한 예로, 만일 충분히 지적인 외계인外界人이 존재한다면, 그는 단 한사람의 지구인을 보고서 모든 지구인들을 상상할 수 있는 것이다.

학문의 세계에서도 부분–전체의 관계는 지식의 진보에 결정적 역할을 해왔다. 우리는 특히 비교해부학과 고생물학화석학의 대부라고 할 수 있는 프랑스 학자 퀴비에George Cuvier, 1796~1832에 주목하고자 하는데, 그는 뼈의 유해만 가지고 멸종동물을 재구성하는데 성공하였다. 예컨대 시조새의 발의 화석을 토대로 이 새의 전체 형태를 재구성하였는데 나중에 발견된 시조새 전체 모습이 담긴 화석과 대조해보니 완전히 일치하였다.

어떻게 이런 일이 가능한가?

퀴비에는 두 가지 법칙을 확립하였는데, 첫 번째는 '기관들 간의 종속관계의 법칙'이고, 두 번째는 '형태들 간의 상관관계'이다. 첫째 법칙에 의하면, 생명체의 어떤 기관에 영향을 주는 모든 변화는 다른 기관에도 반향을 불러일으킨다는 것이다. 동양의학은 이미 수천 년 전에 이 사실을 알고 있었다. 수지침의 원리. 아니, 한의학 자체가 이 법칙 위에 설정되어 있다. 시험 삼아 엄지와 검지로 엄지발가락을 잡고 힘을 주어 눌러 보시라. 정상적인 사람은 아무렇지도 않겠지만 만일 간이 나쁜 사람이라면 비명을 지를 정도로 아픔을 느낄 것이다. 반면, 서양의학은 증상에 따라 투약과 수술을 근간으로 삼는 대증요법對症療法이다.

두 번째 '형태들 간의 상관관계의 법칙'에 따르면, 각 생명체는 하나의 종합체계로의 독특한 폐쇄체계를 이루고 있기 때문에, 어느 부분이나 서로 대응하고 상호작용을 한다는 것이다. 초식동물들의 경우이齒의 형태와 발가락 관절의 형태는 이미 정해져 있는 것이다. 이는 마치 곡선의 방정식이 그 모든 지표를 나타내는 것과 마찬가지이다.

역으로, 발이나 어깨뼈, 대퇴골만 가지고도 전체 구조를 밝힐 수 있는데, 예컨대 모든 뿔 달린 동물은 외줄로 된 치아를 가지고 있다. '각자무치角者無齒'라 하지 않던가[14], 이것은 곡선의 일부분으로 그 전체식을 유도하는 것과 같다. 세 점의 좌표(-1, 5), (1, 11), (2, 35)가 주어졌을 때 우리는 $y = ax^3 + bx^2 + cx + 5$의 a, b, c를 구할 수 있는 것이다.

우리가 법法기호학이라 부르는 분야에서 무엇보다 중요한 것은 문제되는 또는 열쇠가 되는 인물의 신원확인이다.

무엇이든 정밀분석을 통하여 증거가 될 수 있다. 전화기에 묻은 타액, 씹다 버린 껌[15], 타버린 성냥개비, 담배꽁초, 구두자국, 바퀴자국, 페인트 얼룩, 천 조각, 뼈에 남겨진 탄흔 등 세상이 복잡한 만큼이나 널려있다.

DNA분석에서는 모든 분비물을 분석한다. 한 방울의 피, 정액, 질액, 타액, 땀 그리고 소변도 '말'을 한다. 냉전시대 미국과 소련의 정보기관들은 상대방 국가 원수의 건강상태를 알아내기 위해 분비물을 확보하려 했다는 소문도 있다.

심지어 한 장의 백지가 결정적 단서가 된 사례도 있는데, 그 앞장에 범인이 써놓은 전화번호가 희미하지만 충분히 알아볼 수 있게 다음 종이에 자국을 남겨놓은 것이다!

---

14) 이 말은 비유적으로, "사람이 모든 복을 다 가질 수는 없다"는 뜻으로도 쓰인다.
15) 껌, 담배꽁초 과일 등에는 잇자국이 나있다. 한 개의 치아에 의해 남겨진 흔적이 치흔齒痕이고, 윗, 아래 어느 한쪽의 치아 4~5개에 의해 남겨진 흔적이 치열흔, 위아래 양쪽 치아에 의해 남겨진 흔적을 교흔이라 한다.

지표의 중요성은 아무리 강조해도 지나치지 않은 것이, 사람을 죽이느냐, 살리느냐, 문제해결의 실마리를 찾느냐 간과하느냐가 여기에 달려있기 때문이다.

지표의 중요성을 일깨워주는 하나의 일화가 있다. 1971년 당시 24세였던 Carol terry의 에피소드가 그것인데, 당시 Carol terry는 빼어난 미인으로 당시 7월 중순 경에 회계 담당 직원으로 회사에 근무하고 있었다. 그런데 일도 야무지게 곧 잘하던 그녀가 근무 중 현기증으로 쓰러지게 된 것이다. 그녀의 건강을 걱정한 회사에서는 일주일간 휴가를 내어 주었고, 휴가 기간 중 귀가하는 차량 안에서 심한 부부싸움을 하게 된다. Carol은 다음날 아침 면도칼로 자신의 정맥을 그어 정신과에 입원하게 되고, 정신 안정제 토라진을 맞게 된다. 하지만 별 다른 효험이 없자 다른 정신과 병원에 입원하게 된다. 여러 병원을 전전해가며, 토라진을 과다 투입하게 되자, 토라진 부작용으로 침을 흘리게 되어 남들이 보기에 극심한 지체장애인양 비춰지게 된다. 이에 정신병원에서는 전기 충격 요법을 쓰게 되고, 증상은 더욱 더 악화되게 된다. 많은 치료비를 감당하는 탓에 생활이 점점 더 어려워지기 시작하고, 가정 형편도 안 좋아지는 마당에 Carol의 상태는 더욱 악화되어 음식을 삼키지도 못하고 균형 감각도 크게 무뎌져 제대로 걷지 못하고 몸을 구르는 수준에 이르게 된다. 신경과 의사에게 찾아가서 L-dopa 약을 투여 받았지만 그도 효험이 없었고, 다른 정신과에서 항 우울제를 투여 받았지만 그것도 효험이 없었다. 결국 기울어진 가정형편과 정신적으로 힘든 이유로 1973년에 이혼을 하게 된다. 그 이후에 무료로 운영하는 유타대 정신과 병동에 입원하게 되는데, 입원 당시 다리도 절고 말도 제대로 하지 못하는 상태였다. Reiser라는 의사가 Carol을 담당하게 되었는데, 훗날 이 의사가 Carol의 구세주가 된다. 그녀의 증상을 유심히 관찰한 후 단순한 정신적 문제가 아님을 파악하고 이웃병원 내과, 안과의사에게 연구 환자 사례로(이렇게 되면 치료비는 무료이다.) Carol을 보내어 간 기능과 각막 검사를 시행하게 된다. 이때까지는 막연한 정체불명의 정신병이었으나, 실제 검사 결과로 진짜 병을 앓고 있음을 알게 되었고, 병의 원인도 구체적으로 알게 되었다. 검사 결과 Carol의 병은 구리 중독으로 인해 유발되는 윌슨병이었던 것이다. 구리 섭취가 쌓여 저류하게 되면 간이나 뇌, 각막에 축적되는데 각막에 저류하게 될 경우에는 각막에 Kauser-Fleischer Ring[16)]이 발견되게 된다. 이 Kauser-Fleischer Ring이 바로 윌슨병의 지표이다. Carol에게서 윌슨병의 지표를 잘 읽어낸 것이다. 이후 Carol을 윌슨병 권위 치료자에게 보내어 Carol은 3개월 만에 완치되게 된다. Carol의 사례를 통해 결정적 지표를 찾는 것이 얼마나 중요한 것인지 깨달을 수 있다. 그냥 보는 것과 관찰하는 것은 다르다는 것이다. 윌슨병의 징후와 정신병의 징후가 서로 비슷하여 이런 불상사가 생기게 된 것이다.[17)]

그런데 단서를 찾는 데에는 상상력과 창조적 사고가 필요하다. 몇 가지 기준을 제시하자면,

1) 지표에서 읽어야 할 가능성은 여러 가지다. 따라서 맨 처음 떠오르는 발상으로 만족하는데 그쳐서는 안 된다. 항시 다른 가

16) 독일의 두 연구자 Kauser와 Fleischer의 이름을 따서 명명한 것이다.
17) 이 사례는 아래 책에서 찾은 것이다.
Berton Roueche, The Medical Detectives, 박완배 옮김, 실학단, 1998

능성을 염두에 두어야 한다. 희생자든 용의자든 간에 가장 중요한 신원확인의 경우 냄새, 혈흔, 한 올의 머리카락, 피부조직, 전화기의 타액, 씹다버린 껌, 담배꽁초, 마시다 남은 커피 잔, 쓰레기통의 휴지 등 모든 것이 결정적인 단서가 될 수 있다.

2) 시간이 지나면서 처음보다 더 많은 지표들이 있다. 그런 지표가 많을수록 결론도 그만큼 더 확실해진다. 지표를 수집하기 위해 여러 분야의 전문가들이 출동할 수도 있다.

3) 지표는 적극적으로 찾아 나설 때에만 발견된다.

사례 1

1929년 4월 29일 피해자의 집에서 댄스파티가 있었다. 그의 아내가 커피와 샌드위치를 쟁반에 담아 가져다 주고 몇 분 뒤 피해자는 몸부림을 치다 사망하였고 여자는 남편이 자살했다고 주장하였다. 검시 결과 스트리키닌이 검출되었으나, 여자가 독이 든 커피를 주었다고 연관 지을 증거가 없었다. 수사관은 불현듯 여자가 춤추는 사람들을 헤집고 쟁반을 들고 갔다면, 혹시 사람들과 부딪혀 커피가 조금이라도 쏟아지지 않았을까 하는 생각이 떠올랐다. 수소문한 결과 파티에 참석한 어느 젊은 여자가 그런 일이 있었노라고 진술하였다. 용의자와 부딪히는 바람에 커피가 쏟아졌고, 그때 묻은 얼룩이 아직도 자기 옷에 남아있다는 것이었다. 물론 그 커피 얼룩에는 스트리키닌이 남아있었다! 지표는 이렇게 적극적으로 찾아 나서야 하는데 그래서 발견술heuristic적 아이디어가 필요하다.

사례 2

이번에는 뺑소니 차량사건이다. 50대 남자가 옆머리를 크게 다쳐 많은 피를 흘리고 사망한 변사체로 발견되었다. 처음에는 교통사고인지 조차 감이 잡히지 않았으나 도로상에 있었기 때문에 막연하게 추정하는 정도였다. 그러다가 사건발생 시간 즈음에 나무를 잔뜩 실은 트럭이 지나가는 것을 본 목격자가 나타났다.
수사요원들은 트럭이 도착했을 것으로 예상되는 지역의 목재상과 제재소를 수소문한 결과, 한 목재상에서 버드나무 재목을 실어다 놓은 사실을 확인하였다. 그러나 트럭 기사는 그런 일이 없었다고 주장, 용의 차량의 타이어를 비롯해 차체 차 부분을 면밀하게 관찰하였으나 혈흔이라든지 인체 조직 조각이 발견되지 않았다. "잔뜩 실은 버드나무 재목들이 차체 밖으로 삐져나올 수도 있지 않겠는가?" 만일 그러하다면, 튀어나온 나무 끝이 달리는 흉기가 되어 피해자의 옆머리를 강타했을지도 모를 일이다. 그래서 쌓아놓은 재목 하나 하나 모두 검사하던 중 한 수사요원이 "야! 머리카락이다!"라고 소리 질렀다. 거기에는 나무 끝 쪽에 5~6개의 머리카락이 붙어 있었다. 변사장소에서 수거한 머리카락, 변사자의 머리카락, 버드나무 끝에서 채취한 머리카락의 형태를 비교하고 혈액형을 검사한 결과 동일인의 머리카락이라는 사실이 밝혀졌다.

사례 3

이 사건은 어떤 택시기사로부터 필자가 직접 들은 이야기이다. 어느 날 그 기사의 택시에서 손님이 내려 길을 건너는데 맞은편에서 온 승용차가 그 손님을 치고 달아났다. 순식간에 벌어진 일이지만, 이 기사는 차를 돌려 뺑소니차의 추적에 나섰다. 골목골목을 살피면서 큰 길을 주행하다가 어떤 골목길에서 브레이크 등이 켜진 차를 목격하게 된다. 뺑소니차의 운전자가 긴장한 나머지 브레이크 페달에서 발을 떼지 못했던 것이다!

4) 논리적 사고와 백과사전적 지식이 필요하다.

지문을 찾을 때에는 항상 논리적인 사고를 해야 한다. 호텔 벽이나 앞 유리창 옆에 있는 벽에서, 담배꽁초는 필터에서, 화이트

칼라 범죄는 서류에서, 납치사건은 몸값요구서에서, 자동차는 라디오 다이얼이나 좌석벨트 혹은 거울에서, 화장실이라면 화장지나 생리대에서 지문을 찾아야 한다. 동전이나 지폐는 말할 것도 없다.

① 고층 건물 옥상에서 떨어져 즉사한 경우 다음 세 가지 경우가 가능한데 차이는 건물 외벽으로부터의 거리에 있다. 이러한 자료는 피해자의 키와 몸무게가 똑같은 모형을 여러 개 제작해서 수많은 실험결과 얻어진 것이다.

경우	외벽으로부터의 거리
1. 실족사(발을 헛디뎌서)	3.2m
2. 자살(몸을 던져서)	4.3m
3. 타살(떠밀어서)	5m

② 애인이 자기 집에 와서 목매어 자살했다고 주장하는 사건의 경우 용의자는 피해자가 죽어있는 모습을 보았을 때, 처음에는 눈을 뜨고 있었는데 나중에는 점차 오므라들어 완전히 감았다고 진술했다. 그러나 법의학forensic medecine적으로 볼 때, 목을 매고 자살한 경우, 눈이 완전히 감기는 일은 절대로 있을 수 없다고 한다.

③ 물에서 시신이 발견되었을 때, 익사인지 타살 후 물에 던져졌는지 알 수 있을까?
규조류는 미생물인데 바닷물과 오염되지 않은 민물에서 나타난다. 누군가 물에 빠져 물을 들이킨 경우 이 규조류는 폐로 들어가고 혈액 속으로도 흡수된다. 만일 피해자가 죽은 상태에서 물에 던져진 경우, 규조류는 폐에는 들어갈 수 있어도 혈액순환을 통해 신체나 각 부분으로 퍼져나가지는 못한다. 익사자의 경우 인체나 모든 장기간장, 폐장, 심장, 신장, 비장에서

플랑크톤이 검출된다. 목숨이 끊어지기 전 물에 던져진 피해자의 경우 익사인지 타살인지 이 기준으로도 구분하기 어렵다.

5) 발견술적인 기법을 개발할 줄 알아야 한다.

고대 중국에서는 용의자들에게 생쌀을 씹게 하고는 그것을 뱉어 보라고 주문하였다고 한다. 사람들이 불안을 느끼면 소화기 계통의 활동이 둔해지고, 그러면 입안이 말라붙어서 침이 제대로 나오지 않는 사실에 착안한 수사 방법이다.

어느 마을에서 대낮에 낫에 목이 베인 살인사건이 발생하였다. 촌장은 사람들에게 모두 낫을 가져오게 해서 한참을 세워 놓았다. 쇠파리가 유난히 끼는 낫이 보였다. 범인은 불문가지로 이 낫의 주인임이 밝혀졌다.

아랍에서는 꼬리에 기름을 바른 당나귀를 천막 속에 집어넣고, 용의자들을 들여보내면서 죄 있는 사람이 그 꼬리를 만지면 당나귀가 울음소리를 낼 것이라고 경고하였다. 그러니까 만일 어떤 사람이 손에 기름이 묻지 않은 채 천막에서 나오면 그 사람을 일단 범인으로 추정할 수 있을 것이다.

6) 범죄수사에서는 눈에 잘 띄지 않는 사소한 것이 해결의 실마리가 되는 경우가 많다. 범죄자들은 범행 시 고무장갑을 껴서 지문을 남기지 않으려고 한다. 그러나 멍청하게도 이 장갑을 아무데나 버리는 실수를 저질러 장갑 안쪽에 찍힌 지문을 드러낸다. 어떤 살인 사건에서 경찰은 현장에서 수거한 쓰레기 더미 속에서 범인이 코를 푼 종이 손수건을 찾아냈다. 현미경으로 살펴본 결과 엄청난 양의 백혈구가 있었는데, 백혈구는 DNA분석을 하기에 가장 이상적인 물증이다.

2.4 사진법四診法

탐정의 업무는 진단에 이어 처방을 내리는 의사의 업무와 일치한다고 앞서 말했다. 진단이란 무엇인가?

그것은 새로운 지식으로 인도하는 지적 움직임이다. 즉 확인하고 인식하는 것이다. 이를 위해서 보고, 듣고, 만져봐야 한다. 진단은 보고, 듣고 만진 것을 해석하고 이해하는 작업이다. 진단술이란 그래서 지적인 관찰 즉 수동적 관찰뿐만 아니라 능동적 관찰도 포함한다. 다행히 동양에는 사진법이라는 전통이 이어져 왔다.

1) 망진望診

얼굴은 건강 상태를 비추어주는 거울이다. 의사가 환자의 외형外形 즉 안색이나 피부, 태도 등을 직접 살피고 관찰하는 방법을 망진이라 한다. 요즘은 드물지만 안색이 창백하고 오후에 뺨이 붉으면 폐병이라는 사실이 전에는 잘 알려진 사실이었다. 코끝이 푸르면 간 기능 이상으로 소화계 질환을 나타내고, 얼굴이 푸석푸석한 사람은 기가 허한 사람이다.

흔히 눈을 '마음의 창'이라 하지만 이에 못지않게 '신체의 창'이기도 하다. 눈이 붉으면 병이 마음에 있고, 희면 폐에 있고, 푸르면 간에 있고, 누르면 비장에 있고, 검으면 병이 신장에 있다.

피부색깔이 창백하면 빈혈이다. 보랏빛의 얼굴 부종은 심부전증[18]을, 검은 얼굴과 기미는 만성신부전증과 간경화, 노란 얼굴과 노란 흰자위는 황달을 나타낸다.

중국의 명의 편작編鵲은 "병의 반응은 몸 거죽에 나타난다."고 했

18) 신장의 생리기능이 상실되어 생체를 유지하는데 장애를 나타내고 있는 상태.

고, 제나라 환공桓公의 얼굴만 보고도 불치병에 걸렸음을 알아차렸다.

「대장금」에는 의녀 장금이 영양상태, 얼굴빛, 피부, 혀 등의 외관에 의한 망진望診만으로 중종의 상사병相思病을 찾아냈다는 일화가 나온다.19) 망진은 관형찰색觀形察色이라고도 부른다.

2) 문진聞診

환자에게 풍기는 냄새나 환자의 독특한 음성을 듣고 판단하는 진단법이다. 냄새는 의학적 진단을 내리는데 중요한 단서가 된다. 신장질환이 있는 사람은 숨을 쉴 때 암모니아와 유사한 합성물질로 인해 생선냄새가 난다.

「소설 동의보감」이은성, 1990에서 허준이 선조의 처남이 앓고 있는 위암을 환자의 몸에서 풍기는 냄새로 정확히 진단하는 장면이 나온다.

홈즈도 「주홍색 연구」에서, "그 죽은 사람의 입술에 코를 대었을 때, 나는 다소 신 냄새를 맡을 수 있었다."고 말한다.

환자의 음성 역시 관찰의 대상이다. 원기가 허약한 환자는 응당 미약한 음성일 터이고, 기혈이 순환되지 않는 환자는 말이 중간에 끊어지고, 간실증 환자는 신경질적인 소리를 낸다.

기침소리만 들어도 몸 상태를 알 수 있다. '컹컹' 개 짖는 소리를 내는 사람은 후두염이 의심되고, 어린아이의 숨이 넘어갈듯 한 발작적인 기침은 백일해나 천식이다. 쌕쌕거리는 소리가 나는 기침은 천식이고, 식사할 때 기침은 식도와 관련된 질환이며, 밤에 잦은 기침은 심장과 관련된 질환이다.

19) 중종이 진성대군 시절 열한 살 때 열두 살 된 소녀 신씨愼氏와 결혼하였고, 두 사람의 애정이 남다르게 깊었다고 한다. 왕위에 오른 후 반정공신들의 끈질긴 주청으로 결국 사랑하는 여인을 지키지 못하고 폐서인하여 중종은 비통한 마음으로 일생을 보냈다고 한다.

3) 문진問診

암묵적 지식을 활성화시키는 과정은 그 정보를 현실적인 것으로 도출해내는 질문에 의해 이루어진다.

우리는 병원에 갔을 때 다음과 같은 질문을 자주 들었을 것이다.

> "한기가 들거나, 몸에 열이 나지는 않으세요?"
> "식사는 잘 하십니까?"
> "화장실은 시원하게 다녀오십니까?"
> "밤에 잠은 잘 주무십니까?"

이외에도 병력, 가족의 건강상태, 직업이나 습관, 식생활, 술·담배, 임신과 출산, 월경주기, 통증 등은 병의 원인을 가리는데 있어 결정적인 정보가 될 수 있다. 외국여행이 잦은 요즘 같은 세상에서는 "최근 어디를 다녀오셨습니까?"라는 질문도 반드시 해야 한다. 왜냐하면 외국여행에서 풍토병 바이러스에 감염되었을 때 그 사실을 모르는 의사의 오진율도 높아지게 마련이기 때문이다.

문진법은 경찰에서 하는 심문에도 해당한다. 하나의 일화를 소개하겠다. A가 은행원 친구 B에게 5500만원을 의탁했는데, B는 500만원을 임의로 빼내 사용한 후 5000만원만 맡겼다고 오리발을 내민다. B와 형사의 대담이다.

> 형사 : 당신 은행직원 맞아?
> B : 예.
> 형사 : 은행직원이 500만원 때문에 잡혀와?

B : …
형사 : 나가면 갚아!
B : (엉겁결에) 예!

일제시대, 일본의 '유능한' 형사는 조선인과 일본인의 구분이 잘 안될 때 슬그머니 접근하여 피던 담배를 팔뚝에 슬쩍 갖다 대었다고 한다. 이때, "앗 뜨거!"라고 했다면 영락없이 신분이 드러나는 것이다.

4) 절진切診

환자의 몸을 만져보며 진찰하는 방법이다. 환부의 열이나 부기, 압통(피부를 누르면 통각을 느끼는), 피부질환의 유무 등을 손으로 확인하면서 맥박의 강약, 맥의 형상, 맥박 수 등을 점검한다. 이에 대해서는 앞서 촉감을 취급할 때 충분히 언급했다.

사진의 결과는 정보더미에 불과하다. 의사는 수집된 정보를 정리, 분석해서 병을 진단한 다음 치료법을 궁리해서 처방을 내려야 한다. 변증辨證이란 이렇게 질병을 구분해 진단을 내리는 일이고, 논치論治란 치료법을 결정해서 처방하는 행위를 말한다.

사진이란 결국 형색맥증形色脈證으로서, 환자의 모습形, 얼굴과 피부색色, 맥의 상태脈, 그리고 환자가 느끼거나 호소하는 증상證을 종합하여 병의 원인을 찾아내는 진료 방법이다.

2.5 감각 훈련 방법

앞에서 본 '감각적 이성'은 '지적 이성'의 기초가 된다. 최초의 교사는 손, 발, 눈, 코, 귀, 혀, 피부인 셈이다. 이런 감각기관을 가능한 완전히 이용하기 위해서는 이를 제공하는 신체가 튼튼하고 건강해야 한다. 정신은 신체와 독립되어 있는 것이 아니다. 훌륭한 신체를 가졌다면 그만큼 사려 깊고 판단력이 있는 인간이 될 가능성이 크다. Locke의 "건강한 신체에 건강한 정신!"[20]은 진실이다. 왕양명도 몸을 돌보고 건강을 증진시키는 것을 덕을 닦는 것과 같다고 했다.

그런데 이것은 기본이고, 생각하는 법을 배우기 위해서는 지성의 도구인 감각기관을 훈련하지 않으면 안 된다.

1) 하나하나의 감각기관을 완전히 이용하라.
   거리를 눈짐작으로 측정하는 일은 쉽지 않다.
   아이들에게 나무의 높이, 강 폭, 어떤 대상의
   가로 · 세로 · 높이를 가늠하게 하라.

2) 하나의 감각기관의 인상을 다른 감각기관으로 음미하라. 일찍이 보드레르는 "향기와 색깔과 소리가 교감한다."라고 하였다. 공감각synesthesia이란, 하나의 감각이 다른 감각을 연상시키는 것을 말한다. 언젠가 프랑스의 미술대회에 참가한 한국학생들이 음악을 들려주면서 그림을 그리라고 했더니 당황했다는 일화가 있다.

---

20) 프랑스에 이와 비슷한 속담이 있다.
"Un esprit saint dans un corps saint."(건강한 육체에 건전한 정신)

• 시각과 청각

TV 화면을 보지 않고 말소리만 듣거나, 반대로 소리를 끄고 화면만 보는 것도 좋은 훈련 방법이다. 대개의 경우 화면이나 소리 중 어느 한 쪽을 전혀 엉뚱하게 상상한 것으로 밝혀진다. Paris에 「L'oeil écoute」[21]라는 서점이 있다. 베토벤 교향곡 〈전원〉을 눈으로 듣는다는 식이다.

• 시각과 촉각

시각과 촉각을 비교하는 일은 오랫동안의 훈련이 필요하다. 어떤 물건, 예컨대 1kg 나가는 물건을 단지 시각만으로 무게를 가늠하게 하는 것도 좋은 방법이다.

어떤 대상을 묘사하는 데생은 주의력을 훈련시키고, 강화시키며 현상 전체를 보게 만든다. 모름지기 뛰어난 관찰자라면 스케치에 능숙해야 하며, 여기에는 이견이 있을 수 없다. 데생은 눈을 정확하게 하고 손을 유연하게 해주는 최고의 시각과 촉각 훈련이다.

• 청각과 촉각

첼로의 동체 위에 손을 대고 있으면 귀를 막고 있어도 진동하는 정도에 따라 그 음이 높은음인지 낮은음인지 알 수 있다. 이런 식으로 훈련을 하다보면 곡 전체를 손으로만 만져서 알 수 있지 않을까.

이 모든 것들은 우리가 실재reality를 인지하는 방식이 실재 그 자체만큼이나 우리의 본질에도 의존한다는 사실을 시사하고 있다.

---

21) '눈이 듣는다.'라는 뜻이다.

3) 이미지 사고를 하라

미국의 한 대학에서 "백만이라는 숫자를 구체적이고 현실적으로 나타내라!"는 과제가 학생들에게 부여되었다. 그러자 한 학생이 튀긴 옥수수를 상자에 가득 담아 가지고 와서 상자를 칠판에 매달고 갑자기 상자 밑을 뜯어내자 와르르 소리를 내며 옥수수가 쏟아졌다. 과연!

볼테르의 「자디그」는 바빌로니아에 사는 자디그가 행복을 추구하면서 겪게 되는 파란만장한 영고성쇠를 재미있게 그려낸 철학 콩트이다. 아래 인용부분은 기호학적 천재가 번뜩이는 부분이다.

읽을거리

그가 하루는 작은 숲속을 거닐다가 왕비의 환관이 몇몇 부하를 거느리고 그쪽으로 서둘러 오는 것을 보게 되었다. 그들은 아주 걱정에 찬 표정으로 여기저기를 뛰어다니고 있었는데, 마치 아주 귀중한 물건을 잃어버리고 그걸 찾느라 혈안이 된 사람들 같아 보였다.

"여보시오, 혹시 왕비 폐하의 개를 보지 못했소?"하고 제일 높아 보이는 환관이 그에게 소리쳤다.

"정확하게는 암캐지요."라고 자딕이 이에 공손하게 답하였다.

"그렇소."라고 환관장이 말하였다.

"아주 작은 스파니엘 암캐에다 최근에 새끼를 낳았지요."라고 자딕이 덧붙였다.

"그놈은 앞발을 절고 귀가 아주 길지요."

"그러면 그 개를 봤단 말이오?"하고 환관은 숨가쁘게 그에게 질문하였다.

"아니오! 나는 그 동물을 본 적도 없고 왕비 폐하께 암캐가 있다는 것조차 모릅니다."라고 자딕이 대답하였다.

바로 이때에 또 다른 운명의 장난으로 왕의 마구간에서 제일 훌륭한 말이 마부를 피해 바빌론의 평야로 달아났다. 이에 환관장이 열심히 암캐를 쫓아가던 식으로 왕의 사냥개 대장과 여러 부하들이 그 말을 쫓아갔다. 왕의 사냥개 대장은 자딕과 만나게 되어 그에게 혹시 왕의 말을 보지 못했느냐고 물어보았다.

"당신이 쫓는 말은 마구간에서 제일 날쌘 놈이지요."라고 자딕이 말하였다. "그놈은 키가 15핸드(역주 : 핸드는 말의 키를 재는 단위이며, 1핸드는 약 4인치임)인데 발굽은 아주 작지요. 그리고 꼬리는 길이가 3.5피트 정도 됩니다. 재갈에는 23캐럿의 금이, 발에는 11스크루플(역주 : 약량의 단위)의 은이 박혀 있지요."

"그놈이 도대체 어느 길로 갔소? 어디에 있소?"하고 왕의 사냥개 대장이 물어보았다.

"나는 그 말을 본 적도 또는 그 말에 대해 들어본 적도 없습니다."하고 자딕이 대답하였다.

왕의 사냥개 대장과 환관장은 자딕이 왕의 말과 왕비의 암캐를 훔쳤다고 너무나 확신하여 그를 붙잡아 대재판관들에게 끌고 갔다. 그는 태형과 함께 시베리아로 종신 유배형을 선고받았다. 그러나 이 선고가 내려지고 나서 곧 말과 암캐를 찾게 되었다. 재판관은 유감스럽지만 그들의 판결을 철회해야만 했고, 그들은 그 대신 자딕에게 400온스의 금을 벌금으로 내라고 했는데, 이는 그가 본 것을 보지 않았다고 우긴 죄값이었다. 벌금을 물고 난 연후 비로소 자신의 변론을 할 수 있게 된 자딕은 다음과 같이 말하였다.

"존경하는 재판관님, 납처럼 견고하고, 철처럼 단단하고, 금강석처럼 빛나고, 금과도 같은 측량할 수 없는 지식의 샘과 진리의 거울 여러분. 이 존귀한 여러분 앞에서 이제 저는 한 말씀 드리고자 합니다. 오바저드(Ormuzd, 역주 : 조로아스터교의 선과 빛의 신)에 걸고 맹세컨대, 저는 왕비 폐하의 명예로운 암캐나 왕 폐하의 신성한 말을 결코 본 적이 없습니다. 제가 자초지종을 말씀드리겠습니다."

"저는 작은 숲 쪽으로 산책을 하고 있었는데, 나중에 거기서 훌륭하신 환관장과 아주 총명한 왕의 사냥개 대장을 만나게 되었습니다. 저는 모래 바닥에 동물의 발자국이 난 것을 보고 그것이 작은 개의 발자국이라는 것을 쉽게 알아보았습니다. 발자국 사이에 길고 얇은 흠이 파여 있어서 그 동물이 최근에 새끼를 낳아 젖퉁이가 늘어진 암캐라는 것도 알 수 있었죠. 다른 방향으로는 앞발 옆의 모래를 계속 긁어 가는 듯한 자국이 나 있어서 그 동물 귀가 길다고 추측할 수 있었습니다. 마지막으로 네 발자국 중 유독 한 발자국에는 모래가 덜 파여 있어서 우리 존엄하신 왕비 폐하의 암캐가 아마도 약간 다리를 저는 것 같다고 결론을 내렸던 것입니다."

"왕 폐하의 말에 대해서는, 그 숲속을 거닐다가 길에 난 말발굽 자국을 보게 되었는데 그 폭이 모두 일정해서 완벽할 정도로 잘 달리는 말임을 알았습니다. 너비가 7피트밖에 안 되는 그 길가 나무들에는 흙이 중앙을 중심으로 3.5피트 정도 오른쪽 왼쪽으로 퍼져 있었습니다. 그걸 보니 그 말 꼬리가 3.5피트이고 꼬리가 마구

움직여 흙이 튀겨 나갔다는 것을 알 수 있었죠. 그 나무들은 키가 5피트 정도였는데 가지에서 나뭇잎 몇 개가 금방 떨어져 있었습니다. 그래서 그 말이 그 나무들을 건드렸고 키는 15핸드라는 것을 알았습니다. 말 재갈에 관해 말하자면, 그 말이 시금석에 해당하는 돌에 장식 못을 비벼댄 것을 보고 23캐럿의 금으로 되어 있다는 것을 이해했습니다. 자갈에 생긴 말발굽 자국을 보고서는 말발굽에 11스크루플의 은이 박혀 있다고 추측했습니다."

이 말을 들은 재판관들은 모두 자딕의 심오하고도 예리한 통찰력에 탄복하지 않을 수 없었고, 이 소식은 왕과 왕비에게까지 전해지게 되었다.

두뇌 체조

1. 아래의 동작들을 꾸준히 연습하시오.

1) 왼손가락은 △, 오른손가락은 □를 그린다.

2) 왼손가락은 ○, 오른손가락은 ∞를 그린다.

3) 왼손으로 바닥을 두 번, 오른손으로 세 번 두드린다.

4) 왼손으로 바닥을 세 번, 오른손으로 네 번 두드린다.

5) 발은 두 번 구르면서, 박수는 세 번 친다.

6) 발은 세 번 구르면서, 박수는 네 번 친다.

(필자의 경험에 의하면 대략 30명 중 한 명의 학생이 이 여섯 가지 중 하나를 연습 없이 단번에 익숙하게 하는 것을 보았다. 그러나 여섯 가지 동작을 전부 다 잘 하는 학생은 아직 보지 못했다. 이런 동작들은 우리의 뇌를 부드럽고 유연하게 하지 않겠는가.)

2. 한자 쓰기

1) 왼쪽 발과 오른쪽 발을 번갈아 사용하여 자신의 이름을 한자로 쓰시오.

2) 머리로 '龍鳳湯'용봉탕을 써보시오.

3. 불청객을 쫓아내시오.

1)

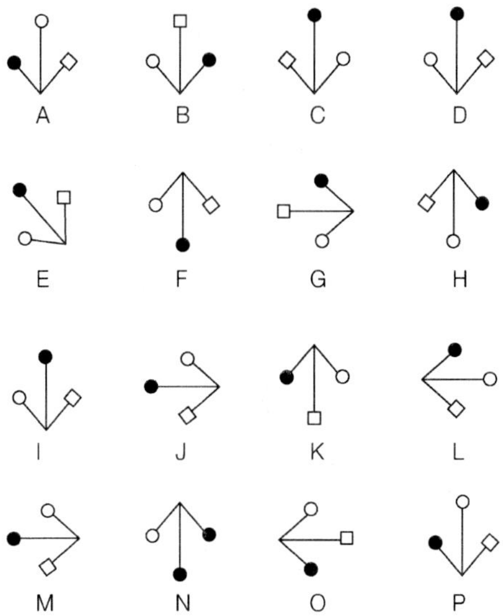

2)

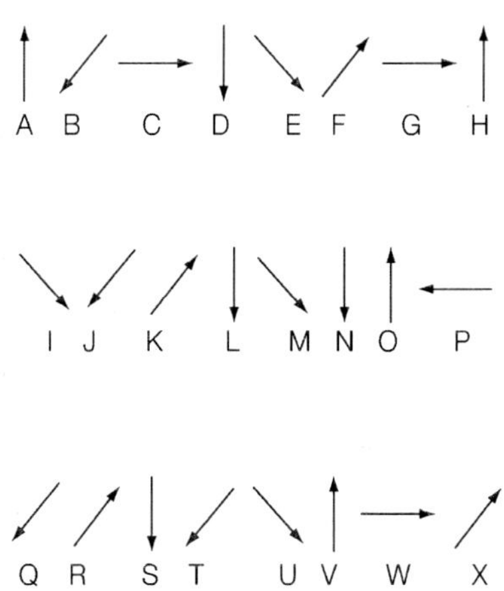

3)

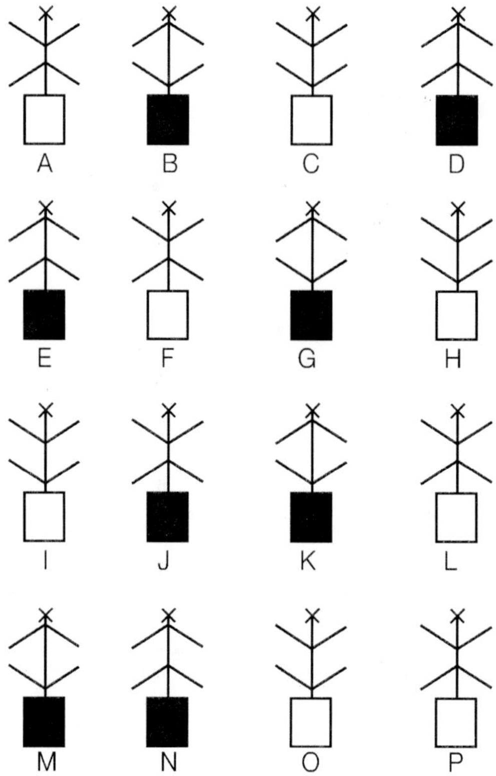

4)

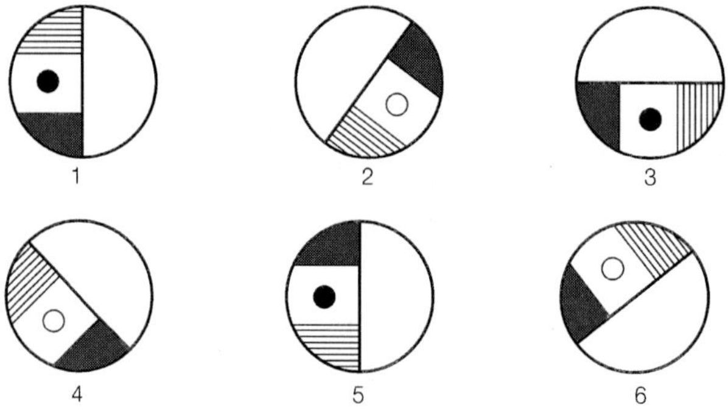

5)

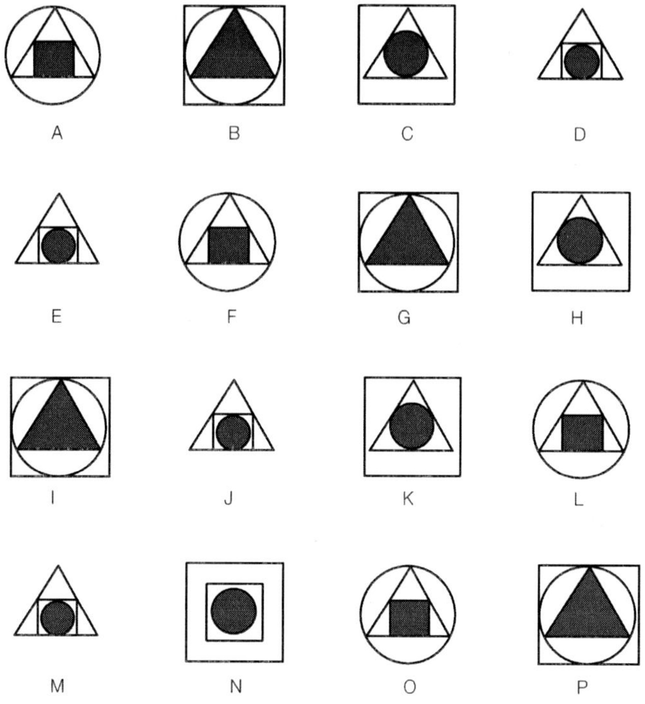

6)

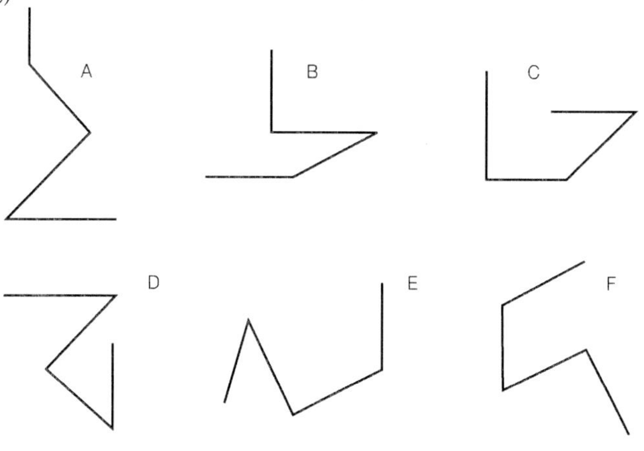

7)

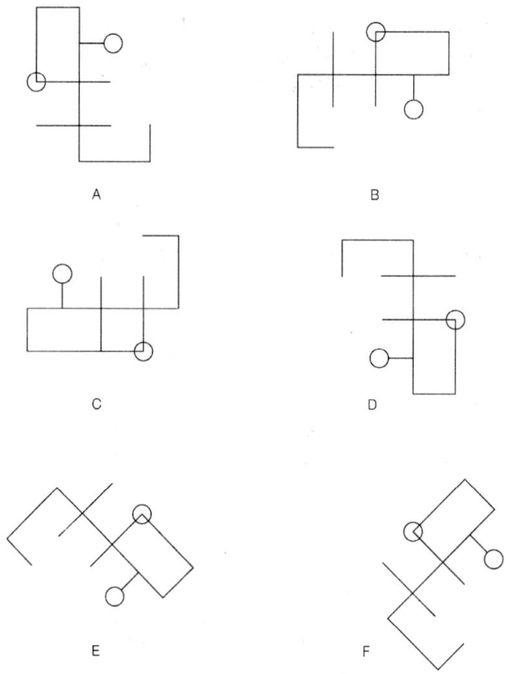

8)

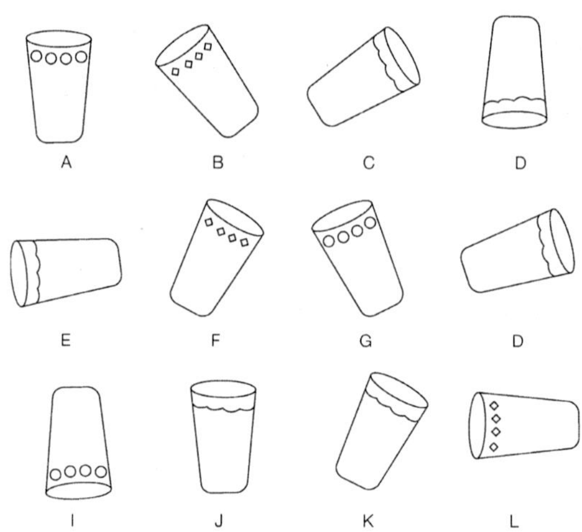

9)

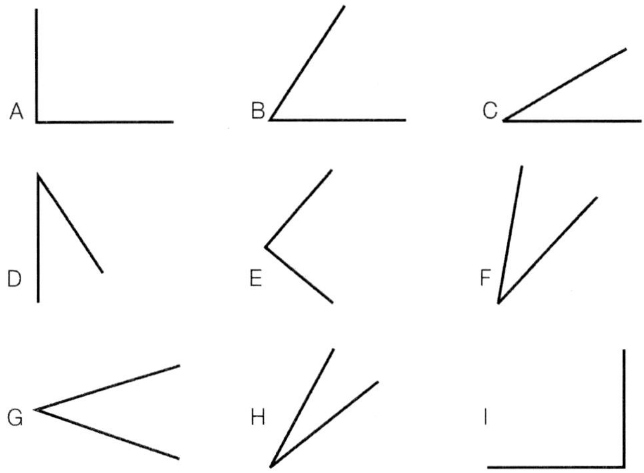

10)

A.	K	N	q	T	W	Z
B.	B	F	J	N	R	V
C.	A	F	K	P	V	Z
D.	3	6	9	12	15	18
E.	7	11	15	19	23	27
F.	13	18	23	28	33	38

4. 동일한 것을 찾으시오.

1)

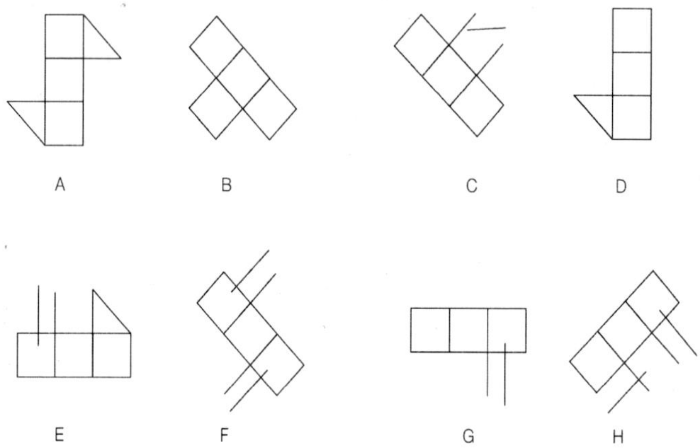

2)

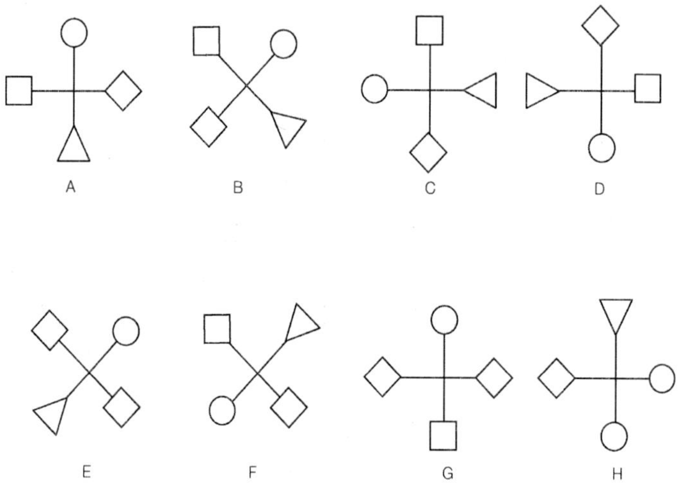

3)

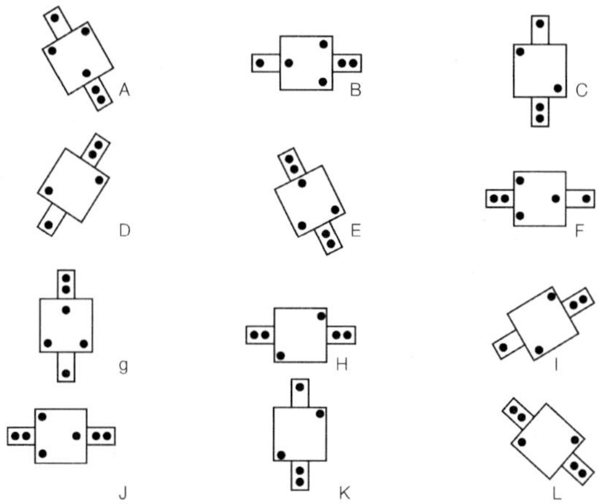

4)

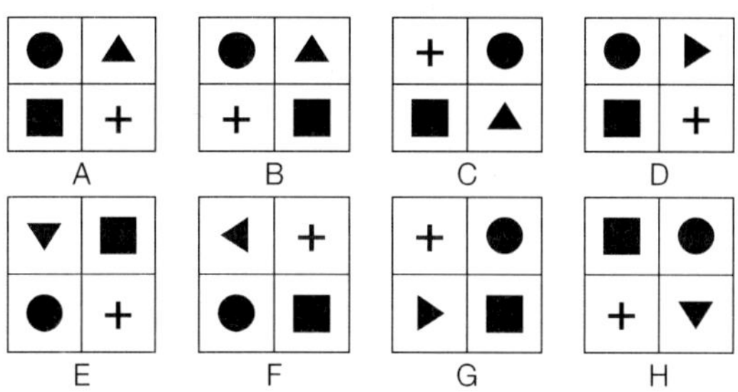

5. 도형 1, 2, 3 중에서 E자리에 와야 할 것은?

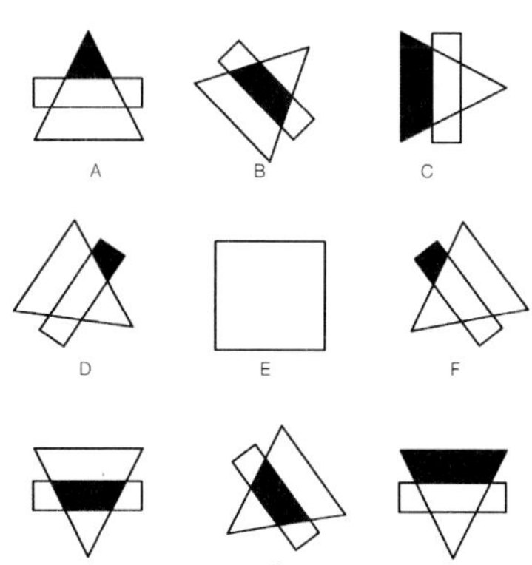

정답

3. : 1) N(검은 동그라미가 두 개이다.)

2) P(유일하게 왼쪽을 향한 화살이다.)

3) J(상부의 가지가 D, E, N처럼 아래를 향해야 한다.)

4) 1(도형은 매번 시계방향으로 45° 씩 회전한다. 각각의 회전에서 동그라미는 흰색에서 검은색으로 바뀌고 검은 부분과 밑줄 친 부분이 교대한다. 첫 번째 도형은 오른쪽과 같아야 한다.)

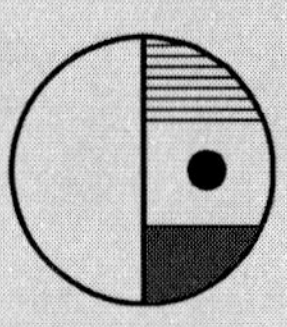

5) N(정사각형 안에 또 정사각형이 들어있는 유일한 도형이므로)

6) D(다른 모든 도형들은 하나의 예각, 하나의 둔각 하나의 직각으로 이루어진데, 반해 D는 두개의 예각과 하나의 둔각으로 구성되었다.)

7) C(다른 도형들은 모두 동일)

8) F(B나 L처럼 장식이 모두 마름모이어야 하는데, 정사각형이 한 개 들어 있다.)

9) B(다른 것들은 30°, 48°, 90°인데 B만 60°이다.)

10) C(A는 두 개의 철자, B는 세 개의 철자, C는 4개의 철자를 건너뛰고 있다. 여기에서 V는 U가 되어야 한다. D, E, F도 마찬가지 논리를 따른다.)

4. : 1) A-F, B-C, D-G, E-H　　2) A와 F

3) AG, CI, BF, DK, EJ, HL　　4) AF, BG, CE, DH

5. : 1 (도형은 시계방향으로 45° 회전한다. 이때 검은 부분이 위에서 아래로 이동하고, 다음에 왼쪽에서 오른쪽으로 이동한다.)

III

귀납추리

표본은 충분한 정도의 크기를 가져야 하고, 충분한 정도의 다양성을 가져야 한다.

3.1 귀납적 일반화

연역적으로 타당한 논변의 경우, 만약 전제들이 참이라면 결론도 참일 수밖에 없으며, 전제가 거짓인 경우라면 결론도 거짓이어야 한다. 그러나 실생활에서 부딪치는 문제들은, 전제들이 결론을 지지해주느냐 아니냐 하는 이분법적 평가가 아니라 그 지지가 어느 정도인가 하는 논변이 있으니 이를 귀납논변induction argument라 한다. 귀납논변에서는 새로운 정보의 추가가 원래 논변의 평가에, 즉 결론에 상당한 영향을 끼칠 수 있다. 귀납적 지지의 강도는 확률의 문제로 귀결되어 자연언어의 '아마도', '보통', '거의', '항상' 등의 어휘를 수반한다.

귀납논변의 결론은 전체에서 찾아볼 수 없는 새로운 정보를 담을 수도 있다.

① 과거에 발생한 것에 근거하여 미래의 일을 예측.

② 고고학이나 인류학에서 사용되는 방법으로서 현재 주어진 증거에 근거하여 과거에 대한 어떤 결론을 이끌어내는 유형, 탐정이 하는 일도 이와 다르지 않다.

③ 여론 조사에서처럼 표본적인 관찰이나 실험에 근거하여 일반적인 결론을 이끌어내는 유형.

④ 거꾸로, 일반적으로 자주 일어나는 것에 근거하여 개별적인 경우에 관한 결론을 이끌어내는 유형. 이를 통계적 삼단논법이라 하며 곧 사례를 볼 것이다.

⑤ 사물이나 사태의 유사성에 근거하여 유비적으로 어떤 결론을 끌어내는 유형. 이를 유비추론(유추법)이라 한다.

⑥ 인과관계에 근거하여 어떤 원인이나 결과를 추론해 내는 논변. 우리는 밀J.S.Mill에게서 인과관계를 찾아내는 기본적인 방법을 검토할 것이다.

귀납적 일반화의 형식은 다음과 같다.

$A = \{a, b, c, d, e, \cdots\}$

a는 F다

b는 F다

$\vdots$

z는 F다

$\therefore$ A는 F다

귀납적 일반화에서 가장 중요한 것은 표본Sample이라는 개념이다. 표본이 대표성을 갖기 위해서는

i. 충분한 정도의 크기를 가져야 하고,
ii. 충분한 정도의 다양성을 가져야 한다.

아무리 큰 표본이라도 다양성을 대변해주지 못 할 수가 있다. 1936년 Literary Digest라는 잡지사는 당시 루즈벨트와 알프랫 랜든이 맞붙은 대선에서 누가 이길지를 예측하기 위해 천만 명의 유권자들에게 설문을 했는데, 그 중 2백3십만 장이 회수되었다. 이에 의하면 랜든이 압도적으로 우세하였다. 그런데 여론조사의 대상이 되었던 천만 명의 유권자 명단은 모두 전화번호부, 자사 잡지의 구독자

목록 그리고 자가용 소유자의 목록에서 채택되었다. 그러니까 그 당시 주로 고소득층에 속했던 사람들이었던 것인데, 실제 투표 결과는 루즈벨트의 압도적 승리였다. 이와 같은 경우를 '편향된 통계의 오류'fallacy of biased statistics라고 부른다.

이와는 다르게 통계적인 일반화를 비합리적인 이유로 거부하는 오류가 있다. A씨가 새 차를 구입할 목적으로 차종에 관련된 기능, 안정성, 연비, 디자인, AS 등 모든 통계자료를 수집했다고 하자. 이 자료에 근거해 그는 S라는 차가 제일 낫다는 결론에 도달했다. 그런데 차를 구입하기 직전 친한 친구 B로부터 자기도 S를 샀는데 여러 가지 말썽을 일으킨다는 말을 듣고 결정을 번복하기에 이른다.

이것이 왜 오류인가? 이것은 새로운 정보를 무시하라는 것이 아니다. 추가되는 정보는 귀납논변을 더 강하게 만들 수도 있고 더 약하게 만들 수도 있다. 그러나 위의 경우는 보편성이나 일반성이 결여된 고립적 내지 개별적인 경우이다. 즉 정보로서의 가치를 지니기에는 부족하다는 말이다. 한 두 개의 불량품이 있다는 사실은 통계적 일반화를 거부해야 할 이유가 되지 못한다. 그러나 인간의 심리는 보다 생생한vivid 정보에 쏠리게 되어 있어서, 이를 '오도된 생생함의 오류'fallacy if misleading vividness라고 부른다. '친구 따라 강남 간다.'는 말의 위험성을 우리는 명석하게 인식할 필요가 여기에 있는 것이다. 그래서 남성들이여! 베갯밑 송사를 경계하시라!

귀납적 일반화가 개별적인 사례들로부터 일반적인 결론에 이르는 데 반해, 통계적 삼단논법은 일반 명제로부터 개별적인 것에 관한 진술로 나아간다.

3.2 통계적 삼단논법

통계적 삼단논법의 모형은 이러하다.

모든 F의 $x\%$는 G이다.
a는 F이다.

$\therefore$ a는 G이다. ($x\%$의 확률)

여기서 F는 준거집합referent class, G는 속성집합attribute class, a는 개체사람, 사물이다. 귀납논변의 일반적인 평가는 강한 논변과 약한 논변으로 나뉘는데, 전제에 언급되는 통계 수치가 100%에 가까울수록 더 강해지고, 0%에 가까울수록 더 약해진다.

예시 1) 대학생의 90%는 고교생 때 과외를 받았다.
허지혜는 대학생이다.

허지혜는 고교생 때 과외를 받았다.(90%)

여기서 대학생이 준거집합, 고교생 때 과외를 받은 학생이 속성집합이다. 속성집합은 속성을 부여한 것이다. 이 예에서 대학생의 95%가 그 경우라면 전제가 결론을 지지해 주는 정도가 더 강해질 것이고, 85%라면 더 약해질 것이다. 예시1의 준거집합을 바꿔서 예를 들어보자.

예시 2) 임대주택에 사는 대학생의 2%는 고교생 때 과외를 받았다.
허지혜는 임대주택에 사는 대학생이다.

허지혜는 고교생 때 과외를 받지 않았다.(98%)

두 가지 사례는 모두 참인 전제들을 가졌고, 통계적 수치도 각각 100%에 가깝기 때문에 두 논변은 모두 강한 귀납논변이라 하지 않을 수 없는데 결론은 서로 정반대이다. 준거집합을 선택할 때 얼마나 많은 관련증거들을 사용했느냐가 관건이다. 문제는 한 개체가 속할 수 있는 집합은 무제한하다는 데에 있다.

3.3 유추법

사물이나 상태의 유사성에 비추어, 즉 유사한 것들을 직접 비교하여 결론을 내리는 방식이다.

유추는 과학에서 중요한 방법들 중 하나이다.

하늘을 날고 싶다면 하늘을 나는 새를 연구해서 단서를 잡아야 한다. 이것이 바로 레오나르도 다빈치의 착상이었다.

> 대상 X는 F, G, H라는 성질들을 갖고 있다.
> 대상 Y는 F, G, H, K라는 성질들을 갖고 있다.
> ―――――――――――――――
> X도 K라는 성질을 가지고 있다.

문제는 '유사성'이라는 개념이 아주 불분명하다는 데에 있다. 하나의 사례를 통해서 알아보자. 레이건 대통령은 니카라과 사태[22]가

---

22) 1934년 친미파 소모사Somosa는 쿠데타를 통해 집권, 1979년까지 장기간 독재체제를 구축하였다. 그러나 산디니스타 민족해방전선FSLN이 1979년 6월 소모사정권을 무너뜨리고 국가 경제를 부흥시키기 위해 소련과 쿠바에 지원을 요청한다. 소모사정권을 지원해온 미국은 좌익 세력이 남미 전체로 번질 것을 우려하여, 1981년 레이건 대통령 취임 이후 산티니스타 정권에 대항하는 콘트라 반

미국의 독립전쟁과 유사하다는 근거로 의회가 콘트라 반군을 지원해야 한다고 주장한다. 그러나 한 상원 의원은 그 사태가 베트남 전쟁과 유사하니 지원하지 말아야 한다고 주장한다.

이렇게 서로 정 반대의 결론이 나오게 된 것은 상황 간의 유사성을 보는 시각이 다르기 때문이다. 어느 쪽이 맞는지 판단하기란 거의 불가능하다. 둘 다 맞을 수도 있고, 둘 다 틀릴 수도 있기 때문이다. 참고로 신약을 동물에게 시험하는 것도 유비추론임을 잊지 말자. 또한 은유는 유비의 압축형이다.

> 주는 나의 목자시다 : 목자/양 = 주/다윗
> 심장은 펌프다 : 심장/피 = 펌프/물

그러나 유추에는 좋은 유추와 나쁜 유추가 있다. 예컨대, 무단 조퇴자를 탈영병으로 볼 수는 없지 않은가.

3.4 존 스튜어트 밀J. S. Mill, 1806~1873의 원인 설정법

1863년에 나온 그의 「논리학 체계」는 귀납법의 표준 교과서로 통한다. 이 책에서 밀은 '자연의 제일성 원리'를 가정하는데, 이에 의하면 외적 조건이 같을 때 동일한 원인은 동일한 대상에 대해 언제나 동일한 결과를 유발한다는 것이다.

군FDN의 결성을 주도하고 지원하고자 한다.

1) 일치법Method of agreement

동일한 결과를 일으키는 선행 사실들 가운데서 오직 공통적으로 작용하고 있는 사실을 찾아내어, 그것이 문제의 원인이라고 인정하는 것이다. 아래 표는 몇 명의 친구들이 소풍가서 먹은 음식들이다.

이때 집단 식중독이 발생했다면? 그 원인은 아이스크림에 있다고 보아야 할 것이다. 일치법은 생물학에서 선호하는 방법론이다. 그런데 현실은 훨씬 더 복잡하므로, 이 방법은 다음에 나오는 차이법에 의해 검증을 받아야 한다.

사람 \ 메뉴	샐러드	햄버거	수프	아이스크림	생선
철수	×	○	×	○	×
영희	○	○	×	○	×
A	×	×	○	○	○
B	○	○	×	○	○
⋮	○	×	×	○	×

2) 차이법

친구와 저녁을 같이 했다.

이때 친구만 배탈이 나고 나는 멀쩡하다면, 그 원인은 생선에 있다. 즉, 문제가 발생하는 경우와 발생하지 않는 경우를 비교하여 그것들에 선행하는 조건들 중에서 단 하나의 조건에만 차이가 날 때, 이 조건이 바로 문제의 원인이라고 인정하는 것이다.

사람 \ 메뉴	생선	닭고기	두부김치	참나물	고사리	녹두전
친구	○	×	○	○	○	○
나	×	○	○	○	○	○

3) 일치 · 차이 병용법

이때 A, B, C가 식중독에 걸리고, D, E, F 는 무사하다면 식중독의 원인 메뉴는 당연히 ㄷ일 것이다.

사람 \ 메뉴	ㄱ	ㄴ	ㄷ	ㄹ	ㅁ
A	○	○	○	○	×
B	×	×	○	○	○
C	○	○	○	×	×
D	×	○	×	×	○
E	×	×	×	○	○
F	○	×	×	○	×

4) 공변법method of concomitant variation

물이 불결하면 청결한 도시보다 콜레라가 창궐할 확률이 더 높은 것처럼, 두 현상 중에서 한 현상이 변할 때 그와 관련되어 다른 현상도 변하는 것을 관찰한다면 두 현상은 수반적으로 변한다는 결론을 내릴 수 있다.

예시 1) 공기에 열을 가하면 부피가 팽창한다.
$PV=nRT$ (보일 샤를의 법칙)
(P는 압력, V는 부피, T는 온도)
다른 변수는 놔두고 하나의 변수만 변화시키면,
온도↑ → 부피↑(비례)
압력↑ → 부피↓(반비례)

예시 2) 거름을 많이 주면 수확량이 늘어난다. 그러나 어느 한계를 넘으면 더 이상 효과가 나타나지 않는다.(수확 체감의 법칙)

5) 잉여법(Method of Residue)

잉여법의 형태는 아래와 같다.

ABC → abc
A → a
B → b
―――――――
∴ C → c

예시) 가게에서 1000만원의 손실을 보았다. 이는 운송료 상승과 원자재값 상승, 그리고 도난에 의한 것인데 도난에 의한 손실을 알고 싶다면?
200만원 – 운송료 상승
600만원 – 원자재 값 상승
나머지 200만원은 ?

끝으로 귀납논증에는 강한 논증과 약한 논증이 있는데, 전자는 결론에 대한 전제가 모두 참일 경우이고, 후자는 의심되는 전제가 있을 때이다.

읽을거리

귀납법은 확률론으로 나아가는 길목에 있다.

실력이 대등한 두 사람 갑, 을이 삼판양승으로 각각 20만원을 걸고 게임을 하게 되었다. 첫 회전에서는 갑이 이겼다. 그런데 사정이 생겨서 게임을 중단하게 되었다면 판돈을 어떻게 나누어야 할까?

1회전	2회전	3회전
갑 승리	갑 승리(확률1/2)	
	을 승리(확률1/2)	갑 승리(확률1/4)
		을 승리(확률1/4)

갑이 이길 확률 1/2+1/4=3/4
을이 이길 확률 1/4
따라서 15만원, 5만원씩 나누어야 한다.

읽을거리

블랙 스완Black Swan

영국의 철학자 버트랜드 러셀의 이름을 딴 '러셀의 칠면조'는 귀납법을 격퇴하는 주무기로 심심치 않게 인용된다. 매일 아침 10시에 칠면조에게 먹이를 주는 농부가 있다. 칠면조들이 내일도 그렇거니 생각하다가는 큰 코를 다칠 수도 있는데, 그 '내일'이 크리스마스이브라면 목을 비틀리기 때문이다.

17세기 말 네덜란드 탐험대가 호주에서 검은 고니를 발견한 다음부터 '검은 백조' 라는 표현은 도저히 있을 수 없는 일이 일어나는 것을 나타내는 관용어가 되었다. 금융 전문가 Nassim Nicholas Taleb 이 2007년에 '블랙 스완' 이란 책을 낸 후부터 이 표현은 자주 회자된다. 이 저자에 의하면 블랙 스완은 다음 세 가지 특성을 지닌 사건들을 가리킨다.

첫째, 블랙스완은 경험과 통계의 영역 밖에 있는 극히 드문 사건이다.
둘째, 따라서 극단적으로 충격이 큰 사건이다.
셋째, 예견prospective이 아니라 사후적인retrospective 설명만이 가능한 사건이다.

1914년 제1차 세계대전이 터지기 하루 전에도 사람들은 그토록 참혹한 전쟁이 일어나리라고는 상상하지 못했다. 2001년 미국 World Trade Center 쌍둥이 빌딩을 순식간에 재로 만든 테러는 도저히 있을 수 없는 일이었다. 블랙 스완은 모든 분야에서 갑자기 나타난다. 특히 금융시장의 그것은 2008년 미국 발 금융위기에서 보듯이 갑자기 느닷없이 충격적으로 다가온다. 바다 밑에서 또는 땅 속에서, 그리고 저 광대무변한 우주공간에서 무슨 일이 일어나는지 알 수 있는 자 누구인가?

두뇌 체조

1. 다음 진술들을 가치판단과 사실판단으로 구분하시오.
   1) 전체는 부분보다 크다.
   2) 음식쓰레기 남기는 사람에게도 범칙금을 부과해야 한다.
   3) 광어회는 일본인들이 좋아한다.
   4) 대한민국 국민임을 자랑스럽게 여겨야 한다.
   5) 줄기세포에 대한 실험이 질병을 치료하는데 도움이 된다면 그것을 권장해야 한다.
   6) 대한민국의 미래는 통일에 달려있다.
   7) 훌륭한 스포츠맨은 위엄있게 질 줄 알아야 한다.
   8) 환경을 오염시키는 공장주들에게 벌금을 부과해야 한다.
   9) 여성은 남편과 자녀를 돌보기 위해 가정에 있어야 한다.
   10) 점성술은 별자리를 관측해서 미래를 예견한다.

2. 아래의 예문들 중에서 어떤 것이 귀납추리인가.
   1) 흡연자가 있는 100가구와 흡연자가 없는 100가구를 조사한 결과 전자의 가족들의 폐암 환자가 후자의 가족들의 폐암 환자보다 두 배 이상 많았다. 따라서 간접흡연은 해롭다는 결론을 내릴 수 있다.
   2) 총포의 조작은 위험을 수반하는데, 사냥꾼들은 총포를 사용한다. 그래서 사냥꾼들은 신중해야 한다.
   3) 덕성여대 200명 학생을 대상으로 월 주거비를 조사한 결과, 50%의 학생이 월 생활비의 적어도 반을 주거비에 지불한다고 한다. 덕성여대 전체 학생의 반은 월 주거비에 50% 이상을 쓴다고 봐야 할 것이다.
   4) 어떤 인간도 산소 없이는 살 수 없다. 그런데 달에는 산소가 없다. 따라서 인간은 달에서 살 수 없다.
   5) 사유재산을 모르는 대부분의 사회에서는 인간의 인간에 대한 착취는 존재하지 않는다. 따라서 사유재산을 없애버리면 인간 사회에서 착취는 사라질 것이다.

3. 유추 문제

1)

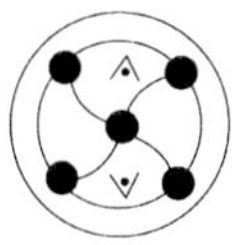 와 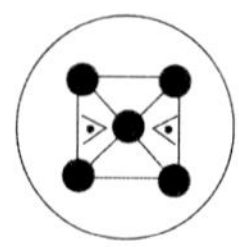 는 관계된다. 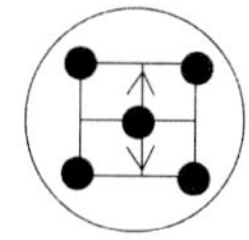 와 관계되는 것은?

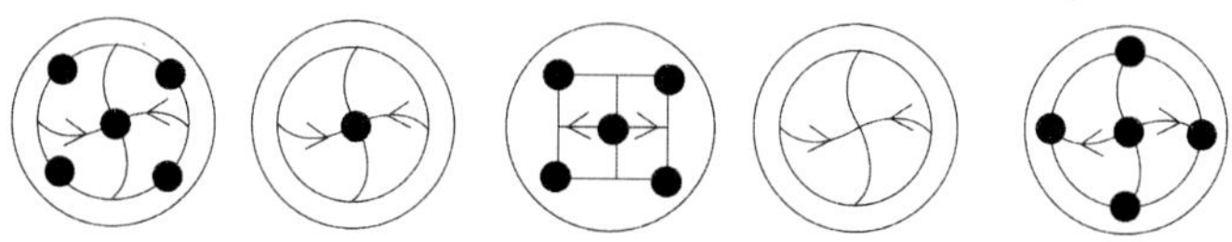

A B C D E

2)

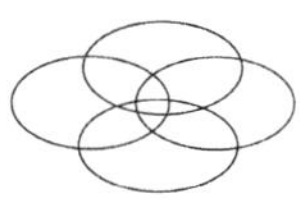 와 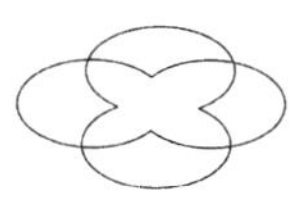 는 관계된다. 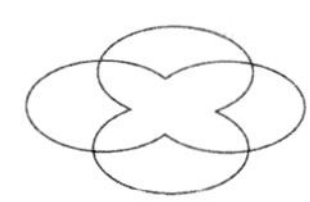 와 관계되는 것은?

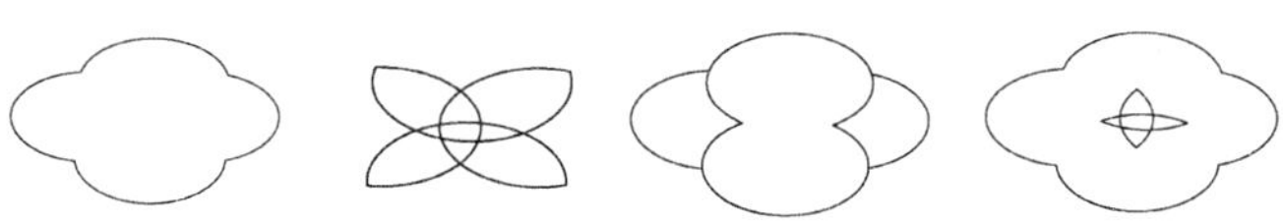

A B C D

3)

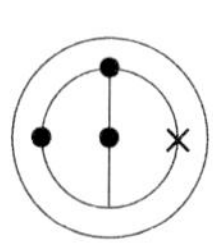 와 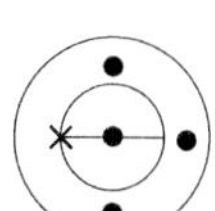 는 관계된다. 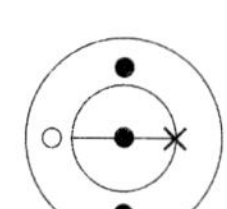 와 관계되는 것은?

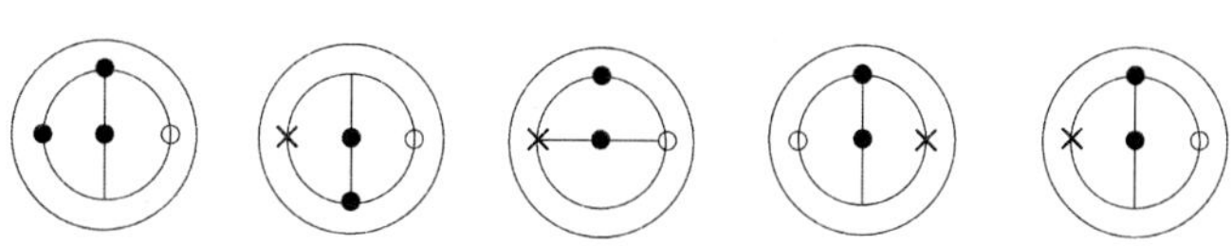

A B C D E

4)

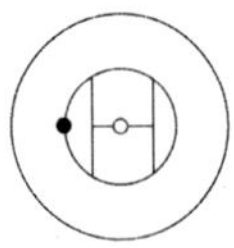 와 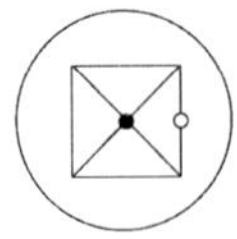 는 관계된다. 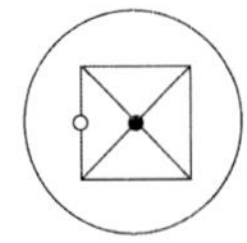 와 관계되는 것은?

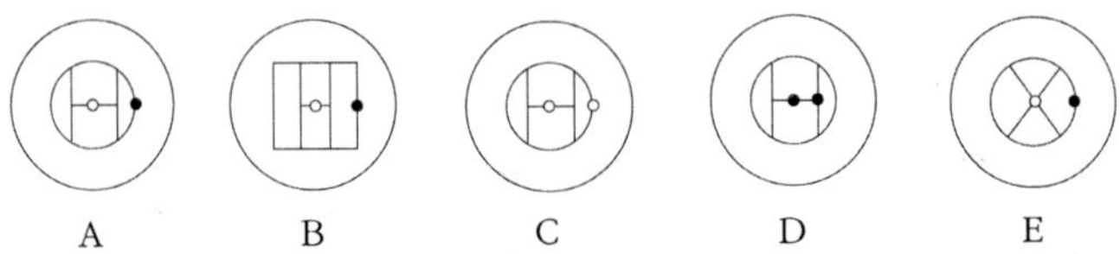

정답

1. : 1) 사실, 2) 가치, 3) 사실, 4) 가치, 5) 가치, 6) 가치, 7) 가치, 8) 가치, 9) 가치, 10) 사실
2. : 1) 귀납추리, 2) 연역추리, 3) 귀납추리, 4) 연역추리, 5) 귀납추리
3. : 1) A 2) A 3) E 4) A

IV

연역추리

모든 죄인은 감옥에 가야 한다.
우리 모두는 죄인이다.
그러므로 우리 모두는 감옥에 가야 한다.

1) 동일율 : A=A

사유의 확정성에 관한 법칙이다. 어떤 대상개념을 논의할 때 동일한 시간, 동일한 조건 하에서는 반드시 다른 대상과 명확히 구분해야 혼동을 피할 수 있다. 확실한 구분을 하기 위해서는 동일한 사유과정의 동일한 개념에 동일한 내용을 부여해야 한다.

예시) 전제1 모든 죄인은 감옥에 가야 한다.
　　　　2 우리 모두는 죄인이다.
　　결론 우리 모두는 감옥에 가야 한다.

* 위 논리는 왜 틀렸을까?
→ '죄인'이 동일성을 위배했기 때문이다.
전제 1의 죄인은 범죄를 저지른 사람을 의미하고,
전제 2의 죄인은 교회에서의 기도문 속의 죄인을 의미한다.
흔히 말이 통하지 않는다고 할 때, 한 쪽에서 동일율을 위반한 경우가 많다.

2) 모순율

- ~(P∧~P)
  (여기서 'P'는 임의의 명제, '∧'는 and, '~'은 not을 의미)
- 임의의 명제와 그 반대의 명제가 동시에 성립할 수는 없다.
  '눈이 온다'와 '눈이 오지 않는다'가 양립할 수는 없다.
- 모순
  – 개념차원에서의 모순 : 개념자체가 모순인 경우

예시) 만능 용해제(만능 용해제는 어디에 담나?)

– 판단 차원에서의 모순 : 판단이 모순을 내포

예시) 그 용궁에는 지금까지 들어간 사람이 아무도 없었고, 또 들어간 사람은 아무도 나올 수 없었다.
(판단 자체의 모순)

모순율은 부정적 형식으로 동일률의 내용을 긍정하며, 판단의 동일성을 간접적으로 표현한다.

3) 배중률

○ P∨~P ('∨'는 or를 의미)

동일한 사유과정에서 서로 모순되는 두 판단은 동시에 거짓이 될 수는 없고 그 중 하나는 반드시 참이다. 배중률로 상대방을 근사하게 골탕 먹일 수도 있다.

붉은 여왕 : "그 슬픈 이야기를 들은 사람은 눈물을 흘리거나, 또는 …"
앨리스 : "그래서요?"
붉은 여왕 : "눈물을 흘리지 않는단다."

붉은 여왕은 "이 멍청아!"라고 앨리스를 갖고 놀고 싶은 것이다.

4.2 논리사각형

개념concept이란 사물에서 개별적인 차이나 우연적인 것을 버리고 공통적인 요소를 골라낸 보편적인 것을 뜻한다. 그리고 하나의 개념은 내포內包와 외연外延으로 이루어진다. 내포란 개념이 가지는 속성을 의미하고, 외연은 내포가 적용되는 범위이다.[23] 예컨대 '동물'이란 개념의 내포는 '운동'이 될 것이고, 외연은 사람, 말, 사슴, 토끼 등이 된다.

하나의 개념은 하나의 집합을 구성한다.

두 개의 개념 S와 P가 결합되어 명제 "S is P"를 만들 수 있는데, 이런 명제를 정언 명제categorical proposition라고 부른다. 정언 명제는 하나의 집합과 또 다른 집합 사이의 관계에 대한 주장인데, 여기에서는 주어 집합과 술어 집합 사이의 관계에 대한 자율이다. 정언 명제에는 네 가지 종류가 있다.

> A : 모든 x는 y이다 (전칭 긍정)
>
> E : 모든 x는 y가 아니다 (전칭 부정)
>
> I : 어떤 x는 y이다. (특칭 긍정)
>
> O : 어떤 x는 y가 아니다 (특칭 부정)

---

23) '짝수'에 대한 정의

- 내포에 의한 정의

  짝수=$\{2n \mid n \in N,\ N$은 자연수$\}$

  (그 개념의 속성을 정해준다.)

- 외연에 의한 정의

  짝수=$\{2, 4, 6, 8, \cdots\}$

여기에서 A와 I는 "AffIrmo"(나는 긍정한다.)에서, E와 O는 "nEgO"(나는 부정한다.)에서 따온 것이다. 그러니까 전칭인가 특칭인가를 묻는 양quality과 긍정이냐 부정이냐를 묻는 질quality이 정언 명제의 기본이 되는 것이다.

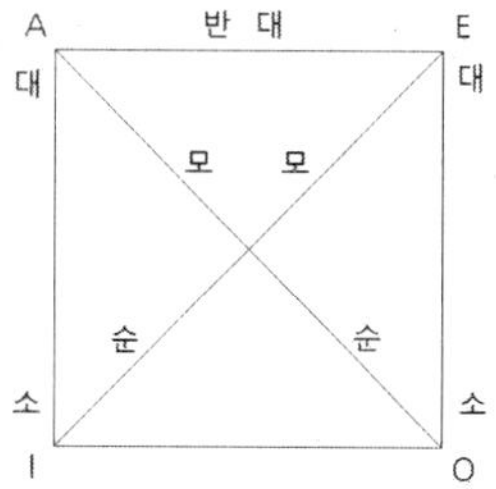

모순과 반대의 개념에 대해 알아본다.

모든 까마귀는 검다 ↕ **모순명제** 어떤 까마귀는 검지 않다	모든 까마귀는 검다 ↕ **반대명제** 모든 까마귀는 검지 않다

어떤 사태에 대해서 단 하나의 반대 사례가 나오면 모순관계가 되며, 이때 한 쪽이 참이면 다른 한 쪽은 반드시 거짓이다.

반대관계에 있는 두 명제는 당연히 양립할 수 없지만 둘 다 거짓일 수는 있다. '이것은 검다.'가 거짓이라고 해서 '이것은 희다.'가 참이 되지는 않는다. 회색이 될 수도 있기 때문이다.

이제부터 주연周延이라는 중요한 개념을 소개한다. 어떤 개념의 판단 S가 그 개념의 외연 전체, 즉 모든 S에 두루 미칠 때 그 개념은 '주연' 되었다고 하며, 그렇지 않은 경우, 부주연undistributed되었다고 한다.

1) A(전칭긍정)

* 모든 개는 포유류이다
  (개: S, 포유류: P)
* S⊂P

여기서 주어개는 주연되었지만, 술어포유류는 주연되지 않았다. 즉, 모든 개는 포유류의 일부이기 때문이다. 그림으로 보면 다음과 같다.

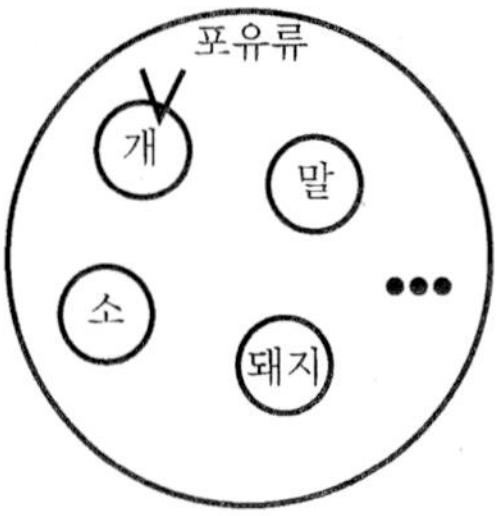

2) E(전칭부정)

* 모든 초식동물은 육식동물이 아니다.
* 초식동물은 주연되었다.
  (초식동물: 주어)
* 육식동물도 주연되었다.
  (육식동물: 술어)

3) I(특칭긍정)

* 어떤 꽃은 일년초이다.
* 주어 : 부주연
* 술어 : 부주연(꽃이 아닌 일년초도 있기 때문에)

4) O(특칭부정)

> * 어떤 책들은 내 서가에 있는 책들이 아니다.
> * 주어 : 부주연
> * 술어 : 주연

종합을 하면 다음과 같다.

유형	S	P
A	주연	부주연
E	주연	주연
I	부주연	부주연
O	부주연	주연

오직 전칭명제만 주어를 주연시키고 부정명제만 술어를 주연시킨다.

4.3 직접추리

1) 대당對當관계에 의한 추리

대당 관계란 "S is P"의 형식에서 양이나 질을 변화시킨, 그러니까 A, E, I, O 상호간의 관계를 말한다. 즉 어느 한 편이 참이거나 거짓일 때 다른 편의 진리값은 어떻게 되는가를 따져 보는 것이다. 먼저 A와 E 사이의 관계를 알아보면 다음과 같다. 이 두 명제는 반대 관계에 있기 때문에 둘 다 거짓일 수는 있어도 둘 다 참일 수는 없다.

A	E
참	거짓
거짓	?

E	A
참	거짓
거짓	?

A가 거짓일 때 E가 미결정인 이유는, A가 거짓인 방식이 두 가지가 있기 때문이다.

A 모든 고양이는 검다. → E 모든 고양이는 검지 않다.(거짓)

A 모든 고양이는 조류다. → E 모든 고양이는 조류가 아니다.(참)

I와 O는 소반대 subcontrary관계이기 때문에 둘 다 참일 수는 있지만, 둘 다 거짓일 수는 없다.

I	O
참	?
거짓	참

O	I
참	?
거짓	참

I가 참인 경우는 두 가지가 있다.

- "All S is P."가 참이기 때문에 I가 참이 되는 경우.
  이때 O는 거짓이 된다.
  예) 모든 개는 포유류이다.
- "some S is P."만 참일 경우 O도 참이 된다.
  예) 어떤 고양이는 검다.

O가 참이 되는 경우에도 두 가지가 있다. 즉, 어떤 S도 P가 아니기 때문에 참이 되는 경우와, 어떤 S는 P이고 어떤 S는 P가 아니기 때문에 참이 되는 경우이다. 전자의 경우, I는 거짓이 되고, 후자의 경우 I는 참이다.

A와 I의 관계는, A에서 I로 갈 때는 양축소대당subalternation, I에서 A로 갈 때는 양확장대당superalternation이다.

A	I
참	참
거짓	?

I	A
참	?
거짓	거짓

A가 거짓일 수 있는 방식에는 두 가지가 있다. 즉 S 중 어느 것도 P가 아니기 때문에 거짓인 경우와, S 중의 어떤 것은 P이고 어떤 것은 P가 아니기 때문에 거짓인 경우이다. 그래서 I는 미결정이 된다. 마찬가지로 I가 참인 경우에도 두 가지가 있으므로 A는 미정이 된다. E와 O의 관계에 대해서도 각자 풀어보기 바란다.

이제 남은 것은 A와 O, E와 I의 관계인데 이들은 모순관계에 있기 때문에 언제나 반대의 진리값을 갖는다.

2) 명제 변형에 의한 직접추리

명제들은 벤다이어그램에 의하여 표현될 수 있다. 여기에서 공집합은 사선 또는 음영으로 표시하고,[24] 어떤 개체의 존재는 별표(*)로 나타낸다.

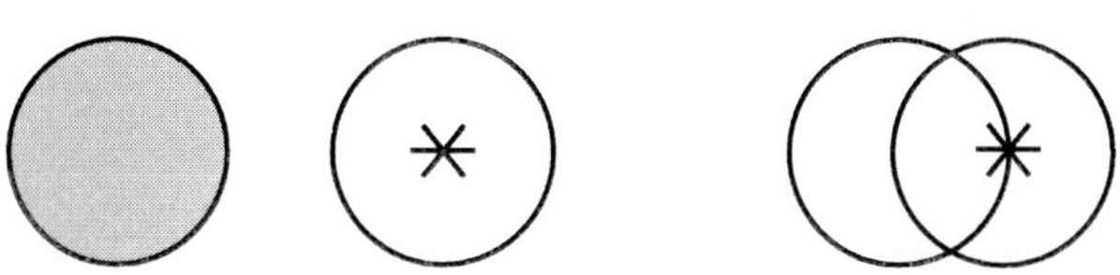

공집합 / 어떤 원소가 존재함 / 여러 구역중 어느 구역에 해당하는 지 알 수 없을 때에는 경계선에 표시함

24) 일반적으로는 사선으로 교집합을 나타내는 데, 여기에서는 공집합을 나타내므로 혼동하지 않도록 주의해야 한다.

이렇게 되면, A, E, I, O 명제를 벤다이어그램으로 나타낼 수 있다.

(A) 모든 S는 P이다

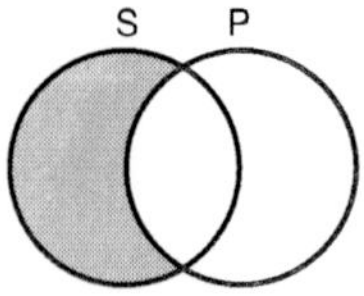

(E) 모든 S는 P가 아니다

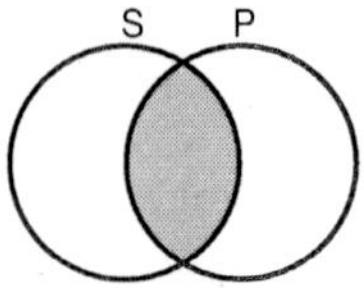

(I) 어떤 S는 P이다

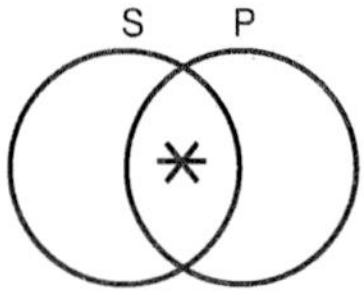

(O) 어떤 S는 P가 아니다

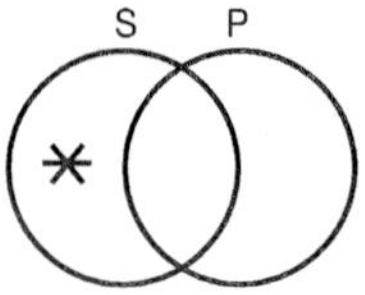

(1) **환위**Conversion

– 주어와 술어의 '위치'를 바꾸는 것

① **전칭긍정** (A)

명제 : 모든 S는 P이다 → 모든 P는 S이다

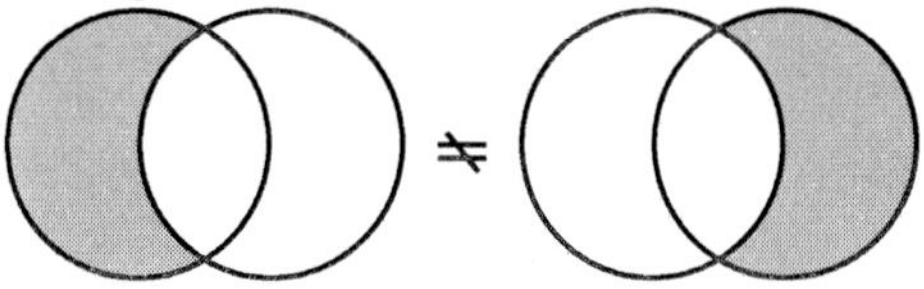

☞ 전칭긍정명제는 환위를 하면 결과가 같지 않다

② **전칭부정** (E)

명제 : 모든 S는 P가 아니다 → 모든 P는 S가 아니다

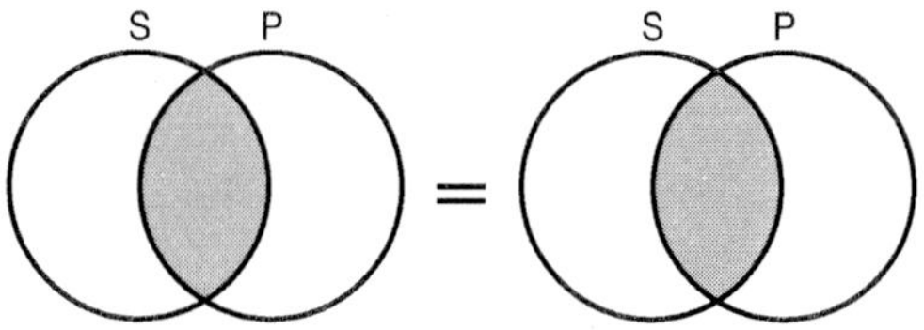

☞ 전칭부정명제는 환위를 하면 결과가 같다

③ **특칭긍정** (I)

명제 : 어떤 S는 P이다 → 어떤 P는 S이다

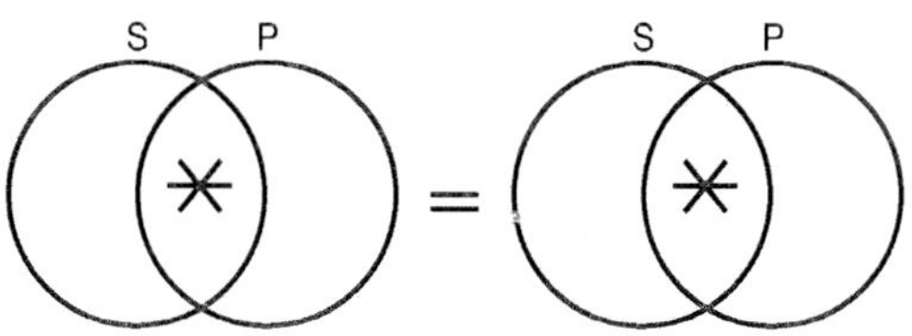

☞ 특칭긍정명제는 환위를 하면 그 결과가 같다

④ **특칭부정** (O)

명제 : 어떤 S는 P가 아니다 → 어떤 P는 S가 아니다

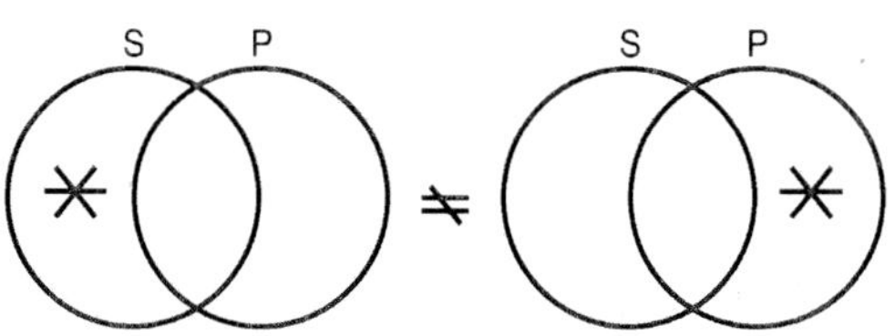

☞ 특칭부정명제는 환위를 하면 그 결과가 같지 않다

(2) **환질**(Obversion)

– 명제의 '질'을 변화시킨 다음에 술어를 부정해 주는 것

참고) 정언명제에서 긍정, 부정 여부는 '질', 특칭, 전칭 여부는 '양'적 측면을 말함

① 모든 S는 P이다 → 모든 S는 非-P가 아니다

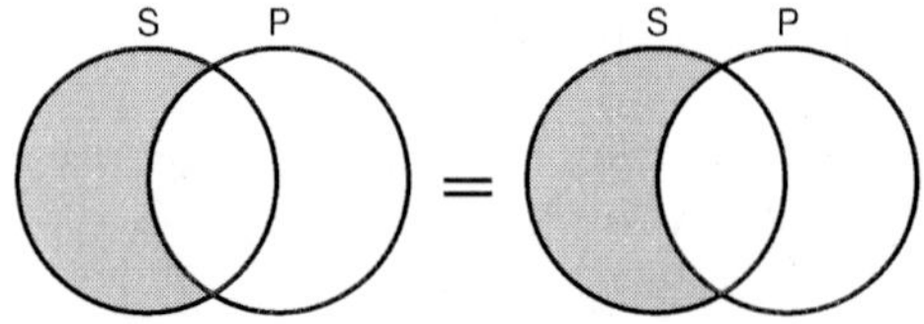

☞ 전칭긍정명제는 환질을 하면 결과는 같다

② 모든 S는 P가 아니다 → 모든 S는 非-P이다

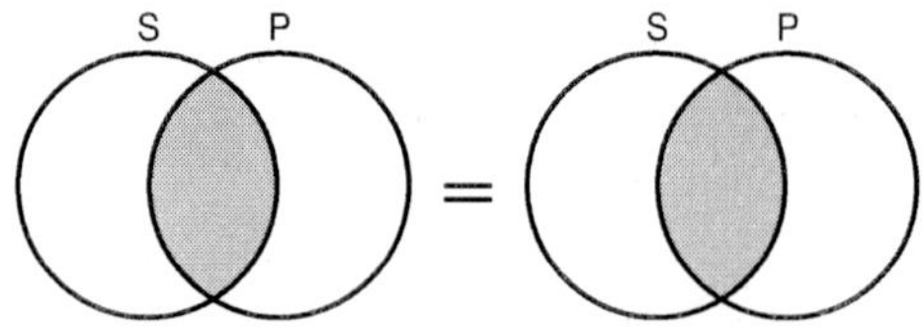

③ 어떤 S는 P이다 → 어떤 S는 非-P가 아니다

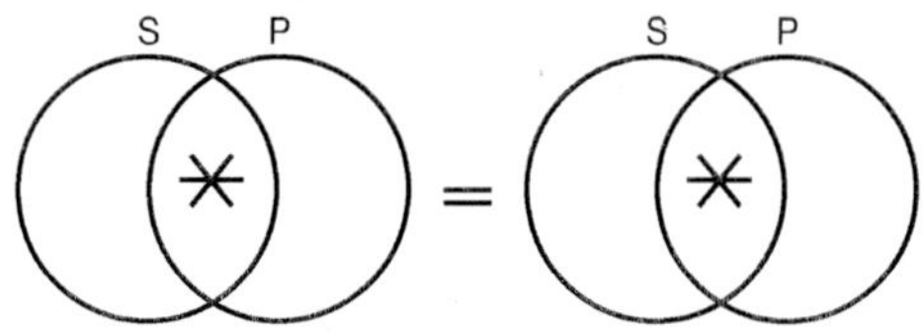

④ 어떤 S는 P가 아니다 → 어떤 S는 非-P이다

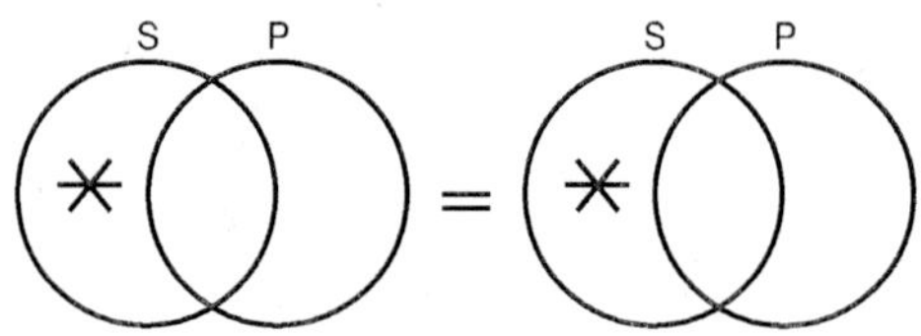

☞ 모든 정언명제의 환질문은 원래의 정언명제와 같다.

(3) 환질환위법Ontraposition

주어와 술어를 바꾼 다음, 주어와 술어를 각각 부정해 준다.

① 모든 S는 P이다 → 모든 非-P는 非-S이다

② 모든 S는 P가 아니다 → 모든 非-P는 非-S가 아니다

③ 어떤 S는 P이다 → 어떤 非-P는 非-S이다

④ 어떤 S는 P가 아니다 → 어떤 非-P는 非-S가아니다

짐작하는 바처럼 이런 경우는 매우 드물기 때문에 독자를 위해 두뇌 체조용으로 남겨두겠다.

4.4 간접추리

1) 가언적 삼단논법

(가언적 = 조건문, 가언적 ↔ 정언적)

$$\begin{array}{l} p \rightarrow q \\ \underline{q \rightarrow r} \\ p \rightarrow r \end{array}$$

예시) 1. 만약 당신이 외국 문화들을 연구하다 보면, 인류의 관습이 다양함을 알게 될 것이다.

2. 만약 관습의 다양함을 알게 되면, 조국의 관습에 대해 의문을 품게 될 것이다.

만약 당신이 외국 문화들을 연구하다 보면, 조국의 관습에 대해 의문을 품게 될 것이다.

여기에는 한계가 없다.

$$\begin{array}{l} p \rightarrow q \\ q \rightarrow r \\ \quad \vdots \\ r \rightarrow s \\ s \rightarrow t \\ \hline p \rightarrow t \end{array}$$

징이 없어서 편자를 잃었네.
편자가 없어서 말을 잃었네.
말이 없어서 기수를 잃었네.
기수가 없어서 서신을 잃었네.
서신이 없어서 군대를 잃었네.
군대를 잃어서 전쟁에 패했네.
전쟁에 패해서 나라를 잃었네.
―――――――――――――
징이 없어서 나라를 잃었네.

카오스이론에서 '나비효과'는 이런 류의 다단논법에 기인하는 것이다.[25)]

2) 반半가언적 삼단논법

전제가 조건문과 정언명제로 구성된 것을 반가언적 삼단논법이라고 한다.

---

25) 필자는 나비효과의 '신봉자'이다. 아주 사소한 일이 때로 엄청난 결과를 야기하는 것은 인류 역사에서 다반사가 아니던가.

① **전건 긍정**modus ponens

전건이 참일 때 후건도 반드시 참이 되는 타당한 연역 논증으로서 형태는 다음과 같다.

if p, than q
p
―――――
∴ q
(p, q는 임의의 명제)

예시) 비가 오면 길이 젖는다
비가 왔다
―――――
∴ 길이 젖었다.

수학의 모든 결론은 거의 '전건긍정'에 해당한다.

어떤 삼각형이 이등변삼각형이면, 양 밑각은 같다.
이 삼각형은 이등변 삼각형이다.
―――――
∴ 이 삼각형의 양 밑각은 같다.

② **후건 부정**modus tollens

타당한 연역 논증으로서 형태는 다음과 같다.

if p, than q
~q
―――――
∴ ~p
(p, q는 임의의 명제)

예시) 비가 오면 길이 젖는다.
길이 젖지 않았다.

∴ 비가 안 왔다.

실험과학의 논증에서 후건부정은 약방의 감초격이다.

예시) 만약 리트머스지를 산성 용액에 넣으면 붉어진다.
붉어지지 않았다.

∴ 그 용액은 산성이 아니다.

– 홈즈도 후건부정의 논리를 잘 사용하였다.

예시) 만약 침입자가 낯선 사람이라면 그 개는 짖었을 것이다.
개가 짖지 않았다.

∴ 침입자는 낯선 이가 아니다.

③ 전건 부정의 오류

부당한 연역 논증으로서 형태는 이러하다.

if p, than q
~p

∴ ~q

예시) 비가 오면 길이 젖는다.
비가 오지 않았다.
———————————
∴ 길이 젖지 않는다.
(길이 젖어 있을 수도 있다. 꼭 비가 와야만 땅이 젖는 것은 아니기 때문이다)

선거철에 후보자들이 자주 저지르는 오류이다.

예시) 내가 당선되면, 여러분은 현명한 유권자이다.
나는 낙선됐다.
———————————
∴ 여러분은 우매한 유권자이다.

이는 조건문을 쌍조건문으로 혼동해서 발생하는 오류이다.

④ 후건 긍정의 오류

모양 : if p, than q
q
———————————
∴ p (?)

p인 경우도 있고, 아닌 경우도 있다.

비가 오면, 길이 젖는다.
길이 젖었다.
———————————
∴ 비가 왔다(?)

이것은 타당한 연역 논증은 아니다. 살수차가 물을 뿌릴 수도 있기 때문이다. 논리적으로는 부당하지만 Peirce가 가추법이라고 부른 이 형식은 임상의학이나 탐정학에서 가장 중요한 역할을 하는데, 이에 대해서는 6장에서 보다 자세하게 취급할 것이다.

3) 선언적 삼단논법

'또는or'은 배타적인exclusif 경우와 포함적인inclusif 경우가 있다. 다음은 배타적인 경우이다.

p or q
~p
―――――
∴ q

이것은 타당한 선언논증이다.

예시) 철수는 자살했거나 타살되었다.
철수는 자살하지 않았다.
―――――
∴ 철수는 타살되었다.

다음은 포함적인 경우이다.

p or q
p
―――――
∴~q

이것은 부당한 선언논증이다.

예시) 그녀는 미인이거나 지적인 여성이다.
그녀는 미인이다.
∴ 그녀는 지적인 여성이 아니다.

이런 오류를 '선언지 긍정의 오류'라고 한다. 선언지 하나가 참이라는 이유로 다른 선언지가 거짓이 되지는 않는다. 둘 다 참이 될 수 있기 때문이다. 요즘 미인이면서 지적인 여성이 얼마나 많은가!

4) 양도兩刀 추리(딜레마 논법)

대전제가 두 개의 조건판단, 소전제는 두 개의 선언지를 가진 선언판단으로 구성된 연역추리다.

두 가지 선언지가 모두 나쁜 결과를 낳는데도 하나를 선택해야 하는 입장에 처한 경우인데, '부모를 따르자니 사랑이 울고, 사랑을 따르자니 부모가 운다.'는 식이다.[26]

예시 1) 너는 출가(出家)하여 중이 되어도 행복하지 않을 것이다.
네, 성격에 출가(出嫁)해도 행복하지 않을 것이다.
비구니가 되든가 시집을 간다.
∴ 너는 불행할 수 밖에 없다.

26) 오디세우스가 좁은 해협을 지날 때 부딪치는 문제도 딜레마의 한 형태이다. 왼편에는 한꺼번에 여섯 명의 사람을 낚아 채 잡아먹는 스킬라가 도사리고 있고, 오른쪽에는 소용돌이를 일으켜 모든 사람을 삼켜버리는 카리브데스가 있다.

예시 2) 당신이 한 말이 무의식적이라면 당신은 나를 사랑하지 않는다.
당신이 한 말이 의식적이라면 당신은 잔인한 사람이다.
당신이 한 말은 무의식적이거나 의식적이다.

∴ 당신은 나를 사랑하지 않거나 잔인한 사람이다.

딜레마는 의문문의 형태로 상대방을 궁지에 몰아넣기 위해 논쟁에서 종종 사용된다. 유감스럽게도 부모들이 자식을 윽박지를 때에도.

허구한 날 낮잠이나 잘래?
아니면 평생 식당종업원이나 할래?

이런 딜레마에서 벗어나는 방법에는 두 가지가 있다.

첫째, '뿔 사이를 피하기'이다. 즉 딜레마의 두 조건판단이 모든 경우를 포함하고 있지는 않다는 사실을 지적하면 된다. 예시(1)의 경우 다른 일, 예컨대 취직을 해서 혼자 독립적인 삶을 영위할 수도 있는 것이다.

둘째, '뿔로 잡기'이다. 딜레마의 두 조건판단 중의 하나가 잘못임을 지적할 수 있다. 이 경우 비구니가 되는 길이 과연 불행한 일인가를 지적하면 될 것이다.

4.5 삼단논법

'S는 P이다.'라는 형식의 문장을 정언 명제Categorical proposition라 하는데, 삼단 논법은 이런 형식으로 이루어진 두 개의 전제와 하나의 결론으로 구성된다. 지금부터 타당성과 건전성이라는 중요한 개념에 대해서 소개하겠다.

타당한valid 논증이란 형식적으로 올바른 논증, 곧 추론의 규칙을 따르는 논증을 말한다. 어떤 논증이 타당하다는 것은 그것의 전제들이 실제로 참인지 아닌지 하고는 상관없이, 만약 전제들이 참이라면 그것의 결론 역시 참이 된다고 주장하는 것이다. 따라서 타당한 논증은 거짓인 전제나 거짓인 결론을 포함할 수 있다. 타당성은 명제의 진위와는 관계가 없는 통사론적 개념이다.

전제가 거짓이더라도 그 전제를 참이라고 가정할 경우, 다음 논증은 설령 '워리'가 불도그가 아니더라도 결론이 타당한 논증이다.

> 모든 개는 불도그다.
> 워리는 개다.
> ---
> 워리는 불도그다.

그러나 다음 논증은 부당한 논증이다.

> 어떤 개는 불도그다.
> 워리는 개다.
> ---
> 워리는 불도그다.

다음 예는 전제들과 결론이 모두 거짓인 타당한 논증이다.

모든 포유류는 날 수 없다.
모든 새는 포유류다.

모든 새는 날 수 없다.

그래서 건전성이라는 의미론적 개념이 필요한 것이다. 건전한 논증이란, 타당한 논증이면서 전제들이 모두 참인 논증을 말한다.

모든 사람은 죽는다.
다은이는 사람이다.

다은이는 죽는다.

<table>
<tr><th></th><th>타당성validity</th><th>건전성soundness</th></tr>
<tr><td rowspan="3">연역논증</td><td rowspan="2">타당한 논증</td><td>건전한 논증</td></tr>
<tr><td>불건전한 논증
(전제 중에 거짓전제가 있을 때)</td></tr>
<tr><td>부당한 논증</td><td></td></tr>
</table>

다음은 흔히 저지르는 오류이다.

모든 인간은 포유류다.
어떤 포유류는 토끼이다.

어떤 인간은 토끼이다.

여기에서 오류가 발생하는 원인은 중개념 '포유류'가 한 번도 주연되지 않았기 때문이다.

그래서 '중개념 부주연의 오류'라고 불린다. 중개념은 반드시 한 번은 주연, 즉 그 집단 전체를 포괄해야한다. 다음 예는 전제에서 부주연인 개념이 결론에서 주연된 경우이다.

자전거를 타는 사람들은 검소한 사람들이다.
농부들은 자전거를 타지 않는다.

농부들은 검소한 사람이 아니다.

이런 오류를 '부당 주연의 오류'라고 한다.

■ **생각해보기** : 전제들이 모두 참이면서 결론이 거짓인 타당한 논증이 있을 수 있을까?

S와 P가 결론의 주어와 술어를 가리킨다면, 추론이 이루어지기 위해서는 두 전제에 포함된 어떤 세 번째 항목이 있어야 한다. 이 항목을 중개념middle term이라 부른다. 중개념은 두 전제에 다 등장하지만 결론에는 나오지 않는다. 여기에서 결론의 주어 S를 소개념minor term, 술어 P를 대개념major term이라 부른다. 그것은 소개념이 만드는 집합이 대개념이 만드는 집합에 포함되기 때문이다. 이렇게 표준화하면, 자연스럽게 질문이 제기된다. 가능한 삼단 논법의 가짓수는 얼마나 될까? 대전제나 소전제는 각각 두 가지 방식으로 쓰일 수 있다. M이 선행하거나 P가 선행하거나, 그리고 S가 선행하거나 M이 선행하거나이다.

Ⅰ격	Ⅱ격	Ⅲ격	Ⅳ격
M−P S−M S−P	P−M S−M S−P	M−P M−S S−P	P−M M−S S−P

■ 각 형식에서 가능한 가짓수 : 64가지(왜냐하면 각 명제에 A, E, I, O 네 가지 형식의 명제가 들어갈 수가 있으므로 4×4×4=64가지의 경우가 가능하다)

∴ 가능한 모든 경우의 수는 64×4= 256가지

하지만 이 중 타당성형식을 따졌을 때, 타당한 형식의 경우는 총 19가지이다.

제 1격	AAA, AII, EAE, EIO
제 2격	AEE, AOO, EAE, EIO
제 3격	AAI, AII, EAO, EIO, IAI, OAO
제 4격	AAI, IAI, AEE, EAO, EIO

읽을거리

일반적으로 흔히 저지르는 오류

1) 상대방의 아이디어를 평가하기 보다는 인신공격을 한다.
   예시) "봅은 멍청하거든!"이라고 단언하는 것은 이런 오류의 대표적인 예다.

2) 완벽하지 않다는 이유로 새로운 제안을 거부한다.
   예시) 봅이 제안한 방법이 모든 문제를 해결할 수 없다고 반대하는 것은 이런 오류다.

3) 다양한 가능성을 찾기보다는 양자택일식으로 사고한다.
   예시) 봅의 계획을 수용하거나 기존 방식을 유지해야 한다는 코지의 주장은 이런 오류에 속한다.

4) 지지를 받기 위해 추론보다 감정에 호소한다.
   예시) 제안을 거부당하면 봅이 크게 실망할 거라는 트리샤의 주장은 감정에 호소하는 대표적 예다.

(Madeleine Van Hecke, Blind spots, 임옥희역, 다산호당,2007,p228)

이렇게 타당한 삼단논법은 다음과 같은 조건에 부합한다.

1. 중개념은 적어도 한 번은 주연되어야 한다.
   즉, 두 특징 명제로부터는 어떤 결론도 이끌어낼 수 없다.
2. 한 개념이 결론에서 주연되면, 그 개념은 전제에서도 주연되어야 한다.
3. 두 개의 부정 전제로부터는 아무런 결론도 추론해낼 수 없다.
4. 결론이 부정일 때에는 하나의 부정전제가 있어야 하고, 한 전제가 부정이면 결론도 부정이어야 한다.
5. 전제가 둘 다 전칭이면서 결론이 특칭일 수는 없다.

그러나 이 모든 고려사항을 형식적으로 동시에 점검할 수 있는 방법이 있는데, 앞서 소개한 벤다이어그램 기법이 바로 그것이다.

■ 벤다이어그램을 통해 타당성 조사

타당한 논증에서는 전제들이 참이면서 결론이 거짓일 수 없다. 각각의 명제에 대해 벤다이어그램은 그 명제가 참이 되는 경우를 도식적으로 나타내주고 있기 때문에, 두 전제들에 대한 다이어그램을 적절히 만들어주면 다이어그램 상에서 논증이 타당한지 부당한지 조사할 수 있다.

예시 1) EIO-Ⅲ

어떤 M도 P가 아니다
어떤 M은 S이다
―――――――――――
∴ 어떤 S는 P가 아니다

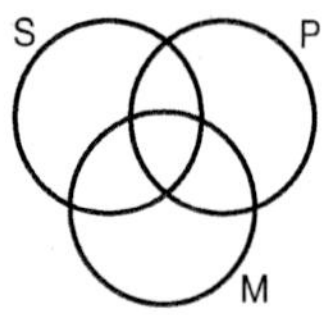

먼저, 삼단논법의 전제에 나오는 세 개념(대개념, 주개념, 소개념)이 구성하는 집합을 세 개의 원으로 나타내고 이들을 겹쳐서 구성한다.

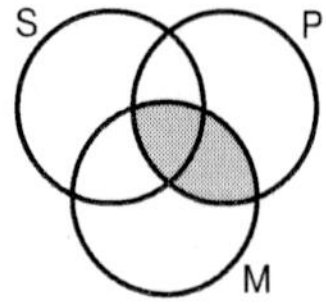

다음으로, 대전제를 다이어그램 상에 나타내준다.

어떤 M도 P가 아니므로, M과 P의 교집합이 공집합이 되어야 한다.

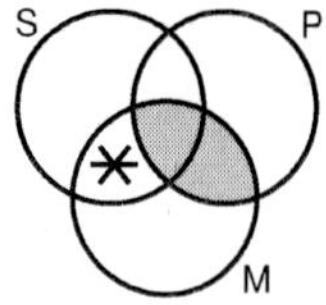

이어서 소전제를 나타내주는데, 어떤 M이 S이므로 M과 S가 겹치는 곳에 존재 표기를 해주어야 하는데 공집합 부분은 제외되어야 하므로 남은 지역에 표기해준다.

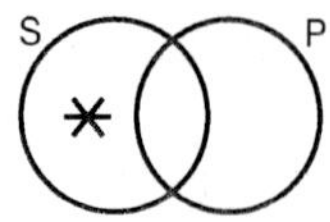

결론은 S와 P의 관계이므로 이제 M은 무시할 수 있다.

이제 결과를 주시하면, 어떤 S는 P가 아니라는 결론을 지지하므로 이 삼단논법은 타당하다.

예시 2) AAA-Ⅲ

모든 M은 P이다

모든 M은 S이다

∴ 모든 S는 P이다

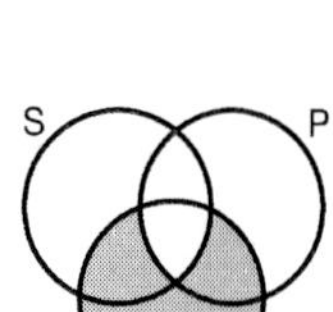

위 형식의 타당여부를 벤다이어그램을 통해서 살펴보면, 대전제에 의해, P가 아닌 M을 공집합으로 처리하고, 소전제에 의해, S가 아닌 M을 공집합으로 처리해주면 다음과 같다. 여기에서 P가 아닌 S가 있으므로 이 형식은 부당함을 알 수 있다.

읽을거리

1. 언제 향수의 향을 구별할 수 있다고 말할 수 있나?
똑같은 병에 넣은 진짜 향수와 그것과 거의 비슷한 모조품을 준비한다. 홈즈가 정답을 맞힐 수 있는 확률은 1/2이다.
이제 다른 종류의 진짜 향수와 이것의 모조품을 준비한다. 홈즈가 두 번째로 맞힐 수 있는 확률은 $1/2\times1/2=1/4$이다.
이런 식으로 해서 홈즈가 다섯 번 모두 정답을 맞힐 수 있는 확률은 $\left(\frac{1}{2}\right)^5=\frac{1}{32}\fallingdotseq3\%$이다. 그러니까 100번에 3번 정도 일어나는 일이 벌어진 것이다. 이럴 때 이것은 우연이라기보다는 홈즈가 향을 구별할 수 있는 능력이 있다고 보아야 할 것이다.

2. 최고의 배우자는?
당신이 만날 수 있는 전체 후보자의 37%에 해당하는 이성과 선을 본 후, 그 뒤에 데이트 상대자 중에서 이전의 모든 후보들보다 나은 첫 번째 사람을 선택하라. (믿거나 말거나!)

3. 홈즈는 의뢰인으로부터 가짜 금화 한 개를 가려내달라는 부탁을 받고 9개의 금화를 받았다. 가짜 금화는 무게가 덜 나간다. 홈즈는 저울을 딱 두 번만 사용해서 가짜금화를 찾아냈다. 어떻게?
9개의 금화를 세 개씩 A, B, C 세 그룹으로 나눈다.
A조와 B조를 저울의 양쪽 접시에 놓는다. 저울이 균형을 유지하면 C 그룹에 가짜 금화가 있는 것이다. C그룹의 금화 세 개 중 한 개씩 접시에 올려놓아 한쪽이 가벼우면 그것이 가짜. 만일 균형을 이루면 나머지 한 개가 가짜. 만일 처음 실험에의 균형이 이루지 않으면 가벼운 그룹에 가짜가 있으니까 그것에 대해 C그룹에 했던 대로 하면 된다.

두뇌 체조

1. 다음 삼단논법의 타당성 여부를 검토하시오.

   1) 모든 어린이는 놀기를 좋아한다.
   모든 소년은 어린이다.
   ―――――――――――
   그러므로 모든 소년은 놀기를 좋아한다.

   2) 모든 얼룩말에는 줄무늬가 있다.
   어떤 얼룩말도 해양 동물이 아니다.
   ―――――――――――
   그러므로 어떤 해양 동물에게도 줄무늬가 없다.

   3) 모든 남자는 멋쟁이다.
   모든 멋쟁이는 위선자이다.
   ―――――――――――
   그러므로 모든 남자는 위선자이다.

   4) 모든 잠자리는 날개가 있다.
   모든 모기는 날개가 있다.
   ―――――――――――
   그러므로 모든 잠자리는 모기다.

   5) 모든 소녀는 두발동물이다.
   모든 인간은 두발동물이다.
   ―――――――――――
   그러므로 모든 소녀는 인간이다.

2. 아래 형식의 타당성 여부를 벤다이어그램으로 검토하시오.

   1) AAA-Ⅰ

   2) AAA-Ⅱ

   3) AAA-Ⅲ

   4) AOO-Ⅳ

5) IAI-Ⅲ

6) AII-Ⅲ

7) AII-Ⅱ

8) OAO-Ⅲ

9) EOO-Ⅱ

10) IOO-Ⅰ

3. 다음의 삼단 논법에서 무엇이 잘못되었는가.(6×5=30)

1) 학칙은 우리가 당연히 지켜야 할 중요한 규범이다. 교통법규는 학칙이 아니다. 그러므로 교통법규는 우리가 당연히 지켜야 할 규범이 아니다.

2) 모든 죄인은 감옥에 가야한다. 우리는 모두 죄인이다. 그러므로 우리 모두는 감옥에 가야한다.

3) 교육자는 헌신적이다. 교육자는 사람이다. 그러므로 모든 사람은 헌신적이다.

4) 성악가는 연예인이다. 채플린은 연예인이다. 그러므로 채플린은 성악가이다.

5) 어떤 사람은 농민이다. 어떤 사람은 상인이다. 그러므로 어떤 상인은 농민이다.

정답

1. : 1) 타당, 2) 부당, 3) 타당, 4) 부당, 5) 부당

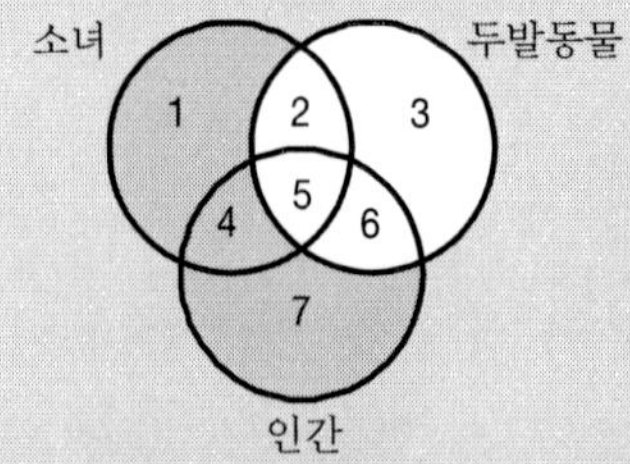

∴ 2번 구역에 빗금이 쳐지지 않았다.

2. : 1) 모든 M은 P이다
모든 S는 M이다
모든 S는 P이다
여기서 설령 남은 S가 공집합이 되더라도 성립
(∵집합에서 공집합은 모든 집합의 부분집합이기 때문)

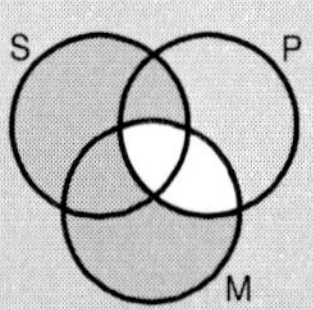

→ 타당 (이 다이어그램이 결론을 지지함)

2) 모든 P는 M이다
모든 S는 M이다

모든 S는 P이다

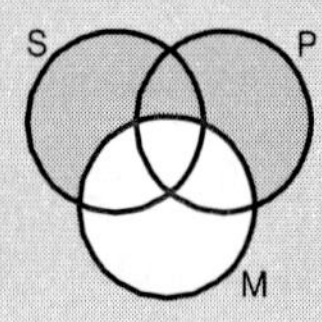

→ 부당

3) 모든 M은 P이다
모든 M은 S이다

모든 S는 P이다

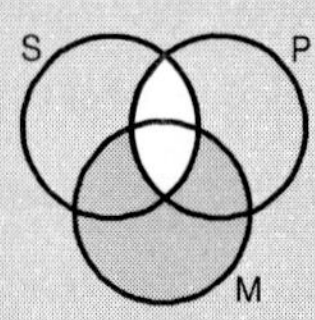

→ 부당

4) 모든 P는 M이다
어떤 M은 S가 아니다

어떤 S는 P가 아니다

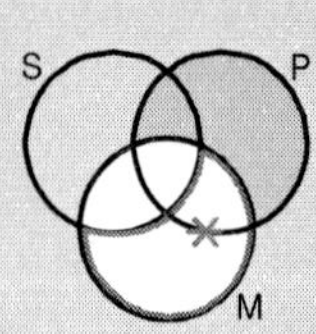

→ 부당

5) 어떤 M은 P이다
모든 M은 S이다

어떤 S는 P이다

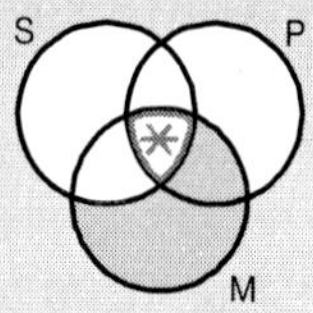

→ 타당

M에서 S가 아닌 부분($M \cap S^c$)은 공집합이므로 M과 P가 어떤 원소를 공유하려면 원소는 가운데($S \cap P \cap M$)에 자리해야 한다.

6) 모든 M은 P이다
어떤 M은 S이다

어떤 S는 P이다

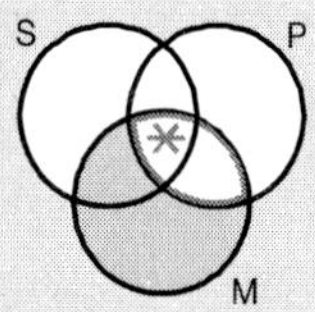

→ 타당

7) 모든 P는 M이다
어떤 S는 M이다

어떤 S는 P이다

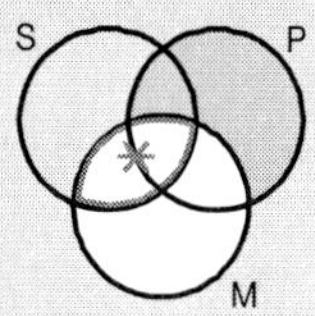

→ 부당

8) 어떤 M은 P가 아니다
모든 M은 S이다

어떤 S는 P가 아니다

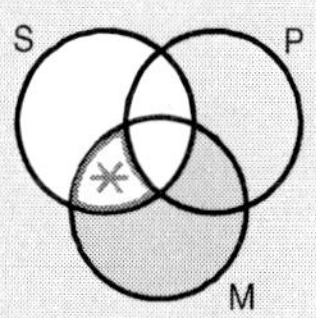

→ 타당

전칭과 특칭전제가 같이 있을 땐 전칭전제를 먼저 그린다.

9) 모든 P는 M이 아니다
어떤 S는 M이 아니다

어떤 S는 P가 아니다

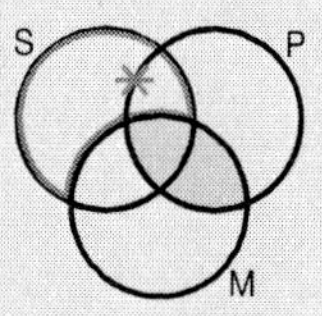

→ 부당

10) 어떤 M은 P이다

어떤 S는 M이 아니다

어떤 S는 P가 아니다

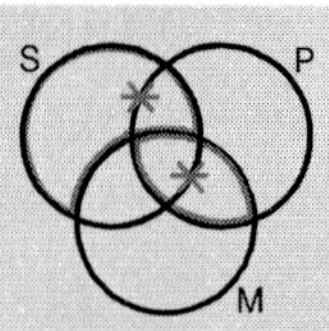

→ 부당

3. : 1) 대개념 부당 주연의 오류

2) 매개념이 두 가지 개념

3) 소개념 부당 주연의 오류

4) 매개념 '연예인'은 두 전제 중 적어도 한 번은 주연되어야 하는데 그렇지 못함. 매개념 부주연의 오류

5) 두 전제가 모두 특칭 판단으로 정의되어 있어, 아무런 결론도 내릴 수 없다.

V

발견술

> 작가는 묘사하고 있는 인물 속으로 들어가야 한다. 그의 꿈속으로 들어가서 그의 눈으로 세상을 보고 그의 감각으로 세상을 느껴야 한다.
>
> 알퐁스 도데(Alphonse Daudet)

'사고실험'하면 제일 먼저 떠오르는 것이 갈릴레이1564-1642이다. 50g짜리 가벼운 돌멩이 a와 500g짜리 무거운 돌멩이 b가 있다고 하자. 아리스토텔레스에 의하면 무거운 물체는 가벼운 물체보다 더 빨리 떨어진다. 갈릴레이는 사고실험으로 이를 보기 좋게 격파한다. 즉, a와 b를 한 데 묶어 떨어뜨릴 경우, 가벼운 돌멩이 a는 무거운 돌멩이 b의 낙하속도를 더디게 만들어야 한다. 그러나 두 개의 돌멩이는 따로 떨어져 있는 돌멩이들 보다 더 무거우므로 더 빨리 떨어진다. 모순! 따라서 아리스토텔레스의 자유낙하에 대한 물리학은 틀렸다. 갈릴레이는 또 다른 유명한 사고실험을 통하여 관성의 개념을 확립했다.

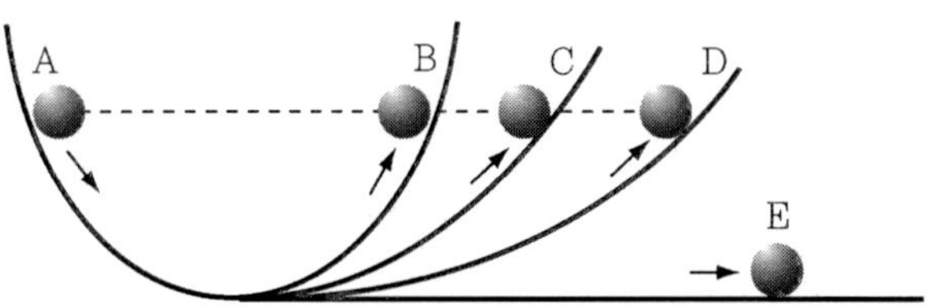

빗면을 굴러간 공이 마찰을 받지 않는다면 맞은편 빗면의 같은 높이까지 올라간다. 이 때 맞은 편 경사를 낮출수록 이동거리가 길어진다. 경사를 계속 낮추어 평지가 되면 같은 높이에 이를 수 없으므로 공은 계속해서 굴러갈 것이다. 정지해 있는 물체는 계속 정지해 있고, 운동하는 물체는 계속 운동 상태를 유지할 것이다.

과학에서 사고실험은 매우 중요하다. 아인슈타인은 자신이 광자라면 어떤 형태를 보일 것인가를 궁구한 후 광속을 보면서 법칙을 확립하였고, 미국의 천재물리학자 Feynmann은 '만일 내가 전자라면 어떻게 할까?'라는 질문을 스스로에게 던져 양자물리학에 혁명을 일으켰다.

철학에서는 "사람이 죽지 않는다면 어떻게 살까?"라는 물음이 사고실험의 예로서 유명하다. 영국 소설가 조너선 스위프트1667-1745는 「걸리버 여행기」에서 이 문제를 놓고 '생각으로 하는 실험'을 벌인다.

정확한 지도에 관한 사고실험으로서 루이스캐럴Lewis Carroll, 1832~1898의 「실비와 브루노」에 다음과 같은 대화가 나온다.

> 마인 헤어: 쓸모 있는 지도로 가장 큰 건 어떤 거라고 생각하니?
>
> 실비: 1마일을 6인치 정도로 나타낸 지도요.[27)]
>
> 마인 헤어: 고작 6인치라고? 우리는 이미 1마일 당 6야드짜리 지도를 만든걸. 그 다음에는 더 대단한 생각을 하게 되었지! 1마일을 1마일로 그리는 지도를 만들게 된 거야!
>
> 실비: 그 지도를 자주 쓰시나요?
>
> 마인 헤어: 한번 펼쳐보지도 못했는걸. 농부들이 죽어라고 반대를 했거든. 지도를 펴면 온 나라 땅을 다 덮을 텐데 그러면 햇빛을 가리게 된다는 거야. 그래서 우리는 이제 나라 땅 자체를 지도로 쓰고 있지. 장담한다만, 그 지도 역시 거의 똑같이 제 구실을 한단다.

토마스 네이글은 「치명적 질문들」캠브리지 대학 출판부, 1979년에서 〈박쥐의 입장에서 느낀다는 것은 어떤 것일까?〉라는 화두를 던진다. 비트겐슈타인의 '딱정벌레'는 사고실험의 또 다른 세계이다. 내 어깨의

---

27) 1마일은 1.6km, 1인치는 1.54cm, 1야드는 91.4cm. 1마일을 6인치로 나타내면, 대략 1만분의 1이다.

'통증'은 나의 주관적 경험이라는 상자 안에 들어있기 때문에 다른 사람은 도무지 들여다볼 수가 없는 것이다. 물론 그 역도 마찬가지이다. 그런데 우리는 아무런 거리낌 없이 '통증'이라는 단어를 예사로 사용하고 있다.

사고실험의 원조는 '경험적 회의'를 주창한 데카르트이지 싶다. 우리가 보고, 듣고, 냄새 맡고, 맛보고, 촉감을 느끼는 것이 사실은 '수조 속의 뇌'에 컴퓨터가 자극을 가한 결과라고 믿지 못할 이유가 어디에 있는가? 이런 질문을 던지는 영화 「매트릭스」는 데카르트의 진정한 후예로 보인다.

감정이입은 사고실험의 하위분야로서, 다름 사람의 몸과 마음을 통해 세계를 지각하는 것으로 '공감각적 직관'이라고도 한다. 프랑스의 작가 도데Alphonse Daudet는 이렇게 말한다.

> 작가는 묘사하고 있는 인물 속으로 들어가야 한다.
> 그의 꿈속으로 들어가서 그의 눈으로 세상을 보고
> 그의 감각으로 세상을 느껴야 한다.

훌륭한 작가는 작중인물에게 감정이입을 해야 한다. 셰익스피어는 햄릿에게, 몰리에르는 수전노에게, 세르반테스는 돈키호테에게… 사냥에 성공하려면 사냥감처럼 생각해야 한다는 원리와 마찬가지이다. 역사적으로 사람과 동물, 특히 말이나 개와의 감정교류가 유명하다. 영화 「벤허」는 주인공 벤허와 말 사이의 진정한 일체감을 보여준다. 그리고 알렉산더는 부케팔로스와 항우는 오추마와 혼연일체가 된다. 동물행동학자들은 감정이입을 자신들의 연구 전략으로 삼는다. 콘라드 로렌츠의 「솔로몬의 반지」에서 갈가마귀가 자기 주인을 애인으로 알고 온갖 먹이를 물어다주는 장면은 눈물겹기까지 하다. Jane Goodall은 침팬지 사회를 감정이입으로 연구한 유명한 사례이다.

홈즈는 탐정에게 상상력이 필요하다는 말을 여러 번 했다.

> "경위, 항상 입장을 바꿔서, 내가 그 사람이라면 어떻게 했을까 생각하면 좋은 결과를 얻게 될 거야. 그러자면 상상력이 좀 필요하지만, 그만한 보상이 따르지."
>
> – 홈즈, 은퇴한 물감제조업자 –

우리의 주인공 홈즈 역시 필요시에 감정이입을 활용한다. 「머즈그레이브 조례문」에서 그는 자신이 집사라면 어떻게 했을까를 상상함으로써 문제의 고리를 벗긴다. 왓슨은 가끔 홈즈의 얼굴이 흉악하게 일그러지는 모습을 보고할 때가 있는데, 홈즈가 흉악범에 감정이입을 한 결과이다. 바둑을 둘 때 착점을 찾기 어려운 상황에서 상대방의 입장에서 생각해보면 착점할 곳이 보이는 경우가 드물지 않다. 사족을 달자면, 니체의 경고를 잊지 말자. 괴물과 싸우는 사람은 스스로 괴물이 되지 않도록 조심해라!

5.2 암호의 역사

헤로도토스의 「역사」에 의하면 그리스를 구한 비밀통신은 나무 위에 글을 쓰고 밀랍으로 봉한, 그러니까 메시지의 존재 자체를 감추는 비밀 통신 방법이었다고 한다. 오늘날에도 대리석이나 심지어 위장

속에 마약을 감추는 경우가 가끔 언론에 오르내리지만 이 방법에는 한계가 있다. 그래서 인류는 암호통신법cryptography도 함께 개발해 왔는데, 그 목적은 앞서와는 달리 메시지의 의미를 감추는 데에 있다.

여기에는 전치법transposition과 대체법substitution 두 가지가 있다. 전치법은 메시지 안에 들어 있는 문자가 달라지지 않은 상태에서 위치만 바꾸는 기법이고, 대체법은 각각의 문자를 다른 문자로 바꾸면서 위치는 바꾸지 않는 기법이다.

1) 전치법

철자의 순서를 바꾸어 다른 단어를 만드는 것을 영어에서는 아나그램anagram이라고 하는데, 아래와 같다.

earth → heart

dormitory → dirty room

소설 「다빈치 코드」에는 아래와 같은 사례들을 보여준다.

O, Draconian devil → Leonardo da vinch

Oh, lame saint → The Mona Lisa

글자의 위치를 무작위로 바꾸는 이 같은 방법은 보안성이 아주 높다. 'Woman Hitler'가 'Mother-in-law' 임을 알아채기는 어려운 노릇이다.

기원전 5세기에 스파르타인들이 사용한 사이테일scytale은 똑같이 생긴 두 개의 둥근, 또는 동일한 수의 면을 가린 막대를 사용하여 전치법의 원리를 이용한 것이다. 긴 가죽끈이나 양피지 끈을 나무막대에 두르고 메시지를 가로로 적는다.

> 내일공오시창동으로
> 진격하라예비연대는
> 신동아이단지에서별
> 도명령을대기

이제 이 끈을 풀면, "내진신도일격동명공하아령…"이 되어 일반인의 눈에는 의미 없는 문자의 나열로 보인다. 메시지가 암호화된 것이다. 이 글자들을 똑같은 지름 내지 면을 가진 막대에 끈을 다시 되감기 전에는 해독할 수 없다.

2) 대체법

인도 학자 바차야나는 요리, 의상 등 여성들의 실용적인 기술에서부터 마술, 제본, 목수일 등의 기술까지 망라된 64개 분야로 구성된 「카마수트라」를 저술했는데, 이 중 45번째가 비밀 통신술이다. 여기에서 최초로 대체법이 소개되었는데, 알파벳을 무작위로 둘씩 짝지은 뒤, 메시지의 원래 문자와 짝을 이루는 다른 문자로 대체하는 것이다.

예를 들면 다음과 같다.

A	D	H	I	K	M	O	R	S	U	W	Y	Z
↕	↕	↕	↕	↕	↕	↕	↕	↕	↕	↕	↕	↕
V	X	B	G	J	C	Q	L	N	E	F	P	T

이렇게 되면, cheong는 MBUQSI가 되어 이 방법을 모르는 사람은 오리무중에 빠지게 된다.

대체법을 맨 처음 군사적인 목적으로 활용한 사람은 카이사르 Julius Caesar, B.C.100–B.C.44였다. 그는 로마문자를 그리스 문자로 대체해서 적이 해독할 수 없도록 만든 다음, 메시지를 전달해서 상황을 극적으로 역전시킨다. 역사가의 저술 덕분에 우리는 카이사르가 사용한 대체법 중 한 가지를 정확히 알 수 있는데, 이것은 메시지에 나오는 각각의 알파벳에서 세 자리 뒤에 나오는 철자로 대체하는 방법이다. 원문에 사용되는 글자를 원문 알파벳plain alphabet이라 부르고, 대체한 암호문의 알파벳을 사이퍼 알파벳cipher alphabet이라 부른다.

원문 알파벳	a b c d e f g h i j k l m n o p q r s t u v w x y z
사이퍼 알파벳	D E F G H I J K L M N O P Q R S T U V W X Y Z A B C
원문	veni, vidi, vici(왔노라, 보았노라, 이겼노라)
암호문	YHQL, YLGL, YLFL

알파벳 26자 중 1에서 25자리까지 마음대로 선택할 수 있기 때문에 25가지의 사이퍼 알파벳을 만들 수 있다.

여기에서 한 걸음 더 나아가서 알파벳의 순서와 상관없이 무작위로 재배열한 알파벳을 사용하면 26!+α의 열쇠 중 하나를 찾아야 한다.

원문 알파벳	a b c d e f g h i j k l m n o p q r s t u v w x y z
사이퍼 알파벳	J L P A W I Q B C T R Z Y D S K E G F X H U O N V M
원문	beware the ides of march
암호문	LWOJGW XBW CAWF SI YJGPB

'ides'는 3월, 5월, 7월, 10월은 15일, 그 밖의 달은 13일로서, "3월 15일을 경계하라."는 뜻. 이 날은 카이사르의 암살의 날로 예언되어 있던 날이다.

읽을거리

비운의 여왕, 메리

메리 스튜어트Mary stuart, 1542-1587는 스코틀랜드의 가톨릭 여왕1542-1567이었다. 그러나 당시에 창궐하는 칼뱅의 교리를 추종하는 무리들에 의해 왕위에서 물러나 사촌의 나라 엘리자베스 여왕의 잉글랜드로 피신한다. 그런데 가톨릭교도들이 영국 여왕은 메리여야 한다는 주장을 펼치자 엘리자베스는 메리를 감금해버린다. 그러자 메리를 따르는 바빙턴Babington이라는 젊은이가 탈출계획을 세우고 서로 암호를 주고받는데, 이것이 월싱엄Walsingham 수상에게 적발된다. 수상은 자신이 모시는 엘리자베스를 위해 라이벌 격인 메리를 제거해야 한다고 확신하는 사람이다. 그래서 바빙턴의 편지를 조작하여 탈출 당일 엘리자베스를 암살할 것이라는 허위 사실을 추가한다. 엘리자베스가 사촌인 메리를 차마 죽이지 못하는 것을 알고 덫을 놓은 것이다. 위조된 사실을 모른 채, 메리는 그 계획이 성공하기를 부디 기원한다고 답을 보냈는데, 이 치명적인 메시지의 암호가 해독되면서 대역죄로 사형선고를 받게 된다. 이때의 편지는 시저의 대체법에 의해 작성된 암호였다.

3) 알베르티 시스템

이탈리아 건축가 알베르티Leon Battista Alberti, 1404-1472는 흔히 암호의 아버지라고 불린다. 당시 사이퍼 알파벳을 토대로 대체 암호문을 작성한 사람들은 모두 하나의 사이퍼 알파벳만 사용하는 것으로 만족했다. 알베르티는 둘 또는 그 이상의 사이퍼 알파벳을 같은 메시지 안에서 변환해가며 사용하면 해독이 쉽지 않을 것이라는 발상을 내놓았다.

원문 알파벳	a b c d e f g h i j k l m n o p q r s t u v w x y z
사이퍼 알파벳 1	F Z B V K I X A Y M E P L S D H J O R G N Q C U T W
사이퍼 알파벳 2	G O X B F W T H Q I L A P Z J D E S V Y C R K U H N

leeway를 암호화하려면 첫 글자는 사이퍼 알파벳1을 사용하여 l

을 P로 대체하고, 두 번째 글자 e는 사이퍼 알파벳2를 사용해서 F로 대체한다. 세 번째 글자 e는 다시 사이퍼 알파벳1로 되돌아가 K가 된다. 여기서 보는 것처럼 알베르티 시스템의 장점은 원문에서 글자가 같더라도 암호문에서는 다른 글자로 나타난다는 사실이다.

알베르티는 그가 고안한 원판으로도 유명하다.

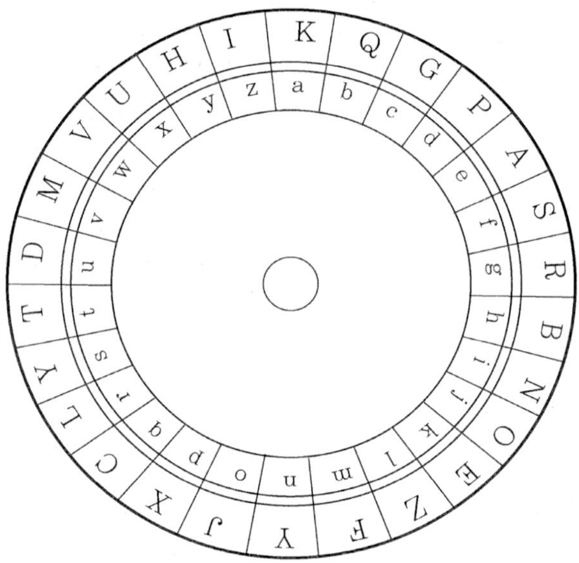

알베르티 암호원판

작은 원판의 알파벳이 원문의 알파벳으로서, 이 원판은 자유롭게 회전할 수 있다. 큰 원판에 무작위로 배열된 알파벳이 암호문의 알파벳이고, 이 원판은 고정되어 있다. 우선 작은 원판의 a에 해당하는 큰 원판의 문자를 임의로 K로 선택했는데 이것이 암호문의 첫 글자가 되고 a-K가 바로 암호문을 해독하는 열쇠가 된다. weapon은 KVAKXJY가 된다.

4) 비즈네르 사이퍼

프랑스의 외교관 비즈네르Blaise de Vigenere, 1523~?는 25가지의 사이퍼 알파벳으로 이루어진 표를 만들고 여러 다른 사이퍼 알파벳을 사용할 수 있는 방법을 고안했다.

〈표 3〉 비즈네르 표

원문	a	b	c	d	e	f	g	h	i	j	k	l	m	n	o	p	q	r	s	t	u	v	w	x	y	z
1	B	C	D	E	F	G	H	I	J	K	L	M	N	P	P	Q	R	S	T	U	V	W	X	Y	Z	A
2	C	D	E	F	G	H	I	J	K	L	M	N	O	P	Q	R	S	T	U	V	W	X	Y	Z	A	B
3	D	E	F	G	H	I	J	K	L	M	N	O	P	Q	R	S	T	U	V	W	X	Y	Z	A	B	C
4	E	F	G	H	I	J	K	L	M	N	O	P	Q	R	S	T	U	V	W	X	Y	Z	A	B	C	D
5	F	G	H	I	J	K	L	M	N	O	P	Q	R	S	T	U	V	W	X	Y	Z	A	B	C	D	E
6	G	H	I	J	K	L	M	N	O	P	Q	R	S	T	U	V	W	X	Y	Z	A	B	C	D	E	F
7	H	I	J	K	L	M	N	O	P	Q	R	S	T	U	V	W	X	Y	Z	A	B	C	D	E	F	G
8	I	J	K	L	M	N	O	P	Q	R	S	T	U	V	W	X	Y	Z	A	B	C	D	E	F	G	H
9	J	K	L	M	N	O	P	Q	R	S	T	U	V	W	X	Y	Z	A	B	C	D	E	F	G	H	I
10	K	L	M	N	O	P	Q	R	S	T	U	V	W	X	Y	Z	A	B	C	D	E	F	G	H	I	J
11	L	M	N	O	P	Q	R	S	T	U	V	W	X	Y	Z	A	B	C	D	E	F	G	H	I	J	K
12	M	N	O	P	Q	R	S	T	U	V	W	X	Y	Z	A	B	C	D	E	F	G	H	I	J	K	L
13	N	O	P	Q	R	S	T	U	V	W	X	Y	Z	A	B	C	D	E	F	G	H	I	J	K	L	M
14	O	P	Q	R	S	T	U	V	W	X	Y	Z	A	B	C	D	E	F	G	H	I	J	K	L	M	N
15	P	Q	R	S	T	U	V	W	X	Y	Z	A	B	C	D	E	F	G	H	I	J	K	L	M	N	O
16	Q	R	S	T	U	V	W	X	Y	Z	A	B	C	D	E	F	G	H	I	J	K	L	M	N	O	P
17	R	S	T	U	V	W	X	Y	Z	A	B	C	D	E	F	G	H	I	J	K	L	M	N	O	P	Q
18	S	T	U	V	W	X	Y	Z	A	B	C	D	E	F	G	H	I	J	K	L	M	N	O	P	Q	R
19	T	U	V	W	X	Y	Z	A	B	C	D	E	F	G	H	I	J	K	L	M	N	O	P	Q	R	S
20	U	V	W	X	Y	Z	A	B	C	D	E	F	G	H	I	J	K	L	M	N	O	P	Q	R	S	T
21	V	W	X	Y	Z	A	B	C	D	E	F	G	H	I	J	K	L	M	N	O	P	Q	R	S	T	U
22	W	X	Y	Z	A	B	C	D	E	F	G	H	I	J	K	L	M	N	O	P	Q	R	S	T	U	V
23	X	Y	Z	A	B	C	D	E	F	G	H	I	J	K	L	M	N	O	P	Q	R	S	T	U	V	W
24	Y	Z	A	B	C	D	E	F	G	H	I	J	K	L	M	N	O	P	Q	R	S	T	U	V	W	X
25	Z	A	B	C	D	E	F	G	H	I	J	K	L	M	N	O	P	Q	R	S	T	U	V	W	X	Y
26	A	B	C	D	E	F	G	H	I	J	K	L	M	N	O	P	Q	R	S	T	U	V	W	X	Y	Z

이때 암호제작자가 표의 어떤 열을 사용했는지를 수신인이 알기 위해 키워드가 도입된다. 예컨대 BLACK이라는 키워드를 사용해 "Small is beautiful."을 암호화해 보자.

키워드	B L A C K B L A C K B L A C K B
원문	s m a l l i s b e a u t i f u l
암호문	T X A N V J D B G K V E I H E M

원문 S의 키워드는 B이므로 B열에서 S를 찾으면 T가 된다. m의 키워드는 L이므로, L열에서 m을 찾으면 X가 된다. 더 큰 키워드, 나아가서 키 문장을 사용하면 사이퍼 알파벳의 개수가 늘어나고, 사이퍼는 더 복잡해진다. 이 체계의 장점은 엄청난 개수의 열쇠가 있다는 사실과, 나중에 소개될 빈도분석법에도 강하다는 사실에 있다. BLACK이라는 키워드를 쓰면, 예컨대 철자 K가 경우에 따라 L, M, U, V, K가 될 수 있기 때문이다.

5) 대각선법

영국의 물리학자 휘트스톤C. Wheatstone,1802-1875이 고안하여 1854년 친구인 플레이페어Lyon Playfair의 이름을 붙였다. "Knowledge is Power."이라는 원문을 암호화하기 위해 원문의 문자를 두 개씩 쌍을 만든다.

KN OW LE DG EI SP OW ER

A	B	C	D	E
F	G	H	I·J	K
L	M	N	O	P
Q	R	S	T	U
V	W	X	Y	Z

표에서 KN을 찾고 그것의 대각선을 그으면 HP가 나오는데 이것이 KN의 암호문이 된다. OW에 대해서도 마찬가지 방식이다. 이 암호는 제 1차 대전 중 영국군이 사용하였다고 한다.

6) 빈도분석법

괴테의 「파우스트」와 셰익스피어의 「햄릿」의 공통점은?

이것은 좀 뜬금없는 질문처럼 보일 수도 있으나 공통점은 분명히 있다. 그것은 각 철자가 쓰이는 빈도수를 조사했을 때 두 작품 모두에서 철자 e가 가장 많이 쓰인다는 점이다! e다음으로 빈도수가 높은 철자를 순서대로 나열해보면 r, s, n 그리고 d이다. 따라서 이들 철자를 대체한 기호가 무엇인지 안다면 암호 해독은 훨씬 수월해질 것이다. 이렇게 단일 환자 방식으로 된 암호 텍스트는 출현 빈도의 분석을 통해 해독이 가능해진다. 코난 도일의 「춤추는 인형」은 빈도분석법에 의해 해독을 한 대표적 사례이다. 이 방법을 배운 우리 학생들은 전문가 못지않게 이 작품을 분석해냈다. 이 작품은 부록의 학생들의 발표문에서 첫 번째로 소개되었다.

글자	퍼센트
a	8.2
b	1.5
c	2.8
d	4.3
e	12.7
f	2.2
g	2.0
h	6.1
i	7.0
j	0.2
k	0.8
l	4.0
m	2.4

글자	퍼센트
n	6.7
o	7.5
p	1.9
q	0.1
r	6.0
s	6.3
t	9.1
u	2.8
v	1.0
w	2.4
x	0.2
y	2.0
z	0.1

읽을거리

전쟁과 암호

제 2차 세계대전을 승리로 이끈 처칠, 루즈벨트 그리고 아이젠하우어의 공로에 견줄 만큼 혁혁한 공로를 세웠으나 영국이 이 사실을 15년간 비밀에 부쳐서 대중에게 알려지지 않은 영웅이 있는데, 이 사람이 바로 현대 컴퓨터의 이론적 토대를 마련한 튜링A. Turing, 1912~1954이다. 당시 독일의 암호제작기 에니그마의 암호문을 제 3자가 해독하는 것은 거의 불가능해 보였지만, 천재수학자 튜링에 의해 해독되기에 이른다. 미국과 일본의 태평양전쟁에서도 미국의 승리 요인은 일본군 암호의 해독에 있었다. 미국은 암호문을 아메리카 인디언 부족의 언어들 중 하나인 Navajos어로 번역해 놓아서 일본군은 암호해독에 실패할 수밖에 없었다.

두뇌 체조

1. 만일 내가 박쥐가 되었다면, 박쥐로 산다는 것은 어떤 느낌일까?

2. 우주에 있는 모든 원자의 위치와 운동량을 알고 있다면, 이를 통해 미래를 모두 예견할 수 있을까? (라플라스의 악마)

3. 빈도분석법과 시행착오를 통하여 아래의 암호문을 해독하시오.

```
UTIK AVUT G ZOSK OT G QOTMJUS LGX LGX
GCGE ZNK QOTM GTJ WAKKT CKXK HRKYYKJ
COZN G HKGAZOLAR HGHE MOXR GTJ
ZNXUAMNUAZ ZNK RGTJ KBKXEUTK CGY NGVVE
```

4. 아래의 진술들은 모두 궤변들인데, 각 궤변의 명칭은 무엇인가?
   1) 이런 것도 이해 못하면 완전히 멍청이임에 틀림없다.
   2) 나는 정치가를 좋아하지 않는데, 왜냐하면 말로는 국민을 위한다고 하지만 사실은 권력을 추구하기 때문이다.
   3) 교리가 규탄하므로 유산은 금지되어야 한다.
   4) 대부분의 국민이 찬성하므로 사형제는 유지되어야 한다.
   5) 아무도 외계인의 존재를 증명하지 못했으므로 외계인은 존재하지 않는다.
   6) 만일 마리화나를 합법화하면 다음에는 하시시, 그 다음에는 크랙에 이어 결국 헤로인까지 합법화하게 될 것이다.
   7) 사람들은 진보이거나 보수이다.
   8) 모든 사람들이 컨닝을 하는데 난들 못하랴?
   9) 나는 성차별주의자들과 상종을 하지 않는데, 왜냐하면 나는 성차별주의를 싫어하기 때문이다.
   10) 이 학생은 친구의 책을 슬쩍 한 적이 있다. 고로 손버릇이 나쁘다.
   11) 나와 결혼하지 않으면 평생 후회할 것이오!
   12) 우리 사회에서 주폭의 문제가 심각하다. 그러나 대부분의

주폭들은 경쟁사회의 피해자들로서 그들은 비난의 대상이 아니라 동정의 대상이 되어야 한다.

13) 도박은 합법화되어야 한다. 이에 반대하는 무리들은 모든 유흥을 죄악시하는 꽉 막힌 사람들이다.

14) 모든 민족자결주의를 지지한다. 각 민족은 그들의 운명을 스스로 결정할 권리가 있기 때문이다.

15) 철수의 봉급을 올려주어야 한다. 왜냐하면 그는 지금보다 많은 봉급을 받을 자격이 충분하기 때문이다.

16) 나더러 술을 마시지 말라고 하는데, 허구한 날 술독에 빠져있는 사람은 바로 너다.

17) 보도에 의하면, 유언장을 미리 쓰는 사람들이 그렇지 않은 사람들보다 더 오래 산다고 한다. 나도 미리 유언장을 써야겠다.

18) KBS 클래식FM 청취자들의 80%가 대중가요보다 클래식 음악을 선호한다고 한다. 따라서 음악방송 청취자들의 80%는 클래식을 선호한다.

19) 친구는 스페어타이어다. 스페어타이어는 평상시에는 중요하지 않지만 일단 펑크가 나면 필수적이다. 따라서 친구는 평상시에는 중요하지 않다.

정답

3 : ONCE UPON A TIME IN A KINGDOM FAR AWAY THE KING AND QUEEN WERE BLESSED WITH A BEAUTIFUL BABY GIRL AND THROUGHOUT THE LAND EVERYONE WAS HAPPY

4 : 1) 인신공격, 2) 의도비판, 3) 권위에의 호소, 4) 다수에의 호소, 5) 무지에 의한 논증, 6) pente fatal(미끄러운 경사면의 오류), 7) 가짜 딜레마, 8) 다수에의 호소, 9) 선결문제 가정의 오류, 10) 성급한 일반화, 11) 거짓 딜레마의 오류, 12) 논점일탈의 오류, 13) 허수아비 공격의 오류, 14) 선결문제 가정의 오류, 15) 선결문제 가정의 오류, 16) 피장파장의 오류, 17) 거짓 원인의 오류, 18) 편향된 통계의 오류, 19) 잘못된 유추

VI

탐정에게 필요한 자질

"수사 과학에서 발자국 추적만큼 중요하면서도 무시되어 온 분야는 없어. 다행히 나는 늘 그것이 중요하다고 생각했고 발자국 추적이 제 2의 천성이 될 정도로 많은 노력을 했네."

– 홈즈 –

모든 시대를 통하여 가장 천재적인 우리의 탐정 셜록 홈즈는 다른 사람이 그냥 보고see 지나치는 것을 날카롭게 관찰observe하여 사건 해결에 필요한 온갖 단서를 찾아내는 희귀한 능력을 지녔다. 프랑스 속담에, "신은 세세한 곳에 거하신다."Dieu demeure dans les details.라는 말이 있는데 홈즈는 이 말을 누구보다도 충실하게 실천에 옮긴다. 그는 「보스톰 계곡 사건」에서 왓슨에게 이렇게 말한다.

> 내 방법이 어떤 건지 알거야.
> 그건 사소한 것에 대한 관찰을 토대로 하지.

이 책에서 왓슨은 홈즈가 현장에서 어떻게 행동하는지를 묘사하고 있다.

> 홈스는 오랫동안 그곳을 돌아다니면서 낙엽과 마른 나뭇가지를 뒤집곤 했다. 그는 내가 볼 때는 그저 먼지에 불과한 것들을 모아서 봉투에 담고 확대경으로 바닥뿐 아니라 키가 닿을 수 있는 최대한 높은 곳까지 나무껍질을 조사했다. 이끼 사이에 울퉁불퉁한 돌이 하나 놓여 있었는데, 그는 그것도 꼼꼼히 살펴보고는 간수했다.

코난 도일의 셜록 홈즈 시리즈 도처에서 홈즈는 범죄 현장을 조사할 때 엄청난 집중력과 세부적인 것에 대한 열정을 보여준다. 「주홍색 연구」에서 왓슨은 홈스의 조사방법을 이렇게 묘사한다.

그는 주머니에서 줄자와 커다란 확대경을 꺼냈다. 이 두 도구를 들고 그는 방 안을 소리 없이 빠르게 돌아다니면서 살펴보았다. 때로는 한 곳에 멈추기도 하고, 무릎을 꿇기도 하고, 한 번은 바닥에 납작 엎드리기도 했다. 그 일에 몰두하느라 우리 존재는 아예 잊어버린 듯했다. 호흡을 하면서 계속 감탄하고 투덜거리고 휘파람을 불고 격려와 희망을 시사하는 나직한 외침을 쏟아내면서 중얼거리고 있었기 때문이다. 지켜보고 있자니 잘 훈련된 순종 폭스하운드가 사라진 냄새 흔적을 찾아 열심히 낑낑거리며 은신처를 이리저리 뛰어다니는 모습이 떠올랐다. 그는 흔적 사이의 거리를 정확히 재면서 약 20분 동안 조사를 계속했다.

세부적인 것을 주시하는 홈즈의 능력은 「입술 비틀린 사나이」에서도 빛을 발한다.

홈즈 : "봉투에 주소를 쓴 사람이 누군지는 몰라도 그 사람은 주소를 물어보고 쓴 게 분명해요."

부인 : "그걸 어떻게 아시죠?"

홈즈 : "그러니까 받는 사람이 이름이 진한 검정색인데, 이건 잉크가 저절로 마른 겁니다. 나머지 글자는 색이 진하지 않아요. 그건 압지를 사용했다는 뜻입니다. 주소를 쓰자마자 압지로 빨아들이면, 잉크색이 진하지 않지요. 이 사람은 이름을 쓴 다음 한동안 꾸물거리다가 주소를 썼어요. 주소를 잘 안다면 그러지 않았겠죠. 물론 이것은 사소한 사실이지만, 사소한 것보다 더 중요한 것도 없지요."

사소한 것이야말로 가장 중요한 것이라는 그의 오래된 격언은 심지어 타자기에서도 개성을 찾아낸다. 「신랑의 정체」에서 홈즈는 이렇게 갈파한다.

"타자기가 실은 인간의 필적만큼이나 뚜렷한 개성을 지녔다는 것은 정말 묘한 일이죠. 신제품만 아니라면, 세상에 정확히 똑같은 타자기는 없어요. 어떤 활자는 다른 활자보다 더 닳고, 어떤 것은 한쪽만 계속 닳지요. 이 편지를 보면, 모든 'e'자의 윗부분이 좀 흐릿하고, 'r'자는 꼬리가 살짝 떨어져 나갔다는 것을 알 수 있습니다."

당연하게 홈즈는 부정적인 사실도 놓치지 않는다. 「얼룩끈」에서 홈즈는 뭔가 비상식적인 사실에 주목한다.

"아주 이상해!" 홈즈는 밧줄을 당기면서 중얼거렸다. "이 방에는 한두 가지 아주 특이한 점이 있어요. 한 예로 바깥 공기가 드나들어야 할 환기구가 옆방으로 나 있네요. 정말 멍청한 건축업자군요."

그 환기구는 바로 주인공의 언니를 물어 죽인 뱀의 통로였다. 또한 일어나지 않은 일도 일어난 일만큼이나 중요시한다. 「실버 블레이즈」에서 홈즈는,

홈즈 : "제가 또 관심을 가져야 할 사항이 있습니까?"
경찰 : "밤에 개에게 희한한 일이 있었죠."
홈즈 : "무슨 일입니까?"
경찰 : "그 개는 밤에 짖지 않았습니다."[28]
홈즈 : "그것이 바로 희한한 일이죠."

28) 기호학에서는 이를 '0'의 기표(Zero signifier)라고 부른다.

세세한 것에 주의를 집중하는 홈즈는 「주홍색 연구」에서 마치 살인자를 목격한 것처럼 묘사한다.

> "이 사건은 살인 사건이고 범인은 남자입니다. 그는 키가 6피트가 넘는 혈기 왕성한 사람으로 큰 키에 비해 발은 작고 구두코가 네모난 조잡한 구두를 신었으며 인도산 트리키노폴리 시가를 피웠죠. 이곳에는 피살자와 함께 사륜마차를 타고 왔는데, 그 마차를 끈 말은 세 발은 헌 편자를, 오른쪽 앞발은 새 편자를 박았네요. 살인자는 얼굴이 붉고 오른손 손톱이 유난히 긴 남자입니다. 이런 것은 몇 가지 특징에 지나지 않으나 수사에 도움이 될 것입니다."

「푸른 석류석」에서 헨리 베이커의 누추한 모자에 대한 홈즈의 빛나는 추리를 들어보자.

> "단서로는 그다지 확실하지 않지만 그래도 두세 가지 점에서는 명확한 추론을 할 수 있고, 그 밖에도 거의 확실하다고 할 수 있는 추측을 몇 개 할 수 있네. 우선 언뜻 보아도 알 수 있듯이, 이 모자의 주인은 아주 지성이 뛰어난 남자로 2, 3년 전까지는 꽤 부유했었지만 지금은 상황이 어렵네. 예전에는 생각이 깊었지만 지금은 그렇지 못하고, 도의심도 떨어지기 시작한 것 같아. 그것과 상황이 어려운 것을 생각해 보면, 무언가 나쁜 습관, 이를테면 음주벽이라도 생긴 모양이야. 아내가 그를 사랑하지 않게 된 명백한 사실도 더불어 설명할 수 있겠군."

「누런 얼굴」에서는 파이프 한 개를 가지고 온갖 것을 다 알아낸다.

"파이프란 때로는 매우 흥미 있는 것이지. 회중시계와 구두끈을 제외하면, 파이프만큼 소유자의 개성을 잘 나타내는 것은 없을 걸세. 하기야 이 파이프는 그 정도로 두드러지지도 중요하지도 않지만 말이야. 이 파이프의 소유자는 건강한 남자로, 왼손잡이에 이가 튼튼하고, 성격은 대범하고 돈에 궁핍하지 않네."

홈즈를 프로파일링의 원조라고 주장한다고 해서 이의를 달 사람이 있겠는가.[29)]

사소한 특징에 주목해야 한다는 주장은 전혀 다른 분야에서 G.Morelli?~1891에 의해서도 제기되었다. 미술사가들 사이에서 '모렐리의 방법'이라고 알려진 이 감정법에 의하면, 그림이 모작인지 진품인지 제대로 감정하기 위해서 화가의 가장 두드러진 특징에 주목해서는 안 된다. 오히려 두드러진 특징은 모두가 알아서 모방하기 쉽기 때문이다. 따라서 사소한 특징, 예컨대 귓불, 손톱, 손가락, 발가락 등에 주목해야한다. 사람의 주의를 끌지 않는 사소한 단서를 조사해야 한다. 홈즈의 방법과 정확하게 일치하지 않는가. 정신분석학을 창시한 프로이드Freud,1856~1939도 청년시절부터 모렐리의 방법

29) 프로파일러profiler는 범죄자의 신상profile을 쫓는 사람으로서, '범죄심리 분석관'이라고도 부른다. 범죄 현장에서 수집한 온갖 지표를 토대로 범죄자를 유추해 수사 방향을 제시하는 매우 중요한 역할을 한다. 예컨대, '범인은 30대 화이트칼라 남성. 스포츠를 좋아하고 군복무를 하지 않았음. 상당히 높은 수준의 지능 소유자'처럼 용의자의 범위를 좁혀서 오리무중의 사건에 대해 방향을 제시한다. 우리나라에서는 1991년 '양들의 침묵'이란 개봉영화에서 처음으로 프로파일러의 존재가 알려졌다. 특수 강화유리를 사이에 두고 프로파일러와 범죄자가 펼치는 냉혹한 심리전은 관객들에게 깊은 인상을 남겼다. 요즘 TV에 방영되고 있는 CSIcriminal scene investigation연속물에서 프로파일러를 접할 수 있다.

에 관심을 가졌다고 한다.[30)]

사실 홈즈는 보통 사람인 우리와는 전혀 다른 천재이다. 홈즈의 천재적인 직관을 따라가기 위해서는 보통 사람에게는 학문적인 접근이 필요하다. 우리는 기꺼이 이것을 '기호학적 모험'이라 부르고자 한다.

1974년 「범죄수사」 두 번째 판에서 범죄학자 폴커크는 범인에 관해서 이렇게 말한다.

> 그가 어디를 디디든, 무엇을 건드리든, 무의식적으로 무엇을 남기든 간에, 그것들은 그에게 불리한 말없는 목격자 역할을 할 것이다. 그의 지문이나 발자국뿐 아니라, 그의 머리카락, 옷에서 떨어진 섬유, 그가 깬 유리 조각, 그가 사용한 도구의 흔적, 그가 긁은 페인트, 그가 남긴 핏자국이나 정액도 모두 그에게 불리한 무언의 목격자들이다. 그 증거는 잊지 않는다. 인간 목격자가 없다고 해도 그들은 있다. 그들은 위증을 못한다. 그들은 부재자가 될 수 없다. 잘못될 수 있는 것은 오로지 해석뿐이다. 그것의 가치가 떨어지는 경우는 오로지 인간이 찾지 못하고 살펴보지 못하고 이해하지 못할 때뿐이다.

전체는 부분에 깃들어 있다! 지표에 담긴 정보는 현상 전체를 지배하는 법칙을 반영하고 있는 정보다.

제2장 「법기호학서론」은 바로 이런 지적 모험을 염두에 두고 쓰여진 것이다.

---

30) 프로이드의 저서 「재치있는 말과 무의식과의 관계」(Le mot d'esprit et ses rapports avec l'inconscient1905)는 이런 관심의 결과물로 여겨진다.

6.2 추리

> How often have I said to you that
> when you have eliminated the impossible,
> whatever remains, however improbable,
> must be the truth?
>
> – S. Holmes –

아무리 관찰력이 뛰어나다 하더라도 여기에서 얻은 정보들은 단편적인 것에 불과하다. 연관 관계를 설정하고 전체 사건을 재구성하기 위해서는 연역 능력이 필요하다. 먼저 관찰과 추리의 구분에 대한 홈즈의 설명을 들어보자. 다음은 「네 명의 기호」에서 발췌한 것이다.

왓슨 : "관찰과 추리는 어느 정도 겹치는 것이 아닐까?"

홈즈 : "그렇지 않네. 예를 들어 난 오늘 아침에 자네가 윅모어가의 우체국에 갔었다는 것을 관찰을 통해 알았고, 자네가 전보를 치고 왔다는 것은 추리를 통해 알 수 있었네."

왓슨 : "두 가지 다 맞네! 하지만 어떻게 그걸 알아냈지? 갑자기 생각났기 때문에 아무한테도 말하지 않고 다녀왔는데 말이야."

홈즈 : "난 관찰을 통해 자네 구두에 붉은 흙이 묻어 있는 걸 알았네. 지금은 윅모어가 우체국 맞은편에서 도로 공사를 하는 바람에 흙이 파헤쳐져 있고, 그 흑을 밟지 않고는 우체국에 들어가기가 어렵지. 그 흙은 독특한 붉은 색으로, 내가 아는 한 이 부근에서 그곳밖에 없네. 여기까지가 관찰이지."

왓슨 : "그럼 어떻게 내가 전보를 치러 갔다고 추리했나?"

홈즈 : "그야 오전 내내 자네하고 마주앉아 있었기 때문에 자네가 편지를 쓰지 않았다는 건 알고 있었지. 게다가 열어 놓은 자네 책상 서랍 속에 우표와 엽서 묶음이 있는 걸 보았거든. 그렇다면 전보를 치

기 위해서가 아니라면 우체국에 갈 이유가 없지 않겠나? 쓸데없는 요인을 하나씩 없애 가다 보면 결국 마지막에 남는 것이 진실이 되지."

여기에서는 간접추리의 일종인 선언적 삼단논법이 쓰였는데, 우리는 직접추리와 간접추리 방법을 체계적으로 소개하였다.

특히 우리가 주목하는 바는 미국의 논리학자 퍼스Pierce charles Sanders, 1839~1914가 가추법abduction이라고 명명한 방법론이다. 가추법은 홈즈가 '역추리' 또는 '분석적 추리'라고 부르는 방법이다.

"이번과 같은 사건을 푸는 데 있어 중요한 점은 과거로 거슬러 올라가서 거꾸로 추리하는 일이라네. 이것은 대단히 요긴한 일이고, 간단한 일인데도 사람들은 별로 쓰지 않고 있어. 일상생활에서는 추리를 앞으로 하기만 했지, 역으로 추리하는 것에는 소홀하지. 종합적 추리를 할 수 있는 사람이 50명이 있다면 분석적 추리를 할 수 있는 사람은 고작 한 사람밖에 없다네.

⋮

사람들에게 어떤 일이 생긴 순서대로 설명하면 대부분의 사람들은 결과가 어떻게 될 거라고 말할 거야. 그들은 마음속으로 개개의 일들을 연결해서 생각하고, 어떤 일이 생길 것이라는 결론을 얻어. 하지만 몇몇 사람들은 어떤 일이 일어났다고 결과를 말하면, 어떤 순서에 의해서 그런 일이 일어났다고 말할 수 있어. 이런 능력이 내가 말한 역추리 또는 분석적 추리야."

읽을거리

원인들을 분석한다

주요 원인이 있는가? 다른 것들보다 더 근본적인 원인이 있는가?

A가 B의 원인이 아니라 B가 A의 원인일 가능성은 없는가? 혹은 A와 B가 서로 얽혀 순환적으로 서로 문제를 촉발시키고 있지는 않는가?

A와 B 모두에 작용하는 제3의 감춰진 원인이 있는가?

A가 확실한 원인이라고 판단 될 경우 A 없이는 B가 절대로 일어날 수 없다고 할 수 있는가?

A만으로도 B가 발생할 수 있다고 말할 수 있는가? 아니면 다른 조건들도 필요한가? 어떤 조건들이 필요한가?

A, B, C가 동시에 발생한 건 순전히 우연인가? 이런 사건들 간에는 아무런 관련이 없는가?

(Madeleine Van Hecke, Blind spots, 임옥희 역, 다산호당, 2007, p.280)

우리는 나름대로 이 방법을 새롭게 해석하고자 한다. 가추법의 출발점은 후건 긍정이다.

$$\begin{array}{l} p \rightarrow q \\ \quad\; q \\ \hline p\ (?) \end{array}$$

이 추론 방식은 논리학적 관점에서는 타당한 추론 방식이 아니다. 그러나 시공간의 제한을 받는 인간의 실존 상황과, p와 q를 원인과 결과의 관계로 볼 수도 있다.

우리는 p를 가설들의 집합 그리고 q를 지표들의 집합으로 보기로 하였다. 이렇게 되면 위의 식은

$$\frac{\{h_1, h_2, h_3, \cdots h_i \cdots, h_n\} \rightarrow \{r_1, r_2, r_3, \cdots r_j, \cdots, r_n\} \quad \{r_i, r_j, r_k\}}{h_i}$$

즉, 여러 가지 단서 중 r_i, r_j, r_k를 찾아냈다고 할 때, 이를 토대로 불가능한 가설들을 소거하면, h_i가 설령 아무리 그럴듯하지 않더라도, 문제의 사건의 원인이 되는 것이다.

「녹주석 보관」에서 홈즈는 이렇게 말한다.

> 나는 그전부터 하나의 공리를 갖고 있습니다. 그것은 불가능한 것을 제거하면, 남는 것이 아무리 믿기 어려운 것일지라도 결국 진실이 남는다는 것입니다. 그런데 당신이 보관을 갖고 나갔을 리는 없기 때문에 남는 사람은 조카(메어리)와 하녀밖에는 없습니다. 그러나 하녀라고 했을 경우, 아들이 대신 죄를 뒤집어쓰려 했을까요? 반면에 그는 사촌 누나를 사랑하고 있었으므로 메어리의 비밀을 지켜주고 싶어했다면 훌륭하게 설명이 됩니다.

또 「너도 밤나무 숲」에서는 이렇게 말한다.

> 나는 일곱 가지 가능성을 생각했네. 그것은 모두 지금까지 알고 있는 사실에 모순되는 점이 없네. 하지만 그 중 어느 것이 옳은지는, 그곳에 도착해서 우리 귀에 들어오는 새 정보를 얻은 뒤가 아니면 판단할 수 없어.

Peirce는 후건 긍정을 다음과 같이 해석한다. 놀라운 사실 C가 발견되었다. 그런데 우리가 A를 가정한다면 결과는 C가 된다. 따라서 A가 참이라고 추정할 이유가 있는 것이다.

$$\begin{array}{l} C \\ A \rightarrow C \\ \hline A \end{array}$$

내용은 우리의 해석 방식과 다르지 않다. 종합을 하자면, 다음은 유익한 구분이 될 것이다.

연역법	가추법
$H_1 \rightarrow C_1$ $\sim C_1$	$H_1 \rightarrow C_1$ C_1
$\sim H_1$	C_1은 H_1의 '부분적' 증거가 된다.

우리가 보기에 홈즈는, '최상의 설명'을 추구하는 이 가추법에 자주 '연역'이라는 이름을 붙인다.

읽을거리

현대 과학의 방법을 능가하는 불타(佛陀)의 방법론

한 번은 칼라바스라고 알려진 케사푸타인이 부처님께 와서는, 많은 구도자들과 바라문들이 와서 자신들의 교리만 주장하고 다른 사람의 교리는 부정하기 때문에, 어느 것이 옳은지 몰라서 당황하고 있다고 말했다. 이때, 부처는 종교의 역사상 유례가 없는 다음과 같은 조언을 한다.

> 오, 칼라바스여,
> 단순히 누구로부터 들었다는 것만으로 어떤 사실을 받아들이지 말라.
> 어떠한 것도 단지 전통이라고 해서 받아들이지 말라.
> 어떠한 것도 소문에 의해서 받아들이지 말라.
> 어떠한 것도 단지 경전과 일치한다고 해서 받아들이지 말라.
> 어떠한 것도 단순한 상상에 의해서 받아들이지 말라.
> 어떠한 것도 단지 겉모습만을 보고 받아들이지 말라.
> 어떠한 것도 단지 너의 선입관과 일치한다고 해서 받아들이지 말라.
> 어떠한 것도 단지 받아들일 만 하다고 해서 받아들이지 말라.
> 단지 어떤 구도자를 존경하기 때문에 그의 말을 받아들여야 옳다고 생각해서도 어떠한 것을 받아들이지 말라.

부처님께서는 심지어 자신의 말씀에 대해서도 이렇게 말했다.

> "현명한 사람이 금을 태우고 잘라 보듯이, 너도 나의 말을 조사한 후에 받아들여야 하며, 단순히 나에 대한 존경심 때문에 받아들여서는 안 된다."

이런 가르침은 2500년 전의 가르침이라고는 믿기지 않을 정도로, 현대과학의 가장 탁월한 방법론을 무색케 한다.

6.3 백과사전적인 지식

> 여자란 자기 집에 불이 나면 본능적으로 자신이
> 가장 소중히 여기는 물건으로 달려가기 마련이네.
> 그건 정말 어쩔 수 없는 충동이다.
>
> **– 홈즈, 보헤미아 왕국의 스캔들 –**

문학, 철학, 천문학에 대한 홈즈의 실력은 거의 문외한 수준이지만, 아편이나 독극물에 대해서는 박식하다. 런던 시내를 산책한 뒤에 바지에 묻은 흙의 색과 밀도로 미루어 시내 어느 곳에서 묻었나를 정확하게 집어낸다. 화학은 그의 취미활동이다. 왓슨은 「주홍색 연구」에서 이렇게 묘사한다.

> 우리는 좁은 길로 들어서서, 자그마한 옆문을 지나 큰 병원 건물의 한쪽으로 들어갔다. 병원은 익숙한 곳이라서 굳이 안내를 받을 필요가 없었다. 우리는 차가운 돌계단을 올라가서 온통 하얗게 칠해진 벽과 암갈색 문들이 죽 늘어선 긴 복도를 따라갔다. 끝 무렵에서 갈라지는 낮은 아치형 통로가 나왔고, 그곳으로 가니 화학 실험실이 있었다.

방은 천장이 높았고 온갖 약병들이 즐비했다. 널찍한 낮은 실험대들이 여기저기 있었고, 그 위에 증류기, 시험관, 파란 불꽃이 타오르는 작은 분젠 버너들이 널려 있었다. 방에는 한 명밖에 없었다. 그는 저쪽 실험대에 몸을 굽힌 채 연구에 몰두하고 있었다.

그는 해부학과 법률에 대해서도 많이 알고 있고, 바이올린을 연주

하며, 권투와 검도의 달인이다. 요컨대 홈즈는 범죄사건을 해결하는 데에 필요한 범죄학에 대해서는 해박하지만 그 밖의 분야에서는 관심이 없는 것 같다. 지구가 태양 주위를 돌든, 태양이 지구 주위를 돈들 살인 사건과 무슨 관계가 있겠는가. 그러나 각종 형태의 타이어 40여종을 분간할 수 있고, 75가지의 향수 냄새를 가려낼 수 있으며 담뱃재에 대한 전문가이다.

「네 명의 기호」에서 이에 대한 언급이 나온다.

> "사실, 부끄럽지만 논문을 몇 편 썼네. 모두 전문적인 테마를 다루고 있지. 예를 들면 〈각종 담뱃재의 식별에 대해〉라는 글이 있네. 140여 종의 시가, 궐련, 파이프 담배를 열거하고 그 재의 차이를 컬러 도판을 실어 설명하고 있지. 이건 형사재판에서 늘 문젯거리로 오르내리는 증거인데, 때로는 매우 중요한 단서를 제공하는 수도 있네. 예를 들어 살인범이 인도산 룬카를 피우는 사람으로 확인되면 수사 범위가 좁혀지는 건 두말할 필요도 없지. 트리치노폴리 담배의 검은 재와 버즈아이 담배의 하얀 솜털 같은 재의 차이를, 전문가가 보면 양배추와 감자만큼이나 분명하게 인식할 수 있거든."

같은 책에서 그는 직업이 손의 형태에 미치는 영향을 연구했다고 말하고 있다.

> "그리고 직업이 손 모양에 미치는 영향을 다룬 짧은 논문도 있는데, 슬레이트공, 선원, 코르크 자르는 사람, 식자공, 방직공, 다이아몬드를 연마하는 사람의 손 모양을 그린 도판을 실어 놓았네. 이건 과학적 수사에서 매우 흥미로운 분야지. 특히

사체의 신원 확인이나 범인의 전과 조회에는 상당히 도움이 되네."

「빨강머리 연맹」에서도 홈즈는 그의 박학다식을 유감없이 드러낸다.

"당신의 오른 손목 관절 바로 위쪽에 새긴 물고기 문신은 중국에서만 할 수 있는 것이지요. 저는 문신을 좀 연구한 적이 있고 그 주제로 논문도 쓴 바 있습니다. 물고기의 비늘을 고운 분홍빛으로 염색하는 기술은 중국 특유의 것입니다."

결국 관찰과 추리 그리고 백과사전적 지식은 함께 가야한다. 「다섯 개의 오렌지 씨」에서 이에 대한 명쾌한 설명이 나와 있다.

"이상적인 추리가는 갖가지 의미를 내포하는 사실이 하나 제시되면, 거기에 이르기까지의 일련의 사물을 빠짐없이 추리할 뿐 아니라, 다시 그 사실에서 발전해 나가는 장래의 결과도 다 내다보는 거라네. 큐비에(1769~1832, 프랑스의 박물학자)가 뼈 하나를 관찰하는 것만으로 그 동물 전체 모습을 정확히 그릴 수 있듯이, 연속된 사건의 한 고리를 충분히 이해할 수 있는 관찰자는 그 앞뒤에 연결되는 고리들도 모두 정확히 설명할 수 있지. 결과는 아직 잡지 못했지만, 그것은 추리만으로 도달할 수 있지. 사람들이 감각으로 해결하려다가 번번이 실패한 사건도, 서재에서 해결할 수도 있다는 말이네. 그러나 이 추리술을 완전하게 발휘하기 위해서는, 추리가가 알고 있는 사실을 빠짐없이 활용할 수 있어야 해. 그렇게 하면 자네도 곧 알게 되겠지만. 모든 지식을 알고 있지 않으면 안 돼. 이것은 지금처럼 무료로 교육을 받고 백과사전이 보급된 시대에도 흔치 않은 소양이 아닐 수 없네. 그러나 자기가 하는 일에 필요하다고 생각되는 범위 내에서 모든 지식을 몸에 지니는 것은 불가능하지는 않네. 나는 그 노력을 했어."

추리는 각 지표에 대한 조사에서부터만 시작하는 것은 아니다. 탐정이 지니고 있는 백과사전적 지식도 중요하다. 그러나 보통 이 두 가지가 거의 동시에 이루어진다고 보아야 한다. 「주홍색 연구」에 다음과 같은 대목이 나온다.

홈즈 : 관찰은 나에게 제 2의 천성이야. 우리가 처음 만났을 때 내가 자네 아프가니스탄에서 왔다고 했더니 자네가 많이 놀란 일이 있지.

왓슨 : 그건 보나마나 내가 아프가니스탄에서 왔다고 누가 얘기한 거겠지

홈즈 : 그렇지 않아, 나는 보자마자 자네가 아프가니스탄에서 왔다고 확신했어. 오랜 습관으로 사색의 과정이 너무 빨리 달리게 되어 있어 중간 과정을 의식하지 않고 결론에 도달할 수 있었던 거야. 그러나 거기에도 사색의 과정은 있어. 그것을 설명하면 이런 것이야. '여기 군인 냄새가 나는 의사 같은 신사가 있다. 그렇다면 군의관이 틀림없다. 그의 얼굴은 검지만 본디 살갗이 검지 않다는 것은 손목이 흰 점으로 알 수 있다. 그렇다면 열대 지방에서 근래에 돌아왔다. 얼굴이 수척한 것으로 보아 고생을 많이 했고 병을 앓았다. 그는 왼팔을 부상당했다. 왼팔을 부자유스럽게 뻣뻣이 들고 있는 것으로 알 수 있지. 영국군 군의관이 고생을 하고 팔에 부상을 당할 만한 열대 지방은 어딜까? 물론 아프가니스탄이군'. 이런 사고의 과정을 거치는 데는 1초도 안 걸렸네. 그래서 자네가 아프가니스탄에서 왔다고 했더니 자네는 놀랐어.

왓슨 : 설명을 듣고 보니 간단하군. 자네는 에드거 앨런 포의 뒤팽을 상기시키는군. 그런 인물이 소설 밖에 실제로 있다고는 생각지 못했어.

우리가 코난 도일의 작품에 대해 학문적인 접근을 한 데에는 나름대로 이유가 있다. 그것은 5층 건물과 50층짜리 고층 건물을 지을 때의 차이에 기인한다. 고층 건물을 시공할 때에는 지하 암반에 도달할 때까지 철주를 박는다. 보통 건물을 지을 때와는 차원이 다른 것이다. 이것이 우리가 탐정 소설을 학문적으로 접근하게 된 이유이다.

읽을거리

P = NP?

이 문제는 계산의 길이에 관한 아직 풀리지 않은 선先가설, 즉 추측이다. 이 문제가 중요한 이유는 만일 'P=NP'가 증명된다면 암호의 비밀이 위협 받기 때문이다.

n개의 도시를 방문해야 하는 상인의 경우를 보자. 이 때 n이 증가하면 이 도시들을 방문하는데 필요한 시간은 어떻게 증가하는가?

컴퓨터와 어떤 알고리즘이 합리적인 시간 내에 어떤 문제를 풀 수 있을 때, 이런 문제를 '취급 가능한' 문제라고 한다. 이 때 시간은 거의 다항식 함수(n차 방정식)처럼 변화한다. 예를 들어, 두 수의 곱셈이나 n개의 명사를 알파벳 순서로 나열하는 문제 등이 여기에 속한다.

n개의 도시를 방문해야 하는 상인의 경우, n!의 가능한 여정이 있다. 이 함수는 그 어떤 다항식보다 빨리 증가한다. 따라서 이 문제는 취급가능한 문제가 아니며, P집합에 속하지 않는다. 취급 가능하지 않은 다른 문제는 n개의 숫자를 가진 큰 수를 인수분해하는 문제이다. 그런데 내가 임의로 k라는 정수를 택해서 이 k가 문제 되는 수의 약수인가를 검토하는 문제는 '합리적인' 시간만을 요구할 뿐이다. 이처럼 단순한 우연에 의해 취급가능한 문제로 환원될 수 있는 문제를 '비결정론적 다항식' (NP, Nondeterministic polynomial)이라고 한다. 바로 여기에서 제기되는 문제가 'P=NP?'이다. 어떤 문제가 비결정론적(NP)으로 해결될 수 있다면, 이 문제는 결정론적인 (P) 방식으로 해결될 수 있다. 만약 이 추측이 증명된다면 엄청난 반향을 불러일으킬 터인데, 어떤 암호들은 큰 수의 인수분해와 같은 연산에 의존하기 때문이다. 이 문제는 현재 NP에 속하는데, 만일 이 문제가 P집합에 속한다면, 암호는 쉽게 깨질 수 있는 것이다.

(프린스턴 대학 정보과학학부 입구에)

두뇌 체조 : 종합

1. 공간감각

1) 큰 원 내부에 있는 작은 원들 중 조화를 깨뜨리는 원이 하나 있다. 어느 것인가?

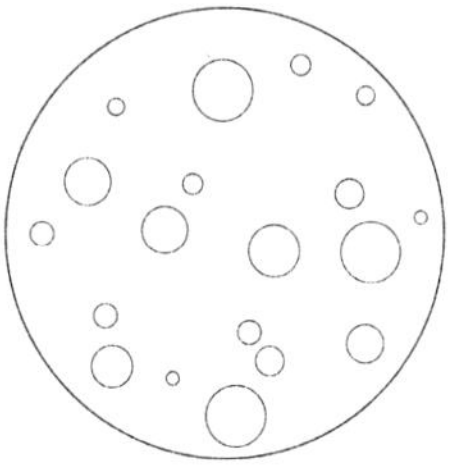

2) 정사각형 2개를 그려 다음 공간을 4개의 분리된 면으로 나눠 보세요. 각 면에는 별, 원 그리고 육각형을 하나씩 포함해야 합니다.

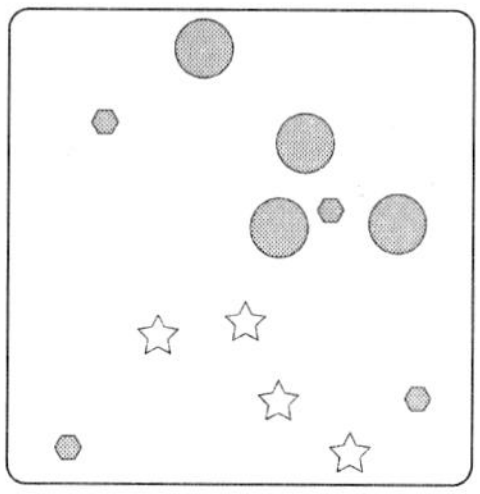

3) 2개의 원을 그려 다음 공간을 4개의 분리된 면으로 나눠 보세요. 각 면에는 별, 원 그리고 육각형을 하나씩 포함해야 합니다.

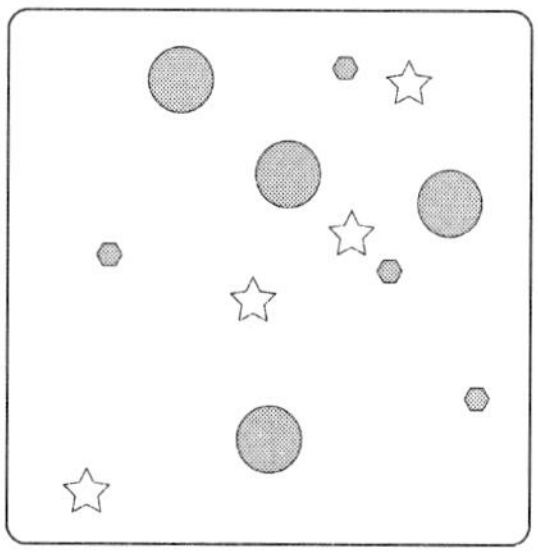

4) 우리 안에 단 두 개의 정사각형을 사용하여 9마리의 동물을 따로 따로 수용하시오.

5) 다음은 1865년 미국의 샘 로이드가 제안한 퍼즐입니다. 세 조각을 다시 붙여서 질주하는 말을 보여주시오. 단, 이 조각들을 접거나, 자르거나, 뒤집거나, 겹쳐서는 안됩니다.

2. 수 감각

① 수문맹자數文盲者는 탐정의 꿈을 접어야 할 것이다. 홈즈는 1분간에 지나친 전봇대의 수를 세어 자기가 탄 기차의 속도를 즉각 알아낸다. 빈 칸이나 의문부호가 있는 곳을 채우시오.

1)

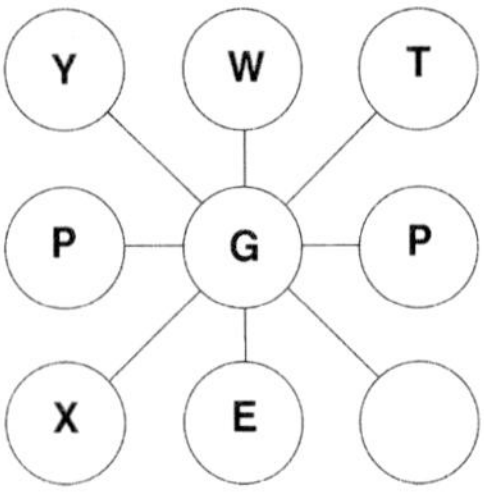

2)

A	C
D	G
G	K
J	O
M	S
P	

3)

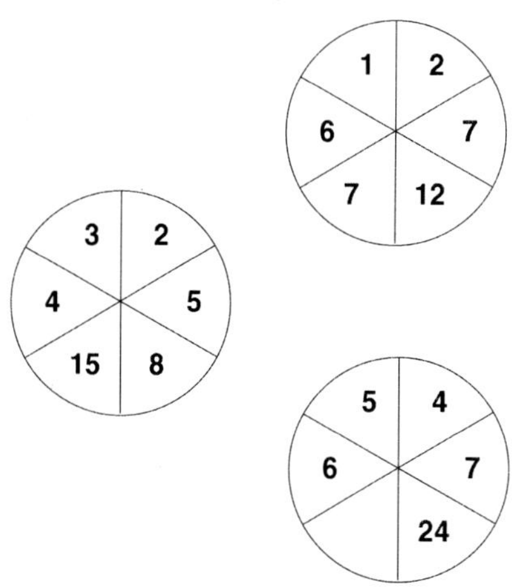

4)

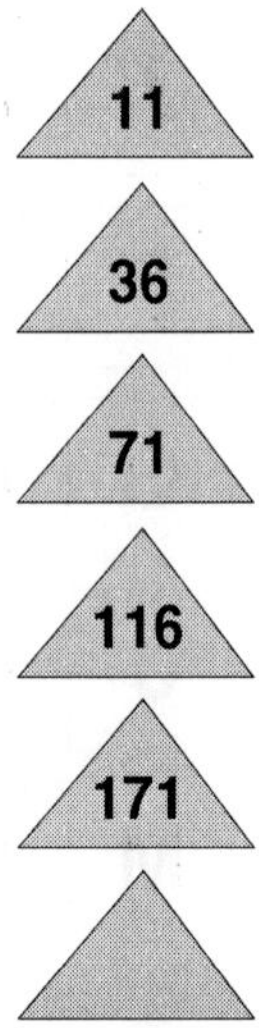

5)

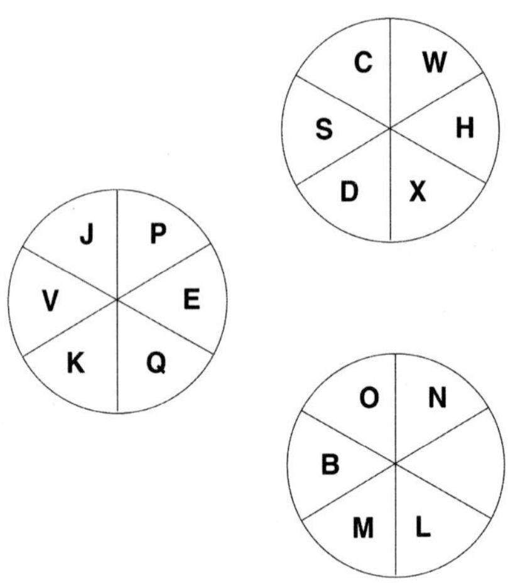

6)

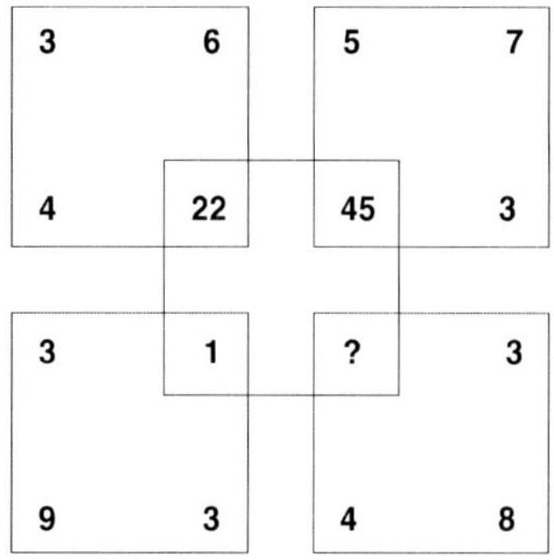

7)

7	3	5
12	8	10
11	7	9
16	12	

8)

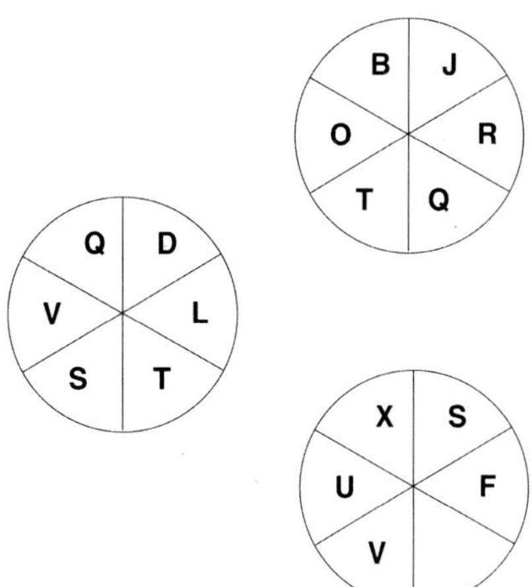

9)

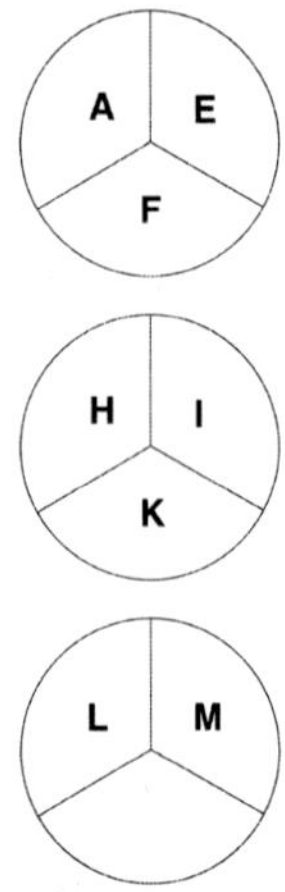

10)

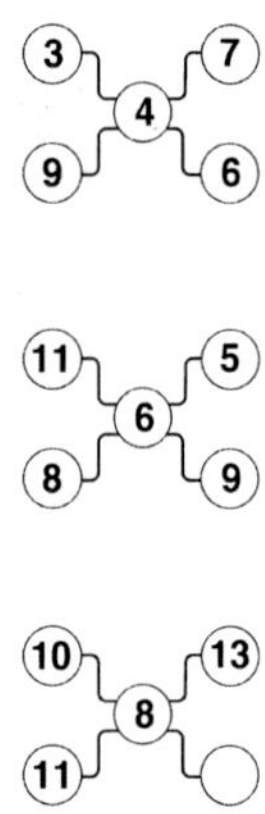

11)

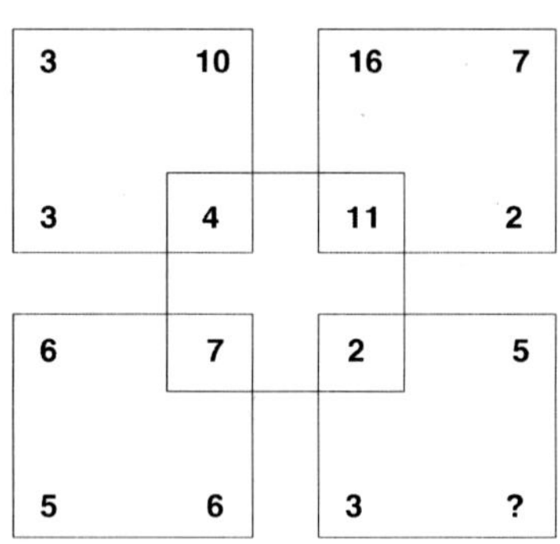

12)

3	11	7
4	14	6
9	7	2
10	62	

13)

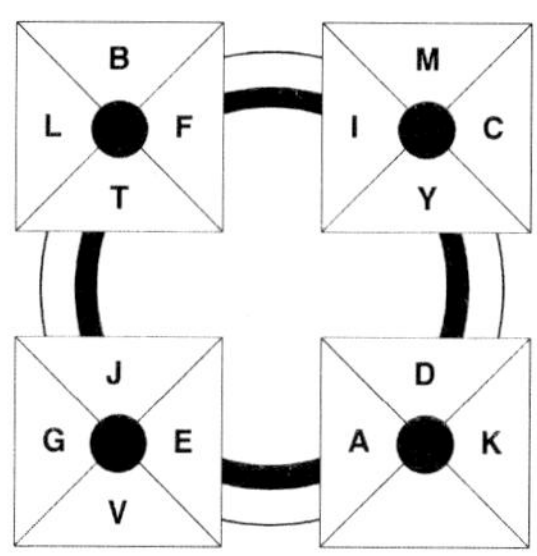

14)

C	L
H	Q
F	O
K	T
I	R
N	

15)

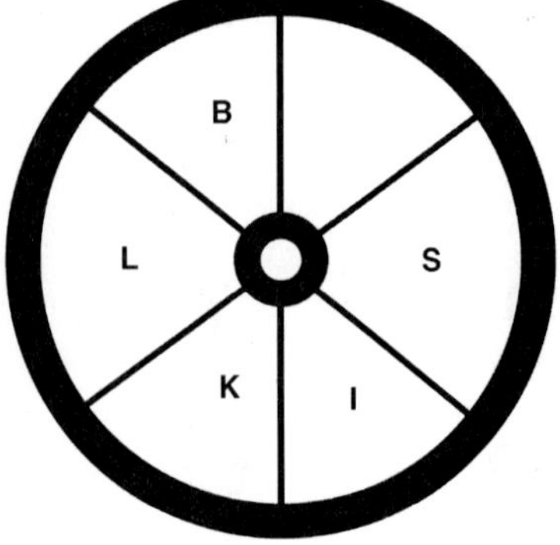

정답

1. 1) 아래에서 검정으로 표시한 원이 문제의 침입자이다.

다른 원들은 십자로 표시된 원의 주위를 원의 형태를 이루며 한 궤도 안에 있다.

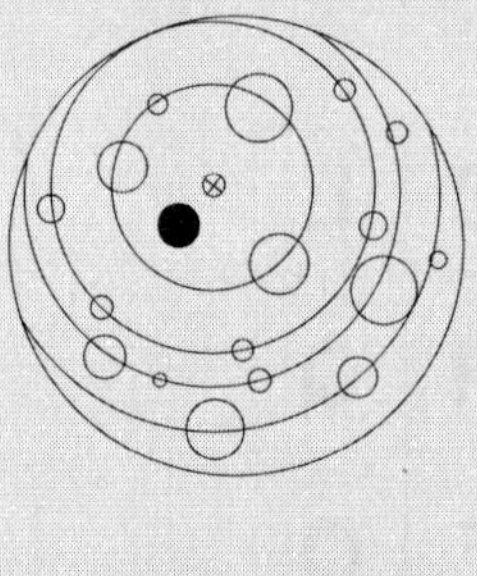

2)

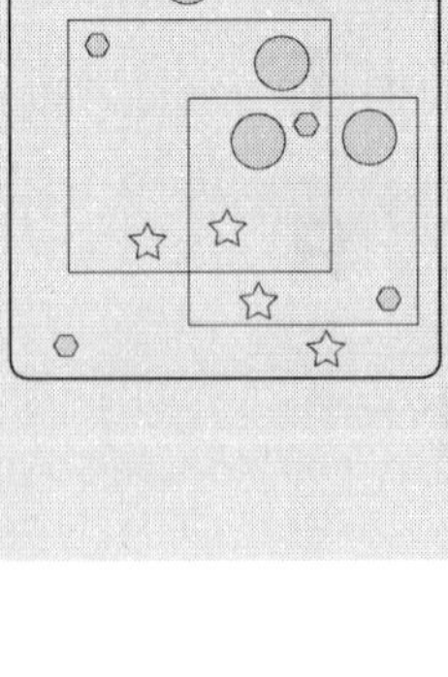

3)

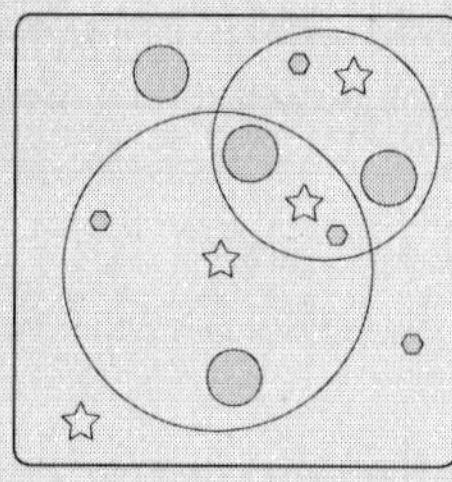

4)

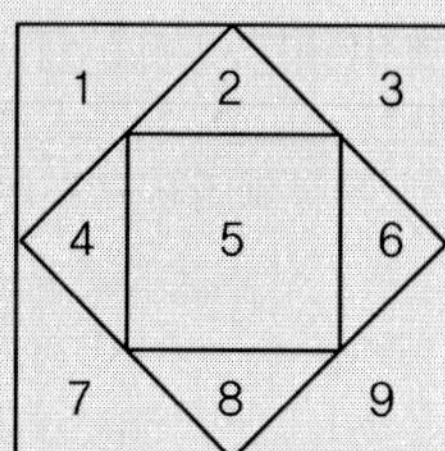

5)

2. 1) K (Y부터 시계방향으로 진행하면서 알파벳 순서를 2, 3, 4, …로 거슬러 올라간다.)

2) W(위에서부터 오른편의 문자는 외편문자 2, 3, 4, …로 위로 올라간다.)

3) 35 (각 원에서 가장 작은 두 개의 짝수를 곱해서 세 번째 짝수를 얻고, 홀수에 대해서도 마찬가지)

4) 236 (No commant)

5) Y (각 원에서 마주보는 글자는 알파벳의 처음과 끝에서 같은 거리)

6) 26 (각 정사각형에서 세 수를 곱한 후, 가운데 정사각형에 있는 수를 빼면, 50, 60, 70, 70이 된다.)

7) 11 (각 열을 내려오면서 +5, -1를 하면 된다.)

8) N (B에서 두 자리 올라가 D가 되고 위치는 시계방향으로 이동)
9) N (알파벳이 시계방향으로 올라가는데 사이에 곡선이 들어 있는 철자는 생략)
10) 7 (위에 있는 숫자에 +2를 하면서 시계방향으로)
11) 10 (각 사각형의 짝수의 합에서 홀수의 합을 빼면 가운데 사각형의 수가 된다.)
12) 8 (각 행에서 가운데 수는 좌, 우 수의 곱에서 합을 뺀 것)
13) P (각 사각형의 아래 글자는 다른 세 글자의 대응하는 수를 합친 수에 대응하는 글자이다.)
14) W (C에서 5번 전진했다가 두 번 후진을 반복)
15) R (오른쪽의 문자는 마주보는 문자보다 7자리 상위의 문자)

참고문헌

BARNES ALAN, Sherlock Holmes on Screen, Londres, Titan Books, 2011.

BAYARD PIERRE, L`Aʃʃaire du chien des Baskerville (2008), Paris, Éditions de Minuit, coll. 〈〈Double〉〉, 2010.

BELLOCQ-POULONIS SOPHIE, L`Aventure du détective triomphant. Une étude du mythe holmésien, Paris, Les Éditions de l`OEil du Sphinx, 2004.

BURT DE WAAL RONALD, The world Bibliography of sherlock Holmes and Dr. Watson, New York, Bramhall House, 1974.

HAINING PETER, The sherlock Holmes Scrapbook, New York, Bramhall House, 1974.

LIGNON YVES, 〈〈Venez, Sherlock, je sens qu`il se trame quelque chose〉〉, in Reuter Yves (dir.), Le Roman policier et ses personnages, Saint-Denis, Presses universitaires de Vincennes, 1989.

MELLIER DENIS (dir.), Sherlock holmes et le signe de la ʃiction, Fontenay, ENS Éditions Fontenay-Saint-Cloud, 1999.

MEYER-BOLZINGER DOMINIQUE, Une méthode clinique dans l`enquête policière. Holmes, Poirot, Maigret, Liège, Éditions de Céfal, 2003.

NATACHA LEVET, Sherlock holmes, De Baker street au grond éerən, Editions Autrement, 2012.

NORDON PIERRE, Tout ce que vous avez toujours voulu savoir sur Sherlock holmes sans l`avoir jamais rencontré, Paris, Le Livre de Poche, 1994.

OUDIN BERNARD, Enquête sur Sherlock Holmes, Paris, Gallimard, coll. 〈〈Découvertes Gallimard〉〉, 1997.

POINTER MICHAEL, The public Life of Sherlock Holmes, Londres-Vancouver, Drake Publishers, 1975.

SIPIÈRE DOMINIQUE, 〈〈Les inventions de Sherlock Holmes (films de 1965 à 1985)〉〉, in Sipière Dominique et Menegaldo gilles, Les Récits policiers au cinéma, Poitiers, La Licorne, 1999.

WAGNER E.J., La Science de Sherlock Holmes, Trad. de Sarah Gurcel, Le Pommier, 2011.

가볼만 한 사이트

www.sshf.com

www.Sherlock-Holmes.org.uk

www.popular-roots.eu

www.bakerstreetjournal.com

www.forensic-evidence.com

www.forensic.to

http://sherlockholmes.stanford.edu/index.html

부록

1. 코난 도일의 작품목록
   학생들의 발표문
2. 100대 탐정소설
   국내에 소개된 작가 및 작품

코난 도일의 작품목록

The Canon refers to the set of 60 original stories (56 short stories, 4 novels) by Conan Doyle. Any book written by another author, while still being a Holmes story, is considered outisde the canon. In the United Kingdom and Canada, the stories are now out of copyright. In the United States, the last dozen of them, those published after 1919, are still protected by copyright. Therefore, 48 of the 60 stories are available below in text format.

A Study in Scarlet

The Sign of Four

Adventures of Sherlock Holmes

A Scandal in Bohemia

The Red-headed League

A Case of Identity

The Boscombe Valley Mystery

The Five Orange Pips

The Man with the Twisted Lip

The Adventure of the Blue Carbuncle

The Adventure of the Speckled Band

The Adventure of the Engineer's Thumb

The Adventure of the Noble Bachelor

The Adventure of the Beryl Coronet

The Adventure of the Copper Beeches

Memoirs of Sherlock Holmes

Silver Blaze

The Yellow Face

The Stock-broker's Clerk

The "Gloria Scott"

The Musgrave Ritual

The Reigate Puzzle

The Crooked Man

The Resident Patient

The Greek Interpreter

The Naval Treaty

The Final Problem

The Return of Sherlock Holmes

The Adventure of the Empty House

The Adventure of the Norwood Builder

The Adventure of the Dancing Men

The Adventure of the Solitary Cyclist

The Adventure of the Priory School

The Adventure of Black Peter

The Adventure of Charles Augustus Milverton

The Adventure of the Six Napoleons

The Adventure of the Three Students

The Adventure of the Golden Pince-Nez

The Adventure of the Missing Three-Quarter

The Adventure of the Abbey Grange

The Adventure of the Second Stain

The Hound of the Baskervilles

The Valley of Fear

His Last Bow

The Adventure of Wisteria Lodge

The Adventure of the Cardboard Box

The Adventure of the Red Circle

The Adventure of the Bruce-Partington Plans

The Adventure of the Dying Detective

The Disappearance of Lady Francis Carfax

The Adventure of the Devil's Foot

His Last Bow

The Case Book of Sherlock Holmes

The Adventure of the Illustrious Client

The Adventure of the Blanched Soldier

The Adventure of the Mazarin Stone

The Adventure of the Three Gables

The Adventure of the Sussex Vampire

The Adventure of the Three Garridebs

The Problem of Thor Bridge

The Adventure of the Creeping Man

The Adventure of the Lion's Mane

The Adventure of the Veiled Lodger

The Adventure of Shoscombe Old Place

The Adventure of the Retired Colourman

순서

1. 춤추는 인형

"The Adventure of the Dancing Men"

발표문

정보통계 안나현, 화학 김은정 · 이신애 · 김윤정

등장 인물 소개

- 셜록 홈즈: 명탐정, 힐튼 큐빗의 의뢰를 받고 사건을 품.
- 존 왓슨: 홈즈의 룸메이트이자 필자.
- 힐튼 큐빗: 노폭 라이딩 소프 장원의 지주. 셜록 홈즈에게 사건을 의뢰.
- 엘시 패트릭: 힐튼 큐빗의 부인. 남편에게 비밀이 있음.
  시카고의 칠인조 갱단 두목의 딸.
- 에이브 슬레이니: 엘시 패트릭의 전 약혼자. 시카고의 7인조 갱단원.
- 손더스 하녀: 큐빗가의 하녀. 사건을 처음 발견.
- 킹부인: 큐빗가의 요리사. 사건을 처음 발견.
- 마틴 경감: 노폭관할 경찰관 소속. 홈즈가 그의 방법으로 조사하도록 협조.

❖ 줄거리 요약

격식을 갖추고 있는 한 남자가, 과거를 알 수 없는 정체불명의 아름다운 여성과 여자의 과거에 대해 물어보지 않겠다는 조건으로 혼인을 하게 되었다. 행복한 나날이 지나고 한통의 편지가 그녀에게 왔다. 남편은 아내에게 그 편지를 주었고, 약속한 것처럼 아무것도 묻지 않을 것이라고 약속까지 했기에 그는 아무것도 묻지 않았다. 그리고 편지를 다 읽은 아내는 얼굴이 창백해지며 몸을 떨었다. 그 일이 있은 후 창문이며, 창고 등에 아이들 장난 같이 보이는, 사람이 춤추고 있는 모습의 그림이 종종 나타났고, 아내는 그것을 볼 때마다 겁에 질린 표정을 지었다. 아내를 끔찍이도 아끼는 터라 남편은 아내의 건강이 급격히 쇠약해짐을 느끼고 동네에 마구간지기 소년에게 가서 낙서를 한 적이 있냐고 물어봤지만, 그 소년 역시 모르는 일이라고 하였다.

이를 심상치 않게 여긴 남편은 홈즈에게 이일을 의뢰하였다. 홈즈는 낙서가 있는 것을 보고 똑같이 그려오라고 당부하며 그를 보냈다. 그리고 몇 번인가 그 그림이 나타났고, 그것을 똑같이 베낀 복사본을 홈즈에게 주었다. 홈즈는 이 그림의 문자를 해석을 하며, 남편에게 할 일을 당부하였다. 마침내 홈즈는 왓슨과 함께 최대한 빨리 그곳에 갔지만, 시간은 이미 늦어있었다.

일단 사건의 결말은 이러하다. 그 어린아이가 그린 듯한 낙서비밀암호는 아내의 아버지가 조직한 팀의 구성원이자 잘 알려진 살인자가 그녀와 약혼을 하기로 했지만, 그녀는 그 악당의 정체를 알고 영국으로 도망을 왔다가 명성이 자자한 남편과 결혼을 한 것이다. 이 사실을 알아낸 살인마는 결국 그녀를 찾았고, 조직단에서 그녀의 아버지가 만든 비밀 암호로 그녀를 힘들게 한 것이다. 그리고 그 살인마는 영국(그녀의 집 근처)으로 이사를 오게 되었고, 그녀는 그 살인마를 만나자고 하여 돈을 줄 테니 가라고 하였다. 그 순간 그녀의 진짜 남편이 그 상황을 발견하고 권총을 가지고, 거실로 가서 그 살인마를 쏘려 했지만, 총알은 빗나갔다. 하지만 역시 그 살인마는 총 솜씨가 매우 좋았고, 그의 총알은 남편의 심장을 완전히 관통하였다. 여자는 자신과 그녀의 남편을 보호하기 위해 본능적으로 창문을 닫았고, 심한 충격으로 쓰러졌다. 그 소리를 들은 하인들은 경찰에게 신고 했고, 그 살인마는 정원을 통해 밖으로 도망갔다. 이를 미리 알고 막으러 온 홈즈는 이미 한발이 늦은 셈이 되었다. 총소리가 두 번 났었는데, 한발은 소리가 컸고 다른 한발은 소리가 첫 번째보다는 작았다는 하인들의 증언을 듣고, 첫 번째는 동시에 2발이 나갔다는 것을 알았고, 정원에 난 발자국도 보았다. 홈즈는 해독된 비밀암호로 그 살인마에게 편지를 보냈고, 그 살인마는 아무런 의심없이 그녀의 집으로 왔다. 한편 남편은 안타깝게도 사망하였고, 아내는 심한 충격으로 쓰러졌지만, 생명에는 지장이 없을 것이라고 하였다. 그 살인마는 경찰에게 잡혔지만, 총은 남편이 먼저 쏘았다는 점과 자신을 방어하기 위해 쏘았다는 점으로 사형을 면했다. 이렇게 얼마간의 시간이 흐르고, 아내는 아무하고도 결혼하지 않고, 불행한 사람을 도우며 남은 생을 살았다고 한다.

❖ 그림의 발견 장소

첫 번째 그림. 창틀에서 발견 ⇨ 낙서인줄 알고 지워버림

두 번째 그림. 정원에 있는 해시계 위

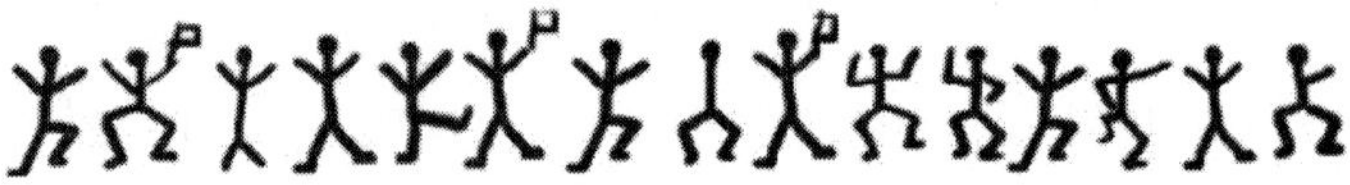

(나 에이브 슬레이니가 여기 왔다)

세 번째 그림. 창고에 있는 검은 나무 문 위

(창고는 잔디밭 옆에 있고 현관창문 앞에 서면 전체가 보임)

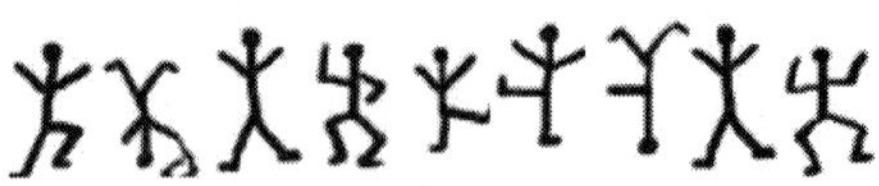 (엘리지에서)

네 번째 그림.

(엘시 와줘)

다섯 번째 그림. 해시계 돌 아래

(네 번째 그림과 똑같은 그림이 그려져 있었음)

(엘시 와줘)

여섯 번째 그림. 창고 문 위

(네 번째 그림과 똑같은 그림이 그려져 있었음)

(엘시 와줘)

일곱 번째 그림. 창고 문 위(다른 판자에 그려져 있었음)

(절대 안 해)

여덟 번째 그림. 해시계 위

(엘시 하느님 곁으로 갈 준비를 해라)

❖ 사건현장의 큐빗과 큐빗 부인(엘시)의 상태

- 큐빗 부인(엘시) – 상처는 매우 깊지만 생명에는 지장이 없음. 총알이 뇌를 관통하지 않아서 의식을 빨리 회복할 수 있음. 평상복 차림.

  얼굴에는 화약자국이 있지만 손에는 없음.
- 큐빗 – 총알이 심장을 관통함. → 사망.

흐트러진 잠옷 차림. → 잠자다가 급히 뛰어나왔다는 것을 알 수 있음.

가운과 손에는 화약 자국이 없음.

❖ **사건 현장**

- 총은 매우 가까운 곳에서 발사되었다.
- 방안에 권총은 한 자루였다.
- 사건 현장에선 탄환 두 개가 비어있었다.
- 권총이 쓰러진 두 사람 가운데 떨어져 있었음.

❖ **사건 당시 가정부 손더스 부인과 요리사 킹부인의 증언들.**

- 총소리에 놀라서 둘은 잠에서 깨었다. 1분 후에 또다시 총소리가 났다.
- 서재문은 열려 있었고, 테이블 위의 촛불은 켜져 있었다. → 큐빗이 방 한가운데 엎드린 채 쓰러져 있었고, 부인은 벽에 머리를 기대고 창문 근처에 웅크려 앉아 있었음.
- 방을 나왔을 때 연기와 화약 냄새는 서재와 복도를 가득 메우고 있었다.
- 창문은 안에서 잠겨있었다. → 모든 문이 안에서 잠겨 있어서 누군가 밖으로 빠져 나가는 것은 불가능함.
- 첫 번째 총소리가 더 컸다.

  → 앞에서 본 정황증거에 의하면 창문이 잠겨 있어서 외부 출입은 불가능하고 탄피도 2개가 비어있는 것으로 보아 큐빗씨가 부인과 자신을 차례로 쏘았거나, 부인이 큐빗씨와 자신을 차례로 쏜 것으로 생각하게 된다.

  그러나 홈즈가 새로운 증거들을 발견하게 된다!

❖ 홈즈의 추리과정

- 하인들의 증언에 의하면 방을 나왔을 때 연기와 화약 냄새는 서재와 복도를 가득 메우고 있었다. → 이 증언은 총알이 발포되었을 당시 창문과 방문이 모두 열려있었음을 암시. 만약 닫혀있었다면, 연기가 빠른 속도로 온 집안에 퍼지기 어려움.
- 촛불이 켜져 있었음. → 잠시 동안만 문이 열려있었음.
- 세 번째 총알 → 나무 창틀이 쪼개진 모양으로 보아 총알은 서재에서 창밖으로 발사됨.

정리: 홈즈는 큐빗과 큐빗 부인 이외에 다른 사람이 그 현장에 있었다는 것을 알아냈다.

그 사람은 지금까지 춤추는 인형을 그린 사람일 것!

춤추는 인형을 해독해 보자.

❖ 인형그림 해독 과정

① 두 번째 발견된 문장 ; 'E'와 '띄어쓰기'를 알아 냄

- 첫 번째 문장 15개의 인형 중 4개가 같은 모양, 그 인형모양이 E 일 가능성이 높다.

→ 영어에서 E의 사용 빈도가 제일 많기 때문에

알파벳에서의 사용 빈도 수

문자	상대적 빈도(%)	문자	상대적 빈도(%)
A	8,167	N	6,749
B	1,492	O	7,607
C	2,782	P	1,929
D	4,253	Q	0,095
E	12,702	R	5,987
F	2,228	S	6,327
G	2,015	T	9,056
H	6,094	U	2,758
I	6,966	V	0,978
J	0,153	W	2,360
K	0,772	X	0,150
L	4,025	Y	1,974
M	2,406	Z	0,074

- 한 그림 안에 깃발을 들고 있는 인형이 사이사이 나타나는 걸 보아 단어와 단어 사이의 칸막이 역할을 한다.

② 일곱 번째 발견된 문장 ; N, V, R 알아 냄

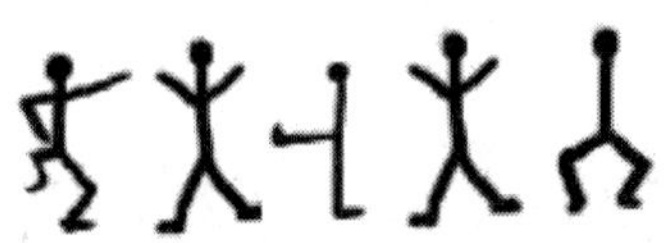

	E		E	
N		V		R

- E가 2, 4번째 오는 것으로 보아 이 그림은 lever지렛대, sever끊다, never절대. 세단어중에 하나 그 중에 적절한 never일 것이라 추측.
- 부인이 간청에 대한 답변을 했을 것이다.

③ 네 번째 발견된 문장 → L, S, I, C, O, M 알아 냄

			E
C	O	M	

E				E
	L	S	I	

- 부인과 알고 지낸 인물이라면 부인 이름Elsie을 쓸 것이므로 이 문자 뒤의 다섯 글자는 부인 이름이다.→ L, S, I 알아 냄
- E로 끝나는 앞의 네 글자는 come 밖에 없음. →C, O, M을 알게 됨

④ 다시 두 번째 발견된 문장 "나 에이브 슬레이니가 여기 왔다" → A, B, H, Y 알아 냄

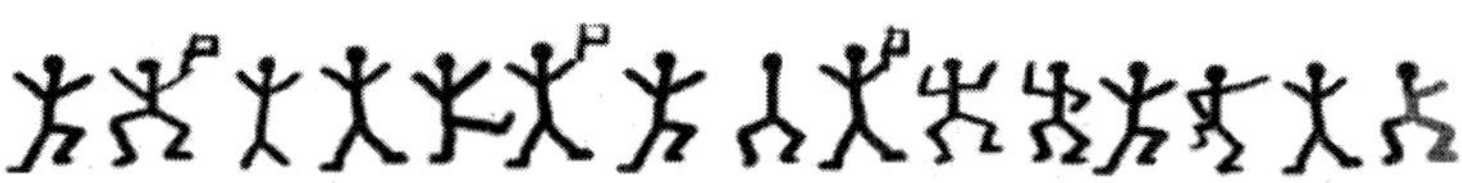

	M
A	

	E	R	E
H			

		E
A	B	

S	L		N	E	
		A			Y

- 미리 알아낸 글자로 먼저 채운다.
- 첫 번째 빈자리는 A 가 적당. → 이렇게 짧은 문장에 세 번이나 나오는 건 E 말고는 A 밖에 없음.
- 그 다음 빈자리는 H가 적당.
- here 다음 글자들은 이름일 것 알맞은 글자로 넣는다.

⑤ 세 번째 발견된 문장. "엘리지에서" → T, G 알아 냄

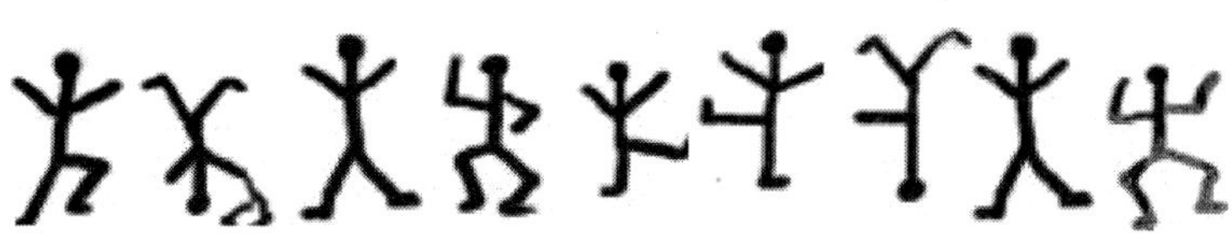

A	
	T

E	L	R	I		E	S
				G		

◆ '엘리지'란 단어가 편지를 보낸 사람이 묶고 있는 여관이나 하숙 집 이름이라고 생각.

⑥ 마지막으로 발견한 문장. "엘시 하느님 곁으로 갈 준비를 해라" → D, P 알아냄

E	L	S	I	E

	R	E		A	R	E
P			D			

T	O

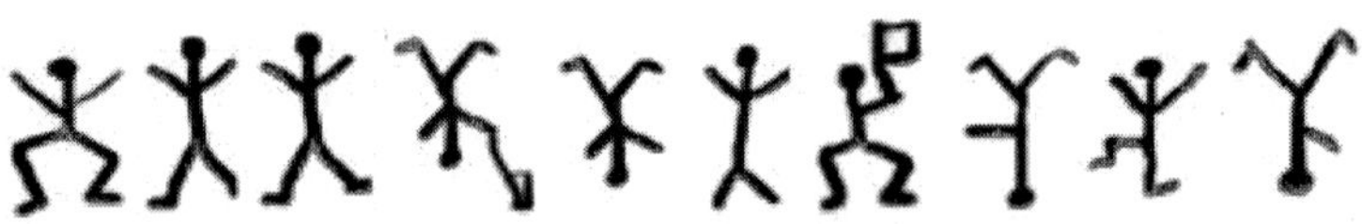

M	E	E	T

T	H	Y

G	O	
		D

그래서 알파벳의 암호를 알 수 있었음.

❖ 그림문자 알파벳 별 정리

	A		F		K	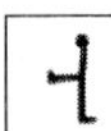	P		U
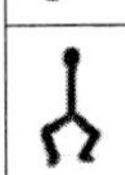	B	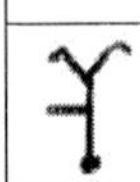	G	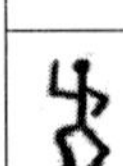	L		Q		V
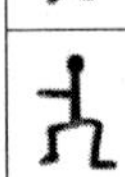	C		H		M		R		W
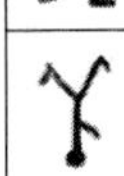	D		I		N	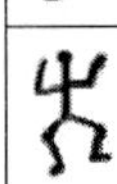	S		X
	E		J		O	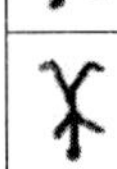	T		Y

❖ 범인 유추 과정

- 낯선 사람의 침입 여부. → 조용한 마을이지만, 집 근처에 가축물 먹이는 장소가 있고, 농가들이 하숙을 함.
- 아메리카에서 온 편지는 범죄와 연관 있을 것. → 부인의 과거가 베일에 가려져 있으며, 남편에게도 비밀을 털어 놓지 않음.
- 그림문자 해석에서 알아낸 에이브 슬레이니는 미국인 일 것. → 에이브는 미국이름인 에이브라함을 줄인 것.
- 뉴욕 경찰서의 홈즈 친구에게서 에이브 슬레이니가 시카고에서 가장 위험한 악당이라는 증언을 얻음.
- 그림문자 마지막 문장의 해석에서 에이브 슬레이니가 범죄를 저지를 것이란 생각.
- 암호에서 얻은 엘리지가 에이브 슬레이니가 묵고 있는 곳이라고 생각하고 홈즈가 그 곳으로 큐빗 부인(엘시)이 보낸 척 편지를 보냄. → 범인은 그 자리에서 잡힘.

2. 바스커빌가의 개

"The Hound of the Baskervilles"

발표문

실내디자인과 이민정 · 서다경

등장 인물 소개

- 찰스 바스커빌: 의문의 죽음을 당한 바스커빌 가의 상속자.
  전형적 신사로 곧은 성품을 가지고 있으며 정직하고 한편으로는 딱딱한 면을 가지고 있기도 하다.
- 헨리 바스커빌: 찰스 바스커빌경의 조카이며 찰스경의 죽음으로 인하여 다음 상속자가 된다. 미혼으로 스태플턴의 여동생인 베릴양에게 반해 청혼을 한다.
- 제임스 모티머 박사: 죽음을 당한 찰스 바스커빌의 지인이자 주치의로서 이 모든 사건을 홈즈에게 알리고 찰스경의 죽음에 의문을 제기한 첫 번째 인물. 데번셔 지역의 의사로 강직하고 정직한 인물이다.
- 스테플턴(로저 바스커빌): 데본셔의 황무지에 사는 박물학자로 어리숙하고 순진한 겉모습을 하고 있지만 간혹 알 수 없는 행동을 하기도 한다.
- 베릴 스테플턴: 스테플턴의 동생으로 헨리 바스커빌에게 끊임없이 위험성을 경고한다. 하지만 스테플턴과 부부 사이인 것이 드러난다.
- 배리모어: 바스커빌가에서 여러 대에 걸쳐 집사일을 하고 있다.
  찰스 바스커빌의 죽음에 관련해 미심쩍은 행동으로 의심을 받게 된다.
- 배리모어 부인: 배리모어의 부인. 탈옥수 셀던의 누이로 셀던이 황무지에서 은신하는 데 도움을 준다.
- 셀던: 런던에서 가장 악명 높은 범죄자이며 탈옥수. 누이인 배리모어 부인의 도움으로 황무지에서 은신하게 된다.
- 프랭크랜드: 로라 라이언스의 아버지. 소송을 좋아하는 사람이며 타인의 일임에도 불구하고 자신의 전 재산을 소송비용에 탕진해 버린 인물이기도 하다.
- 로라 라이언스 부인(= 리옹 부인): 프랭크랜드의 딸이자 스테플턴의 내연녀. 스테플턴의 협력으로 찰스 바스커빌경에게 경제적 지원을 받게 된다.
- 앤서니: 스테플턴 부부가 사는 메리피트 저택의 하인.
- 레스트레이드: 홈즈를 협력하는 런던 경찰.

❖ 작품 소개

이 작품은 코난 도일의 지인인 플레처 로빈슨의 소재 제공에서 시작됐다. 그는 바스커빌가의 개의 전반적인 배경을 이루는 데번셔 다트무어 출신으로, 그 지방의 민간 설화를 도일에게 얘기해 주었고, 크게 고무된 도일은 몇 시간 후 이 이야기의 전체 골격을 만들어낸다. 이 외에도 현장답사와 이야기 전체 흐름에 대한 조언 등 코난 도일에게 도움을 아끼지 않아, 훗날 코난 도일이 책이 출간될 때 공동 저자의 이름으로 그를 넣어줄 것을 요구하기도 하였다.

[바스커빌가의 개]는 코난 도일의 수많은 작품뿐만 아니라 추리 소설 역사에서 가장 유명한 작품이기도 하다. 코난 도일은 이 작품이 나오기 8년 전 [마지막 사건]에서 라이헨바흐 폭포에 빠졌다는 설정으로 홈즈의 죽음을 그렸다. [바스커빌가의 개]는 홈즈의 부활에 초석이 되는 작품으로 이 이후로 나오는 작품들도 독자들에게 큰 사랑을 받게 된다.

❖ 인물 관계도

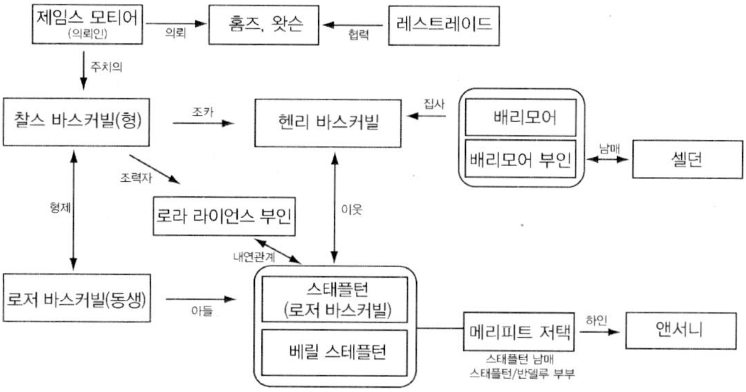

❖ 줄거리

– 런던에서

제임스 모티머 박사의 의뢰로 이야기는 시작된다. 제임스 모티머 박사가 주치의로 있던 찰스 바스커빌 경이 집 앞 황무지에서 의문의 사체로 발견된다.

바스커빌가에는 예부터 전해 내려오는 저주가 있었다.

찰스경은 이 저주를 심각하게 받아들이고 있었다. 일단 밤이 되면 황무지로 나가는 법이 없었고 간혹 모티머 박사에게 이상한 짐승을 보거나 사냥개의 울음소리를 듣지 못 했는지 묻곤 했다. 어느 날은 크고 검은 송아지 한 마리를 보았는데, 찰스경은 매우 흥분하고 두려움에 떨었다. 모티머 박사에게 자신이 흥분했던 이유를 설명하며 바스커빌가의 저주가 담긴 문서를 맡긴다. 심장이 워낙 좋지 않아 충격을 받게 되면 큰 일이 일어나겠다고 판단한 모티머 박사는 찰스경에게 런던여행을 권하고 찰스경도 이를 수락한다. 그러나 런던으로 떠나기 전 마지막 날 끔찍한 죽음을 당한다.

후계자 없이 바스커빌가를 비워 놓게 되면 그 동안 찰스경이 가문을 일으키기 위해 노력해왔던 것들이 물거품이 되고, 마을의 입장에서도 진행되어 오던 지역 사업이 중단될 위기에 있기 때문에 하루빨리 후계자를 찾아야했다. 그래서 모티머 박사는 저주를 두려워하면서도 찰스경의 둘째 동생의 아들 즉, 바스커빌가의 마지막이자 유일한 생존자인 헨리 경을 바스커빌가에 부른 것이다.

런던에 도착한 헨리경은 아무도 알 리 없는, 자신이 묵기로 한 호텔로 〈생명과 영혼이 아까우면 황무지에서 달아나라.〉라고 쓰인 경고 편지를 받게 된다. 그리고 또한 자신이 런던에 와 새로 구입한 갈색 구두의 한 짝이 사라진다. 사건에 관해 홈즈, 왓슨, 모티머박사와 헨리경이 이야기를 나눈 후 모티머박사와 헨리경은 걸어서 숙소로 돌아가고 이를 미행하는 인물을 눈치 챈 홈즈와 왓슨은 추격전을 벌였지만 검은 수염의 수상한 자를 놓치고 만다. 다음 날 헨리경을 찾은 홈즈는 헨리경이 오랫동안 신었던 검은 구두의 한 짝 또한 사라졌다는 사실을 알게 된다. 홈즈는 신문을 오려 만든 경고 편지, 마차에 탄 수상한 검은 수염의 스파이, 새 부츠와 낡은 부츠의 실종, 그리고 다시 돌아온 새 부츠 등 한꺼번에 일어난 수상한 사건에 혼란스러워 한다.

– 덴버셔에서

헨리경과 모티머 박사는 바스커빌가를 비워둘 수 없어 덴버셔로 돌아가야 했고, 홈즈는 왓슨을 헨리경의 보호라는 명목으로 함께 덴버셔에 보낸다. 왓슨은 이후부터 헨리경과 함께 행동하며 헨리경 주변의 수상한 상황이나 인물의 관찰, 그날의 일상들을 홈즈에게 편지로 보고한다. 덴버셔에 도착한 왓슨과 헨리경, 모티머 박사는 바스커빌가의 마부에게서 '노팅힐 살인마'라고 불리는 셀던이 탈옥해 황무지에 숨어 있다는 사실을 듣게 된다. 바스커빌가에서 첫 날을 보내게 된 왓슨과 헨리경은 그 날 밤 의문의 흐느낌 소리를 듣게 된다. 다음 날 아침, 집사인 배리모어는 자신의 부인은 아니라며 거짓말을 하고 왓슨은 이로 인해 집사부부에 대한 의심을 품게 된다. 만약 바스커빌가에 아무도 들어오지 않게 되면 집사 부부는 안락한 저택을 얻게 되기 때문이다. 왓슨은 산책하던 중 메리피트 저택의 스태플턴을 만나게 된다. 스태플턴은 왓슨에게 먼저 다가와 호기심 때문이라며 찰스경 사건을 이것저것 캐묻는다. 주변인을 관찰하라는 홈즈의 주문을 위해 대화를 나누던 왓슨은 그림펜 마이어라는 한번 빠지면 절대 살아 돌아올 수 없다는 무시무시한 늪지대를 알게 된다. 스태플턴은 왓슨에게 여동생을 소개해주고 싶다며 메리피트 저택으로 이끌고 나비를 쫓아가버린 스태플턴은 없이 여동생 스태플턴 양을 만나게 된다. 처음 만난 사이임에도 베릴 스태플턴 양은 당장 런던으로 돌아가라며 경고를 하고 오빠가 오자 비밀로 하라며 당부한다. 스태플턴과 친분을 나누게 된 헨리경은 메리피트 저택에서 스태플턴 양을 처음 만나 사랑에 빠지게 된다. 하지만 오빠인 스태플턴이 필요 이상으로 경계하고 동생 또한 오빠의 눈치를 살피는 모습을 보며 왓슨과 헨리경은 의아해 한다.

이웃 프랭클랜드씨는 소송을 좋아하는 사람이며 타인의 일임에도 불구하고 자신의 전 재산을 소송비용에 탕진해버린 인물이기도 하다.

왓슨은 새벽, 자신의 문 앞을 지나는 발소리를 듣고 잠에서 깬다. 배리모어가 촛불을 들고 셔츠와 바지차림에 맨발로 아무도 없는 방을 들어가 창문을 향해 어딘가를 바라보고 있었다. 아침이 되어 그 방에 들어가 보니 집안의 다른 창문과는 다르게 황무지를 바라볼 수 있는 구조였고, 누군가 혹은 무엇인가를 기다리고 있다는 사실을 알아챘다. 다음 날 헨리경은 스탠폴턴 양에게 청혼하지만 스태플턴의 방해로 무산된다. 그 날 밤 헨리경과 왓슨은 잠복해 있다 배리모어를 현장에서 잡아 심문한 결과 배리모어부인의 동생이 황무지에 숨어있다던 탈옥수 셀던임을 알게 된다. 위험인물을 그냥 둘 수 없었던 왓슨과 찰스경은 탈옥수를 찾아 황무지로 나가지만 잡는 것을 실패한다. 셀던이 남아프리카로 가는 것을 눈감아주는데 동의하자 배리모어는 감사의 뜻으로 찰스에게 누가 될까 말하지 못했던, 찰스경이 죽던 날 밤 리옹부인을 만나기로 했었다는 사실을 말해준다. 리옹부인은 프랭크랜드의 딸로 전 남편에게 학대 받다 이혼을 하고 혼자가 된 여인이었다. 사정을 가엾이 여긴 찰스경과 모티머 박사, 스태플턴이 그녀를 도와주고 있었다. 그녀가 찰스경이 죽던 날 밤 정원에서 밤 10시에 만나자는 편지를 찰스경에게 보냈다는 것을 알게 된 왓슨은 그

녀를 찾아가 자초지종을 묻고 그녀는 편지를 모낸 것은 맞지만 자신은 개인적인 일로 그곳에 가지 않았다고 말한다. 집으로 돌아오던 왓슨은 프랭크랜드를 만나 자신이 황무지에서 소년을 봤고, 그 소년이 탈옥수를 돕기 위해 온 것 같다고 한다. 꼬마를 미행해 오두막으로 가보니 자신을 미행한 듯한 서신들이 놓여있었다. 그리고 뒤이어 들어온 것은 바로 홈즈였다. 홈즈는 범인이 경계할 수 없도록 런던에 있다고 위장한 채 비밀리에 조사하고 있었다는 사실을 밝힌다. 그 순간 비명이 들려오고 그 곳에 가보니 기괴한 형태로 죽은 시체를 발견한다. 옷을 보고 헨리경이라 생각한 왓슨과 홈즈는 비탄에 빠지지만 곧 턱수염을 보고 헨리경이 아닌 셀던임을 알아챈다. 모르는 척 등장한 스태플턴의 표정을 보고 범인이라 확신한 홈즈는 더 확실한 증거를 위해 잠시 내버려두자고 한다. 스태플턴에게는 내일 런던으로 떠난다며 방심하도록 한다. 헨리경에게 사실을 말하고 자신들을 아침 식사 후 곧 런던에 잠시 다녀오겠다며 메리피트가에서의 저녁초대에 친구들이 급한 볼일이 생겨 런던으로 돌아갔다는 것을 꼭 말할 것, 마차를 타고 갔다 돌려보내고 다른 길은 절대 안되고 꼭 그림펜 도로로 걸어서 집으로 올 것이라는 당부를 하고 떠난다. 그 길로 홈즈와 왓슨은 리옹부인에게로 가 사실을 이야기하고

사건의 전말에 대해 듣는다.

홈즈는 런던에서 자신을 도와 줄 형사를 데리고 황무지로 가 잠복한다. 황무지에는 안개가 자욱하게 껴 시야가 매우 좁았다. 그리고 헨리경의 비명이 들리고 그 순간 홈즈는 뒤에서 달려오고 있는 개를 향해 총을 쏜다. 꿈쩍도 않고 헨리경을 공격하려던 개는 다섯 발이 넘는 총알을 맞고 결국 죽는다. 스태플턴을 잡기 위해 메리피트가로 향한 세 사람은 스테플턴 양이 기둥에 묶인 채 기절해 있는 것을 발견하고 그녀를 안전하게 내려 스테플턴의 행방을 묻는다. 그가 유일한 도피처인 그림펜 마이어로 도망간 것을 알게 되고 뒤쫓지만, 안개가 자욱해 한 치 앞도 분간할 수 없는 상황에서 안전한 곳을 표시해 둔 말뚝을 보지 못 한 채 그대로 늪에 빠졌을 것이라 생각하며 사건은 일단락된다.

❖ 사건의 진실

스태플턴은 사실 여러 나라를 도망다니며 범죄를 저지르던 악당이다. 바스커빌가를 조사하던 중 찰스경과 헨리경만 없으면 자신이 모든 재산을 얻게 될 것을 알고 계획을 꾸민다. 일단 찰스경에게 최대한 가까이 가기 위해 버스커빌홀 근처에 집을 구하고 찰스경을 비롯해 마을 사람들과 친분을 쌓기로 한다. 찰스경으로부터 바르커빌가의 저주를 알게 되고 친분을 쌓았던 모티머 박사로부터 찰스경이 심장이 약하단 정보를 듣고 조금 겁을 주는 것만으로도 죽을 수 있다는 것을 알아낸다. 그는 남에 눈에 띄지 않도록 개를 그림펜 마이어에 숨겨 놓는 등 만반의 준비를 한다. 그러나 아무리 꼬드겨도 한 밤 중엔 찰스경이 집 밖으로 나오지 않고 부인을 이용해 환심을 사려던 계획이 아내의 저항으로 무산되자 남편에게 학대당하다

이혼하고, 아버지에게 외면당한 리옹부인에게 접근해 결혼을 약속하는 척 마음을 얻어 범행에 이용하기로 한다. 평소 남을 잘 돕던 찰스경에게 그녀를 소개해 도움을 주도록 하고 훗날 밖으로 끌어내기 위한 미끼로 삼는다. 그리고 리옹부인에게 찰스경에게 상담할 일이 있으니 만나자고 편지를 쓰게 한 뒤 그녀를 못 가게 막고 자신이 대신 약속 장소로 가 사냥개를 풀어 놓아 겁에 질린 찰스경이 죽도록 한 것이다.

스태플턴은 다른 상속자인 헨리경을 데번셔에 오기 전에 처리해 버릴 생각으로 런던에서 미행한 뒤 그의 옷가지 중 하나를 얻으려 했고 그 과정에서 신발을 훔쳤지만 헨리경의 체취가 없는 새 신발이었기 때문에 무용지물이 된다. 여기서 홈즈는 진짜 '개'가 범죄에 사용됨을 눈치 챈다. 헨리경이 받은 경고 편지는 스태플턴 부인이 더 이상 범죄가 일어나지 않았으면 하는 마음으로 남편을 눈을 피해 보낸 편지였다. 홈즈가 사건을 맡은 것을 알게 된 스태플턴은 런던에서는 기회가 없음을 깨닫고 데번셔에 가 기다리기로 한다. 그 사이 사냥개는 메리피트가의 하인인 앤서니가 돌보고 있었다. 그렇게 왓슨과 헨리경에게 접근해 기회를 엿보던 스태플턴은 공격을 가하지만 홈즈의 추리에 역공격을 당해 도망가다 죽게 된다.

❖ 사건의 경위

1. 홈즈

① 홈즈의 주된 목표는 스태플턴을 감시하는 것이었으나, 바스커빌가에서 같이 살게 되면 스태플턴이 경계할 것이기에 런던에 있다고 모두를 속인 채 비밀리에 내려가 황무지의 동굴이나 쿰 트레이시에서 숨어서 관찰하게 되었다.

② 프랭클랜드 영감은 지붕에 망원경을 설치하여 주변을 관찰하는 것이 취미이다. 영감이 동굴에서 살고 있던 홈즈에게 음식을 날라 주는 아이를 발견하게 되고 음식을 받는 사람은 탈옥수라고 생각하였다. 그리고 이것을 왓슨에게 알려주게 된다. 이때 왓슨은 아이를 따라가 홈즈를 발견하게 된다.

③ 왓슨이 베이커가로 보냈던 보고서는 바로 홈즈가 있던 쿰 트레이시로 즉각 전송이 되었다. 그래서 홈즈는 런던에 있는 것처럼 위장하면서도 모든 정보를 얻을 수 있었다.

2. 스태플턴은 바스커빌가의 일원이었다.

① 찰스 경의 막내 동생 바스커빌(1)은 런던에서 갖은 악명을 떨치다가 남아프리카 공화국으로 달아났으며 이때 자신과 이름까지 똑같은 아들을 낳았다.

– 스태플턴은 로저 바스커빌의 아들 '로저 바스커빌(2)'이었다.

② 홈즈는 바스커빌가에 있는 초상화 중 '휴고 바스커빌'이라는 초상화에서 스태플턴의 모습을 찾게 되고 스태플턴이 바스커빌가의 후예였음이 밝혀진다.

3. 스태플턴(로저 바스커빌) 남매 ≠ 반델루부부 = 스태플턴 부부

로저 바스커빌(2)은 베릴 가르시아라는 코스타리카의 미인과 결혼한 후 엄청난 액수의 공금을 횡령하고 이름을 반델루로 바꿔 영국으로 피신했다. 고국으로 돌아오는 길에 폐병에 걸린 선생 한 명을 알게 되어 요크셔 동부에 학교를 세웠다. 하지만 이 선생이 죽게 되자 잘나가던 학교에 악평이 쏟아졌고 반델루 부부는 성을 스태플턴으로 바꾼 후 영국 남부로 달아났다. 스태플턴은 곤충학 분야의 권위자였다. 이후 스태플턴은 바스커빌 가문을 조사하면서 뜻하지 않은 엄청난 재산을 얻는데 장애가 되는 사람이 단 두 명밖에 없다는 것을 알아낸다. ⇒ 찰스 바스커빌, 헨리 바스커빌

4. 범행의 실행

– 런던

① 스태플턴은 턱수염을 붙여 변장한 다음 모티머 선생의 뒤를 쫓아 런던의 베이커가까지 쫓아 와 미행하며 그를 살해할 기회를 찾고 있었다. 그 과정에서 홈즈에게 들키게 되고, 작전을 변경한다.

② 스테플턴은 헨리경의 소지품을 얻기 위해 헨리경이 묵고 있는 노섬버 랜드 호텔로 가서 구두를 훔쳤다. 하지만 그 구두는 헨리경이 신지도 않은 새 구두였기 때문에 도로 갖다놓고 헌 신발을 가져갔다.

– 범행을 위해서는 헨리경의 냄새가 필요하다. 홈즈는 여기서 진짜 '개'가 사용된다는 것을 눈치챘다.

③ 스태플턴 부인은 남편의 범행을 알고 있었지만 그의 영향력이 커서 함부로 저항할 수 없었다. 그래서 위험에 처한 헨리경에

게 경고를 알리기 위해 편지를 보냈다.

– 물방울 흔적 : 재스민 향수 – 여성이다, 홈즈가 스태플턴 부부를 주목하게 된 계기.

④ 이때 개는 메리피트 저택의 앤서니라는 하인이 돌보았다.

– 데번셔

① 스태플턴은 바스커빌가가 있는 데번셔로 간 후 범행을 실행시키기 위해서 아내를 여동생으로 위장하여 찰스 바스커빌을 유혹하려 한다. 하지만 아내의 거부로 계획이 틀어진다.

② 바스커빌가와 가까운 곳에 살 집을 마련하여 찰스 바스커빌 경을 비롯한 이웃들과 친분을 쌓는다.

– 이때 찰스 바스커빌 경이 가문의 사냥개 얘기를 믿고 있으며 심각하게 받아들이고 있음을 알아낸다.

– 제임스 모티머 박사에게서 찰스 경의 심장이 약하다는 것을 알게 된다. (사냥개를 이용하여 찰스 경을 심장마비로 죽게 하는 범행의 실마리가 된다.)

③ 사냥개 : 런던 풀햄 로드에 있는 가게에서 가장 제일 강하고 흉포한 놈을 사들여서 데번셔 열차에 개를 싣고 자신은 사람들의 눈에 띄지 않으려고 걸어서 황무지를 횡단하였다.

그리고 그림펜 마이어에서 개를 키우며 기회를 노렸다.

④ 어떻게 찰스 바스커빌경을 황무지로 유인하였나?

스태플턴의 아내가 찰스 경을 유인하기를 거부하자 스태플턴은 로라 라이언스 부인을 이용하여 찰스 경을 10시에 황무지로 유인하였다.

- 찰스 경의 죽은 상황에서 찾은 단서
  * 사건 당일 땅은 축축하고, 밤 날씨가 매우 험악했다. 찰스 경은 늙고 허약했다.
    찰스 경이 혼자 밤 산책을 나선다는 것은 어딘가 부담스럽다. 게다가 황무지로 통하는 게이트에서 한 동안 그가 머물었던 흔적(시가에서 떨어진 담뱃재)이 남아 있었다.
    → 찰스경이 누군가를 기다리고 있었다.
  * 게이트에서부터 찰스경의 발걸음이 마치 발꿈치를 들고 걸은 것 같이 변해 있었다.
    → 찰스 경은 달아나고 있었다.
  * 그는 집 쪽이 아닌 도움을 청할 수 없는 반대 쪽으로 달렸다.
    → 공포의 원인은 황무지에서 비롯되었다. 그리고 찰스 경은 달리기 전부터 공포에 휩싸여 혼비백산하였기 때문에 도움을 청할 수 없는 반대 방향으로 도망치고 말았다.

- 로라 라이언스 부인은 남편과 별거 중이었기 때문에 스태플턴은 독신남 행세를 하여 라이언스 부인에게 접근하였다. 그녀의 이혼 사실을 이용하여 결혼을 약속하였고 그녀의 신임을 얻었다.
- 찰스 경이 런던으로 떠날 것이라는 것을 알고 난 후 라이언스 부인을 움직여서 찰스 경에게 밤에 만나달라는 내용의 편지를 보내었다. 그리고나서 스태플턴은 그럴싸한 구실로 부인이 그곳에 가는 것을 말렸고 사냥개를 풀어 찰스 경이 심장마비로 죽게 하였다.
- 지역 사람들이 찰스경의 죽음을 가문에 내린 저주 탓으로 돌릴 것이라고 생각하였고 또한 그렇게 소문이 돌았다.

5. 헨리 바스커빌 경을 살해하려는 범행

① 헨리경이 배리모어 부부에게 셀던의 도피를 돕기 위해 옷을 주었고 셀던은 그 옷을 받아서 입었다. 스태플턴이 셀던을 헨리경으로 착각을 하고 사냥개가 공격하도록 하여 셀던이 살해되었다.

② 스태플턴 부인이 헨리경과의 관계를 발전시켜 헨리경이 메리피트 가에서 저녁을 하기로 한 날 부인은 남편의 범죄의 계획의 낌새를 차리고 저항하기 시작하였다. 그래서 스태플턴은 부인을 묶어 놓고 헨리경을 혼자 맞아 저녁을 먹고 집에 돌아갈 때 미리 데려온 사냥개를 풀어 헨리경을 살해하려고 하였다.

③ 헨리경을 미끼로 메리피트 가에 가도록 하고 미리 준비를 하고 있던 홈즈, 왓슨 그리고 레스트레이드 경찰은 사냥개가 덤벼오는 것을 막았다. 그리고 바로 메리피트가에 갔지만 이미 스태플턴은 황무지 늪으로 도망쳤다.

❖ 홈즈의 추리력

① 전날 밤 지팡이만을 두고 간 의뢰인 제임스 모티머가 의사임을 추리.

– '페낭로여'라고 알려진 고급 지팡이로 손잡이 바로 밑에 직경 2.5cm의 은판이 붙어있다.

거기에 〈1884〉라는 연도와 함께 〈MRCS(왕립 외과 학회 회원)제임스 모티머에게. CCH친구들〉이라고 쓰여 있다. 지팡이만 보고는 홈즈는 걷는 일이 많은 시골 개업의라는 것 외에도 머리글 〈CC〉가 〈차링크로스〉라는 병원의 이름인 것, 모티머 박사가 병원을 그만두고 시골개업의로 변화했을 때 친구들이 준 선물이라는 것(하지만 이것은 결혼 선물이었다.), 자신을 한 시간이나 기다려 놓고 명함 대신 지팡이를 두고 갔다는 점에서 정신을 빼놓고 다니는 사람이라는 것을 추리했다. 또한 애견을 기르고 있을 것이라는 것도 맞췄다. 지팡이를 물고 주인의 뒤를 따라다니는 개로 지팡이에 남은 이빨 사이의 간격으로 보아 개의 턱은 테리어보다 넓고 마스티프보다 좁다고 얘기했다. (실제 박사는 스패니얼을 키우고 있었다.)

② 바스커빌가의 저주가 적힌 문서의 존재와 제작년도.

– "주머니에 문서가 하나 있습니다." 제임스 모티머 박사가 말했다.

"방에 들어오실 때 눈치챘습니다. 위조가 아니라면 18세기 초 물건이겠군요."

"그걸 어떻게 아십니까?"

"선생 주머니에서 3,4cm 가량 삐져나온 덕분에 줄곧 지켜보았습니다. 작성 연도를 10년 이내까지 추적하지 못한다면 전문가라고 할 수 없겠지요. 그 문서는 1730년대에 작성된 것으로 보이는 군요."

"정확히는 1742년입니다."

…중략…

홈즈는 문서를 받아 무릎 위에 펼쳐 놓았다. "왓슨 자네도 ʃ 와 s가 번갈아 사용되는 것을 볼 수 있을 걸세. 이건 내가 작성 시기를 추적하는 몇 가지 지표 중 하나라네."

③ 경고 편지의 출처.

– 〈생명과 영혼이 아까우면 황무지에서 달아나라.〉는 인쇄된

활자를 오려 붙여서, 그 중 황무지라는 단어는 잉크로 쓰여 있었다. 홈즈는 한눈에 전 날 발행된 〈타임스〉를 오려붙였다는 사실을 알아낸다. 신문에서 오렸다는 것만이 아닌 신문의 이름과 출처가 사설이라는 점까지 정확하게 추리한 것이다. 홈즈는 타임스의 특정 서체와 싸구려 석간신문의 조잡한 인쇄차이, 타임스의 사설은 아주 독특해서 편지에 인용된 단어들을 쉽게 찾을 수 있다는 것을 알고 있었다. 그리고 편지가 어제 쓰였으니 어제 발행된 신문일 가능성이 크다는 점으로 모든 추리를 할 수 있었다.

또한 단어들을 들쭉날쭉하게 붙였다는 점에서 황급히 작업을 했다는 것도 알아낸다. 홈즈는 호텔의 주소를 쓴 장소가 호텔이라고 확신한다. 편지를 쓰는 동안 펜과 잉크가 말썽을 부렸다. 한 단어를 쓰는 데 선을 두 번씩 그은 데다 짧은 주소를 쓰는 동안 세 번이나 잉크를 찍었고 두 가지 경우가 한 번에 일어나려면 개인의 것이라기보다 호텔에 비치된 펜과 잉크일 경우 대개 이러하다고 이야기한다.

"세상에는 75종의 향수가 있는데 범죄 전문가라면 반드시 그 냄새를 구분해야할 줄 알아야 한다네."

④ 움막을 덮친 자가 왓슨이라는 사실을 알아냄.

– 홈즈는 범인의 경계를 풀기 위해 모두에게 비밀로 하고 움막에 숨어 있었다. 그것을 모르는 왓슨은 수상한 자가 누구인지 알아내기 위해 움막에 숨어든다. 홈즈는 문 앞에 떨어진 왓슨의 단골가게의 담배개비를 보고 왓슨이 왔다는 사실을 눈치챈다. 그리고 왓슨의 집요한 성격을 미루어 보아

무기를 들고 숨어서 주인이 돌아올 때까지 기다릴 것이라 고 생각한다. 왓슨은 실제 자신의 리볼버를 장전한 채 수상한 사나이를 기다리고 있었다.

읽을거리

상관관계Correlation과 인과관계Causality

두 가지 데이터의 양(quantitiy)이 어떤 연관성을 시사할 때, 이것이 우연에 의한 것인지, 아니면 진정한 관련이 있는지 묻게 된다.

- 육식과 췌장암 사이에 어떤 연관성이 있는가?
- 경기침체와 이혼율은 상관관계에 있는가?
- 부모의 사회계층과 그 자녀의 사회계층은 상관관계에 있는가?

상관계수 (Coeflicient of correlation)는 이러한 연관성들의 강도를 측정하는데 쓰인다. 한 쪽의 양이 증가 할 때 다른 쪽의 양도 증가하면 연관성은 긍정적이다. 상관계수라는 개념으로 앞서 나온 영국의 심리학자 Francis Galton1822~1911이 1880년대에 최초로 제안하였는데, 주지하는 바처럼 그는 이 개념을 두개골의 형태와 성적 사이에 잘못(?) 적용한 것이다. 각 학생의 국어 성적과 수학 성적을 나타낸 그래프가 아래와 같을 때, 국어 성적과 수학 성적은 양Positif의 상관관계에 있다고 말할 수 있다.

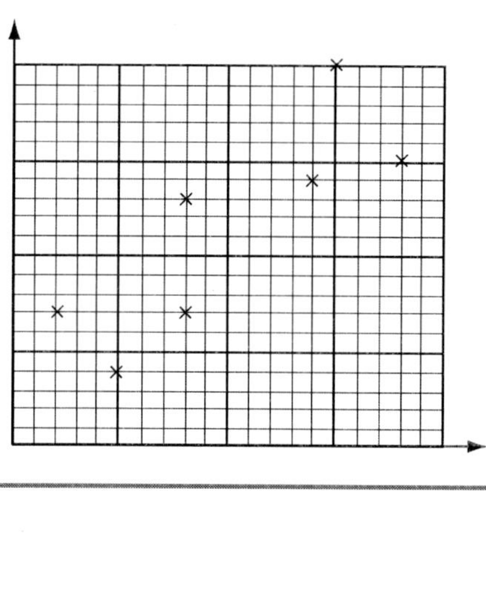

읽을거리

불교의 지혜-1

觀心一法
總攝諸行

혜가慧可 스님 : 어떻게 수행해야 도를 얻습니까?
달마 대사 : 마음을 관찰하는 한 가지가 모든 수행을 다 포함한다.
혜가 스님 : 어째서 마음 관찰이 모든 수행을 다 포함합니까?
달마 대사 : 마음이 만법의 근본이므로, 모든 행위가 마음에서 일어난다. 그러므로 마음을 깨달으면 만 가지 수행을 다 갖추는 것이다. 모든 현상이 다 자기마음에서 일어나는 것임을 알아야 한다. 마음 밖에 따로 구할 도道란 없다.

'관심법' 이라는 용어는 몇 년 전 TV 사극 「왕건」에서 궁예가 신하들을 협박하기 위해 입버릇처럼 하던 말이다. 그런데 이것은 틀린 용법이다. '타심통他心通'이라고 해야 옳다 깨달은 도인은 6가지 신통력을 지니는데 1.신족통(神足通, 마음대로 가고 날아다닐 수도 있는 능력), 2천안통(天眼通, 육안으로 볼 수 없는 것을 보는 능력), 3천이통(天耳通,보통 귀로 들을 수 없는 모든 소리를 마음대로 들을 수 있는 능력), 4. 숙명통(宿命通, 나와 남의 전생을 아는 능력), 5. 누진통(漏盡通, 모든 번뇌를 끊는 능력), 6. 타심통(他心通, 남의 마음속을 아는 능력)이 그것이다.

'관심'은 자기 자신의 마음을 관觀하는 것을 뜻한다. 이것이 바로 달마대사의 위 인용문이다. 관심법의 요체는, 자신에게서 매 순간 끊임없이 일어났다 사라지는 잡념, 상념, 망념 등을 알아차리는 것이다. 이것을 깨닫는 것이 영적 여행의 출발점이다. 황제 철학자 아우렐리우스도 "자기 마음의 움직임을 읽을 줄 모르는 사람은 반드시 불행에 빠지게 된다."고 경고 하였다. 성경은 "무릇 경계해야 할 것 보다 네 마음을 경계하라" 고 하였고, 법구경은 "원수의 하는 일이 어떻다 해도 거짓으로 향하는 네 마음이 내게 짓는 해악보단 못할 것이다."라고 말한다. 자신의 마음을 잘 살피는 것, 시시각각으로 일어났다 사라지는 자신의 생각을 가만히 살피는 것, 이를 호서념護善念이라 한다. 부디 호서념할지니!

3. 주홍색 연구

"A Study in Scarlet"

발표문

자연과학부 신동윤 · 김문정 · 신윤희 · 양새롬

❖ 작품 소개

한 방울의 물에서 탐구자는 태평양이나 나이아가라 폭포를 보지 않고도 추측할 수 있어야 한다. 인생은 하나의 긴 사슬이므로 그 본성을 알려면 하나의 고리를 알기만 하면 된다. 모든 다른 학문 분야처럼 탐정학도 오랫동안 끈기 있는 노력을 통해서만 습득할 수 있다. 그런데 인생은 짧다.

이 문제의 가장 어려운 점은 도덕적인 면과 정신적인 면이다.

탐구자는 그 분야에 입문하기 전에 기초부터 정복해야 한다.

우선 한 눈에 처음 만나는 사람의 경력과 직업을 알아볼 수 있도록 연습해야 한다.

그런 모습은 부질없이 보일지 모르나 그렇게 하면 관찰력이 예민해진다.

눈길을 어디에 보내야 하는지, 무엇을 찾아야 하는지 알게 될 것이다.

그의 손톱, 소맷자락, 구두, 바지의 무릎부분, 굳은살이 박힌 손가락, 표정, 커프스…

이런 것 하나하나가 그의 직업을 명확히 나타낸다.

이런 것 전부를 통합하고도 그의 직업을 짐작할 수 없다는 것은 말도 안 된다.

– 홈즈, 주홍색 연구 –

❖ 줄거리

어느 날 겨울 새벽, 브릭스턴로 로리스턴 가든 3번지에서 괴이한 사건이 일어난다. 그날 아침, 홈즈는 런던 경찰국의 그렉슨이 보낸 편지를 받는다. 그 편지는 새벽에 브릭스턴로 로리스턴 가든 3번지에서 일어난 살인사건에 대해 도움을 요청하는 이야기였다.

홈즈는 왓슨박사와 함께 브릭스턴로 로리스턴 가든 3번지 즉, 범죄현장으로 향한다. 음산한 분위기의 브릭스턴로에 있는 빈 집에 도착한 홈즈는 곧장 집안으로 들어서지는 않고 [집 주변]=[잔디에 난 마차바퀴자국과 말굽자국]을 왔다갔다 살피더니 그렉슨 경감에게 엉뚱한 질문을 한다. "그런데 경감은 [마차]를 타고 이곳에 왔소?" 경감은 어리둥절해하며 타고오지 않았다고 대답한다. 피살자가 살해된 곳은 크고 네모난 방이었는데, 사방에 핏자국이 튀어있었다. 그러나 시체에선 상처 하나 발견하지 못했다. 차림새로 보아 피살자는 부유한 중년의 남자였다. 시체의 굳어진 얼굴은 죽음의 고통을 생생히 호소하고 있었다. 이 남자의 이름은 〈이노크 J. 드리버〉(이하 드리버)로 그날 새벽 2시경에 순찰 중이던 존 랜스 경관에 의해 발견되었다. 홈즈는 시체를 살피고 마지막에 시체의 입언저리를 냄새 맡아보고, (에나멜 가죽)구두 밑창을 살펴보았다. 홈즈의 지시로 시체를 운반하던 중 반지 하나가 떨어졌다. 장식 없는 금반지는 여성의 결혼반지임이 틀림없었다. 시체의 주머니에서 꺼낸 물건 중 편지 두 통이 나왔는데, 그 중 한 통에서 '스탠거슨 앞으로'라고 쓰여 있는 걸 발견하였다. (스탠거슨은 드리버의 죽음과 관계된 사람으로, 이 사건 이후 발생한 연쇄사건의 또 다른 희생자이다.) 이때 이 사건을 맡은 또 다른 경감, 레스트레이드가 방 한구석 벽에서 범인의 피로 쓰인 것으로 보이는 〈RACHE〉라는 글을 발견하였다. 레스트레이드는 이것을 범인이 'RACHEL'이라는 여성의 이름을 쓰다가 만 것이라고 보았다. 과연 그럴까? 홈즈는 줄자와 돋보기를 꺼내 시체를 치운 방을 조사하기 시작한다. 홈즈는 바닥 한 곳에 흩뿌려진 [먼지]=[흩어진 담뱃재]를 조심스럽게 모아 봉투에 넣어 간수했다. 마지막으로 그는 벽의 글씨를 하나하나 돋보기로 주의 깊게 조사했다. 홈즈는 방을 떠나기 전에, 갈피를 못 잡고 있는 경감들이 안쓰러워 참고하라고 몇 마디 툭 던져놓는데,

"이건 살인 사건입니다. 범인은 남자, 키는 180cm이상의 중년입니다. 키에 비해서 발이 작고, 앞이 네모난 가죽 장화를 신고 있으며, 인도산 트리치노폴리라는 싸구려 잎담배를 피우고 있습니다. 범인은 네 바퀴 달린 영업용 마차를 타고 피살자와 함께 이곳에 왔습니다. 마차를 끈 말은 오른쪽 앞다리 발굽에만 새 징을 달고 나머지 세 개는 낡은 것입니다. 그리고 범인의 얼굴은 십중팔구 불그스레한 편이며, 오른손 손톱을 아주 길게 기르고 있습니다. 극히 사소한 특징에 지나지 않지만 조금은 도움이 될까 해서 말씀드립니다."

"독살입니다."

"레스트레이드 경감, 또 한 가지 말해 두겠습니다만. 'RACHE'란 독일어로 '라헤'라고 읽으며 '복수'라는 뜻입니다. L자가 빠진 것이 아닙니다. 공연히 레이첼이라는 아가씨를 찾아 헤매느라고 시간을 낭비하지 마십시오."

홈즈는 이 사건의 진실을 밝혀내기 위해, 드리버를 처음으로 발견한 경관, 존 랜스를 찾아간다. 존 랜스의 말에 의하면 브릭스턴로에

서 수상한 사람은 한명도 보지 못하였는데, 다만 술에 잔뜩 취에 몸도 잘 가누지 못하는 사람을 한 명 봤을 뿐이라고 하였다. 존 랜스는 그 사람을 부축까지 해 주었는데, 그 사람의 생김새는 키가 굉장히 크고 얼굴이 유난히 붉었다고 하였다. 홈즈는 존 랜스가 본 이 취객이 바로 범인이었다는 것을 알았다. 그러면 범인은 왜 범죄 현장 근처에 남아있었던 것일까. 반지 때문이었다. 범인은 반지를 찾기 위해 다시 온 것이었다. (홈즈가 추리한 것)

그날 저녁, 홈즈는 범인이 스스로 찾아오게 만들기 위해 다음날 조간신문 〈습득물〉란에 왓슨 박사의 이름으로 이 금반지의 주인을 찾는 광고를 낸다.

> 오늘 아침, 브릭스턴로에서 장식 없는 여성용 금반지 습득.
> 화이트 하트 태번과 홀랜드 그로브 사이의 도로에서 발견했음.
> 오늘 저녁 8시에서 9시 사이에
> 베이커가 221B번지, 왓슨박사를 찾아올 것.

홈즈는 범인이 반드시 찾아올 것이라고 확신한다. 그러나 홈즈의 예상과는 달리, 기운찬 사내가 아닌 발을 절룩거리는 주름 투성이 노파가 찾아온다. 이 노파는 그 금반지가 자신의 딸의 결혼반지라며 반지를 되찾은 후 홈즈의 방을 나온다. 홈즈는 즉시 그 노파의 뒤를 쫓아 노파가 탄 마차 뒤에 몰래 달라붙는다. 노파가 말한 주소에 도착하여 마차는 멈추었다. 그런데 마차에선 아무도 나오지 않았다. 이상히 여긴 홈즈는 마차 가까이 갔으나 이미 마차는 텅 비어있었다. 자정이 넘어 집에 온 홈즈는 추적은 실패했지만 그래도 몇 가지 알아낸 것이 있었다. 달리는 마차에서 사라진 노파는 노파가 아니라 노파로 변장한 젊은이라는 것과 범인은 혼자가 아닌, 두뇌가 비상한 제 3의 인물의 도움을 받고 있다는 것이다.

다음날, 홈즈의 집으로 그렉슨 경감이 찾아와 자신이 모든 것을 알았다며 홈즈에게 과시한다. 그러나 그렉슨은 범인부터 잘못 짚었다. 어쨌든 홈즈와 그렉슨이 얘기를 나누고 있었는데, 레스트레이드가 홈즈의 집으로 찾아온다. 평소의 경쾌하고 활력 넘치는 모습과는 달리 잔뜩 풀이 죽어있는 상태로 말이다.

레스트레이드가 한 얘기를 요약하자면 이렇다.

레스트레이드는 스탠거슨을 범인으로 지목하고 있었다. 레스트레이드는 스탠거슨이 '핼리데이 프라이빗 호텔' 2층 객실에 묵음을 알아내고 예고 없이 그 호텔로 찾아간다. 호텔의 구두닦이의 안내로 레스트레이드는 스탠거슨의 방이 있는 2층으로 올라간다. 그런데 레스트레이드는 2층 복도에서 스탠거슨의 방 문 밑으로 피가 새어 나와 괴어있는 것을 발견한다. 깜짝 놀란 레스트레이드는 문을 어깨로 부수고 방 안으로 들어갔는데, 잠옷 차림의 스텐거슨이 시체가 되어 누워 있었다! 방문은 안에서 잠겨 있었지만 창문은 활짝 열려 있었고 창가에는 물건이 흩어져 있었다. 사인은 왼쪽 가슴에 깊은 자상(칼이나 창 같은 예리한 물체에 찔려서 생긴 상처)이었다. 목격자인 우유 배달 소년의 말에 의하면 범인은 사다리를 통해서 밖으로 나오고 있었는데 너무 태연해서 호텔에서 일하는 사람이라고 생각했다고 한다. 그 소년의 말에 의하면 범인은 키가 크고, 얼굴이 유난히 붉으며, 긴 갈색 코트를 입고 있었다고 했다.

"창틀에는 알약이 두 알 든 작은 약상자가 있었소이다."

레스트레이드의 말이 끝나자 홈즈는 기뻐하며 들뜬 목소리로 외쳤다.

"사건은 해결됐습니다."

홈즈는 레스트레이드가 사건현장에서 가져온 두 개의 알약을 안락사 시킬 개에게 각각 반 토막씩을 먹인 후 경감들과 왓슨박사에게 그 결과를 보여준다. 먼저 먹인 반 토막 알약에선 아무 반응이 없었으나 나머지 반 토막 알약을 먹이자, 개는 죽었다. 잠시 후 홈즈가 조직한 부랑아 탐정단인 〈베이커가 특공대〉의 대장이 찾아와 홈즈에게 찾으라던 마부를 데려왔다고 알린다. 홈즈는 경감들에게 그 마부가 바로 며칠 동안 일어난 괴이한 살인사건의 범인이라 소개한다. 그 순간 마부는 거칠게 도망치려 몸부림쳤지만 경감들이 그를 체포한다.

❖ 사건 요약

	첫 번째 사건	두 번째 사건
언제	어느날 겨울 자정 넘어	새벽 6시
어디서	브릭스턴 로리스턴 가든 3번지	핼리데이 프라이빗 호텔
누가 살해되었는가?	이노크 J. 드리버	스탠거슨
누가 살해했는가?	제퍼슨 호프	
어떻게 죽어갔는가?	독살	칼에 찔림

❖ 사건의 내막

이야기는 사건의 발단이 된 미국 서부 개척 시대 모르몬교도의 대이동으로 옮겨간다. 모르몬교도들은 기아와 갈증으로 죽어가던 존 페리어와 어린 아이인 루시를 구출해준다. 모르몬교도들은 존 페리어에게 구해주는 대가로 모르몬교로 개종할 것을 요구하고 생존을 위해 존은 받아들인다. 세월이 흘러 존 페리어는 그들 사회에서 안정적인 지위를 얻고 존 페리어의 양녀인 루시는 유타주의 꽃으로 주목받는다. 하지만 루시는 모르몬교의 계율을 어기고 타지역 청년인 제퍼슨 호프와 사랑에 빠지게 되고, 존 페리어는 루시를 교도인 드리버나 스탠거슨의 아내로 시집보낼 것을 강요받는다. 결국 존 페리어와 루시, 그의 약혼자 제퍼슨 호프는 사냥을 나갔을 때 따라붙은 추격자에 의해 존 페리어는 죽어 묻히고 루시는 잡혀가 모르몬교도 중 하나인 드리버와 결혼한다. 원치 않는 결혼에 루시는 괴로워하다 죽게 되고 사랑하는 이들을 잃어버린 제퍼슨 호프는 인생을 건 복수를 다짐한다.

❖ 인물 소개

- **탐정** : 셜록 홈즈
- **형사** : 토비아서 그렉슨, 레스트레이드
- **피살자** : 드리버, 스탠거슨
- **범인** : 제퍼슨 호프

❖ 인물관계도

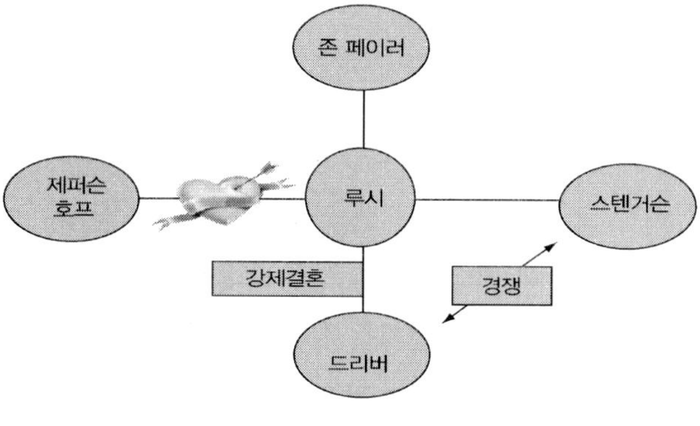

❖ 홈즈의 추리과정

1. 범행 장소에 도착하여 집 주변을 살펴보고 집 앞의 마차바퀴자국 발견
2. 시신의 상태와 시신의 입에서 어떤 냄새가 나는지 알아봄
3. 피살자의 신원에 대한 정보를 얻음(이름, 여성의 결혼반지, 흩어져 있는 회색 담뱃재를 통해 범인에 대한 정보를 얻음)
4. 사건장소를 발견한 존 랜스를 찾아가 사건 현장에 대하여 물어보며 존 랜스의 대답을 통해 붉은 얼굴에 갈색 코트를 입은 이가 범인임을 확신함
5. 피살자에게서 발견한 여성용 금반지의 주인을 찾는다는 광고를 왓슨박사의 이름으로 신문에 냄
6. '소여'라는 할머니가 찾아와 자신의 딸이 서커스를 보러 갔다가 떨어뜨린 것이라고 하면서 반지를 찾아감
7. 홈즈는 할머니를 쫓아가지만 놓치고 맒
8. 베이커가 특공대를 통해 범인을 집 앞으로 부름
9. 범인 체포

❖ 지표의 의미

1. 〈RACHE〉

범죄현장 벽에 살인자가 자신의 피로 남기고 간 글이다. 벽에 쓰여진 이 글의 높이로 범인의 키180cm이상를 대략적으로 알 수 있는데, 사람은 글씨를 쓸 때 자신의 눈높이에 맞추어 쓰기 때문이다. 레스트레이드는 〈RACHE〉라는 글자를 보고 여성의 이름인 〈RACHEL[레이첼]〉을 떠올려 그 여인을 찾으면 된다고 보았으나, 홈즈는

〈RACHE〉를 보고, 독일어로 〈복수〉를 의미한다는 것이라고 보았다. A는 독일식으로 쓰여져 있어서 형사들은 범인이 독일인일거라고 추측했다. 하지만 홈즈는 만일 독일인이었다면 A를 라틴 문자로 썼을 거라며 범인은 독일인이 아니라고 했다.

2. 글씨 아래의 회벽의 긁힌 자국

벽에 남겨진 〈RACHE〉라는 글씨와 함께 남겨진 흔적이다. 이것을 보고 홈즈는 범인의 오른손의 손톱이 유난히 길었을 것이라고 추리했다. 손톱이 짧다면 자국이 없었을 것이기 때문이다.

3. 바닥에 흩어져 있는 담뱃재

홈즈는 범죄현장 바닥에 흩어진 담뱃재를 모아 그 담배에 관하여 알아냈다. 빛깔이 검고 조각이 얇게 떨어져있는 담뱃재였다. 이런 재가 나오는 담배는 트리치노폴리뿐이라고 홈즈는 말했다. 담뱃재만으로 그 담배의 이름을 알 수 있었던 것은 홈즈가 담뱃재에 대해 논문을 쓰기까지 하면서, 면밀히 연구해왔기 때문이다.

4. 피살자에게서 떨어진 금반지

여성의 반지로 사건의 배후에 여성이 있음을 알게 한다.

5. 마차의 바퀴자국 +말발굽

지난 밤 일주일만의 비로 모든 자국이 없어졌을 것이나 사건장소 앞에는 마차의 바퀴자국이 선명하게 남아있었다. 경찰청의 누구도 마차를 타고 오지 않았으므로 범인과 피해자가 타고 온 것으로 볼 수 있다. 마차 바퀴 사이가 좁은 영업용 사륜마차였으며 말의 편자는 낡은 것이나 앞발 하나에 끼워진 편자는 다른 셋에 비해서 훨씬 또렷하게 패여 있어서 새 것임을 알 수 있다. 도로의 마차바퀴자국은 말이 주인 없는 상태에서 서성거리고 있었음을 나타낸다.

6. 에나멜 발자국과 각진 구두코 발자국

두 발자국이 팔짱이라도 낀 듯이 다정하게 길을 올라왔다. 에나멜 발자국은 가만히 서있었다. 각진 구두코 발자국(범인의 발자국으로 추정됨)은 점차 보폭이 커졌으므로 각진 구두코 발자국의 주인이 흥분했을 것임을 알 수 있다.

7. 바닥에 떨어진 핏자국

각진 구두코의 발자국 앞에 떨어져 있었다. 몸에 피가 많은 사람이 아니라면 이런 식으로 흥분해서 피를 흘릴 리가 없으므로 얼굴이 붉음을 알 수 있다.

8. 피해자 입가의 냄새

신 냄새를 맡고 독살이라는 것을 알 수 있다.

9. 먼지에 의해 남은 발자국

보폭을 통하여 키를 유추할 수 있다.

10. 1.3M의 물웅덩이 폭

각진 구두코의 발자국이 1.3M의 물웅덩이 앞뒤로 있었으므로 웅덩이를 뛰어넘었다는 것을 알 수 있다. 그 정도의 거리를 수월하게 뛰어넘었다는 것은 적어도 힘없는 노인은 아니라는 것을 나타낸다.

11. 두 개의 알약이 든 작은 상자

스텐거슨의 살해 장소에서 발견되었다.

이것으로 홈즈는 범인인 제퍼슨 호프가 드리버를 죽였다는 것을 알았다.

4. 악마의 발

"The Advunture of the Devil's Foot"

발표문

수학과 김수진 · 허지예 · 서아롱, 정보통계학과 박효정

인물 소개

- 셜록 홈즈: 자신의 생활이 널리 알려지는 것을 꺼려함.
  침울하면서도 냉소적임. 사람들의 이목을 끈다거나 열광적인 찬사를 듣는 것을 매우 싫어함.
  다만 사건을 멋지게 해결한 후 명백한 결말을 담당 수사관에게 넘겨준 다음, 대중들이 수사관에게 쏟는 찬사를 조롱하는 듯한 미소로 듣는 일을 즐김.
- 왓슨: 신중하고 과묵한 편임.
- 목사 라운드헤이: 비대하고 붙임성 있는 중년남자. 수다스러움.
- 모티머 트리제니스: 목사관의 방을 빌려 살고 있음.
  목이 바싹 야위고 거무스름한 얼굴에 안경을 끼고 있음.
  등이 굽은 기형이며 과묵하고 슬픈 얼굴을 하고 있는 내성적인 남자.
- 오웬과 조지: 모티머 트리제니스의 형들.
- 브렌다: 모티머 트리제니스의 여동생.
- 포터부인: 모티머 트리제니스의 가족이 살고 있는 집의 요리사이자 가정부인 나이든 여자.
- 레온 스턴데일 박사: 사자사냥의 명수이자 세계적으로 유명한 탐험가.
  브렌다와 사랑하던 사이임.

❖ 줄거리 소개

어느 해 봄, 무쇠 같은 건강을 자랑하던 홈즈도 힘든 일을 계속하자, 더는 견디지 못하고 건강이 악화되기 시작했다. 홈즈는 일에 너무 골몰한 나머지 평소 자신의 건강상태에 대해 그다지 신경을 쓰지

못했지만, 영원히 탐정 일을 못하게 될 수도 있다는 의사의 협박에 못 이겨 콘월 반도 극단에 있는 폴두 만 근처의 작은 오두막이라는 아주 낯선 곳으로 가서 완벽한 휴식을 하기로 마음먹었다.

콘월 반도 가장 가까이 있었던 마을은 트레더닉 월래스로, 200여 주민들의 오두막이 이끼 낀 낡은 교회 주변에 옹기종기 모여 있는 곳이다. 이 교구의 목사 라운드헤이는 고고학 취미가 있었고 그 때문에 홈즈와 알게 되었다. 그곳에는 목사관의 방을 빌려 살고 있는 모티머 트리제니스라는 신사도 있었다. 어느 날 갑자기 이 두 사람이 홈즈의 거실로 들이닥쳤다. 바로 전 날 저녁, 트리제니스는 그의 형제들인 오웬과 조지, 그리고 여동생 브렌다와 함께 그들의 집에서 시간을 보냈다. 트리제니스는 열 시가 조금 지나자 저녁 식탁에 둥글게 앉아 카드를 하는 그들을 남겨 두고 나왔다. 그 때까지 그들은 건강하고 말짱한 정신이었다. 그리고 트리제니스는 다음 날 아침 일찍 일어나 식사 전에 그 집 방향으로 산책하다가 급히 집으로 와 달라는 전갈을 받고 마차를 타고 달려오던 리처드 박사를 만났다. 함께 집에 도착해보니, 트리제니스씨의 두 형과 여동생은 전 날 그 모습 그대로 식탁에 앉아 있었는데 카드는 여전히 앞에 펼쳐져 있었고 촛불은 바닥까지 다 타 버린 채였다. 브렌다는 의자에 기댄 채 싸늘한 사체로 변해 있고, 두 형은 각각 그녀 옆에 정신이 나간채로 앉아 있었다. 그들의 표정에는 무시무시한 공포의 빛이 서려 있었다. 집에는 요리사이자 가정부인 나이 든 포터부인 외에 다른 사람은 아무도 없었고, 부인은 깊이 잠들어 있었기 때문에 간밤에 아무런 소리도 듣지 못했다. 없어지거나 흐트러진 물건 역시 없었다. 모티머 트리제니스는 악마가 한 짓이라며 울부짖었다. 트리제니스는 돈을 나누는 과정에서 감정적인 문제가 있었기 때문에 가족과 같이 있지 않고 따로 방을 얻어 살고 있었다. 트리제니스의 진술에 따르면 창문 너머 조지와 자신이 창문 너머 잔디밭 수풀 사이로 뭔가를 보았다고 했다.

그 날 오후, 사자 사냥의 명수이자 세계적으로 유명한 탐험가 레온 스턴데일 박사가 찾아온다. 그는 아프리카로 향하던 중 아침에 소식을 듣자마자 곧바로 달려왔다. 그는 상당히 무례한 태도로 홈즈에게 이것저것 물어보고 별다른 소득을 얻지 못하고 돌아간다.

그리고 얼마 후 목사가 허겁지겁 찾아와 그의 가족들과 똑같은 증상을 보이며 죽은 모티머 트리제니스의 사망 소식을 전한다. 홈즈와 왓슨은 사건 현장을 방문한다. 방안은 지독하게 불쾌한 공기로 꽉 차 있었다. 모티머 트리제니스의 얼굴은 창을 향해 있고 공포로 일그러져 있었다. 홈즈는 그곳에서 몇 가지 증거를 찾아낸다. 그리고 그 증거들을 토대로 결국 범인이 스턴데일 박사인 것을 알아낸다. 스턴데일 박사는 브렌다와 사랑하던 사이였고, 브렌다를 죽인 범인이 모티머 트리제니스인 것을 알아내고 복수를 한 것이었다. 홈즈와 왓슨은 스턴데일 박사를 비난하지는 않기로 하고 사건은 마무리된다.

❖ 인물 관계도

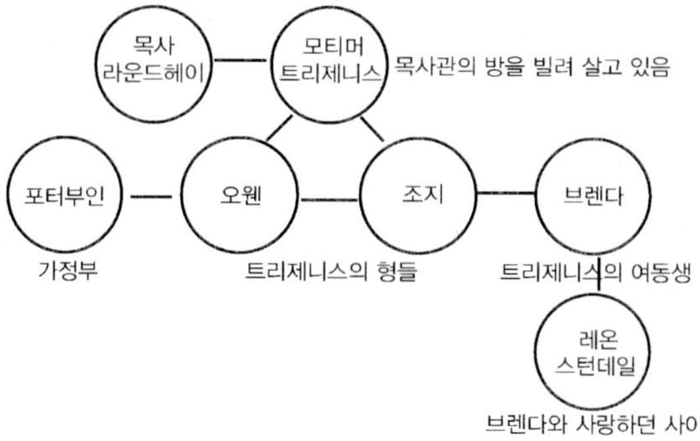

❖ 사건의 추리

(1) 모티머씨의 진술

형제의 집에서 저녁식사 후 카드게임을 하고 열시 십오분경 자리에서 일어났고 형제들은 여전히 자리에 앉아 카드게임을 하고 있었다. 포터부인이 잠자리에 들어 직접 문을 열고 나왔고 현관문을 잠금. 방의 창문은 닫혀있었고 커튼은 젖혀놓은 상태. 아침에 갔을 때에는 어젯밤 그대로였고 누군가 다녀간 흔적은 보이지 않음. 저녁식사 도중 맞은편에 앉은 형이 밖에 누군가 있는 것 같다는 느낌을 받았다했고 자신 역시 그런 느낌을 받았다고 함.

⇨ 홈즈는 모티머의 진술이 전부 사실이라고 가정하면 사건은 모티머가 떠난 직후에 발생한 것이라고 추측한다. 이유는 카드가 여전히 테이블 위에 펼쳐져 있었고 그 시간은 벌써 사람들이 잠자리에 들어있을 시간이었으며 형제들이 앉아 있던 방에서 위치 이동이나 의자의 움직임이 없었기 때문에 모티머가 집에서 떠난 뒤 불과 몇 분 사이에 일어난 사건이라고 생각한다.

(2) 모티머는 형제들이 사는 집이 아닌 목사관에서 혼자 하숙을 하고 있음.

⇨ 홈즈는 여기서 형제들과 모티머의 사이가 좋지 않음을 알아낸다. 모티머는 형제들과 집안의 주석광산을 팔아 생긴 돈을 나누는 과정에서 감정이 쌓여 한동안 앙금이 남아 있었지만 지금은 좋은 친구로 지내고 있다고 말한다. 이 사실 때문에 홈즈는 용의자 선상에 모티머를 넣고 모티머의 진술대로 제 3의 인물도 용의자에 포함시킨다.

(3) 홈즈는 집 안으로 들어가기 전에 생각에 잠긴 얼굴로 꽃밭 사이로 난 길을 천천히 거닐다가 물뿌리개에 걸려 넘어질뻔 함. 그때 물이 엎질러져 사람들의 발과 길이 젖음.

⇨ 물뿌리개를 엎지른 것은 홈즈의 실수가 아닌 고의였다. 그는 일부러 모티머의 발자국을 얻어낸다. 지난밤에 온 비로 인해 길이 젖어서 발자국이 뚜렷이 남았고 꽃밭 사이 길 위에서 얻은 모티머의 발자국 표본으로 길의 발자국을 비교해 발자취를 따라 가보니 지체 없이 목사관 쪽으로 간 것을 확인한다.

(4) 창 밖에 있는 꽃밭에는 발자국이 전혀 없었음.

⇨ 제 3의 인물이 카드를 하던 형제들에게 영향을 끼쳤다면 어젯밤에 구름이 잔뜩 끼고 비가 뿌리고 어두웠기 때문에 유리창에 얼굴을 바짝 대야 안에서 밖이 보였을 것이다. 따라서 누군가 놀래킬 의도였다면 창에 얼굴을 가까이 해야 했는데 창밖의 꽃밭에는 발자국이 전혀 없었으므로 창밖에 누군가가 있었을 수는 없다.

(5) 죽은 모티머는 서둘러 옷을 입은 흔적이 있긴 했지만 제대로 의복을 갖추고 있었음. 침대에서 잔 흔적이 있었음.

⇨ 모티머가 죽은 것은 아침이라는 사실을 알 수 있다.

(6) 첫 번째 사건에서 가장 먼저 사건을 발견하고 방에 처음 들어간 그 집의 가정부인 포터 부인이 방에 들어가자마자 쓰러짐. 창문을 열어놓은 상태였는데 모티머와 의사가 방 안에 들어갈 때 의사가 방에 들어가자마자 쓰러짐. 두 번째 사건에서 방에 처음 들어간 하녀는 앓아누움. 창문이 열린 상태였는데 홈즈와 왓슨이 방에 들어갔을 때 공기가 지독하게 답답함을 느낌.

⇨ 홈즈는 공기가 매우 답답하고 사람들이 졸도했었다는 사실에서 공기 중에 독가스가 퍼져 있다고 추측했다.

(7) 첫 번째 사건에서는 난로가 타고 있었고 두 번째 사건에서는 등잔불이 타고 있었음. 등잔불 기름의 닳은 정도.

⇨ 등잔불 기름의 닳은 정도를 보아 해가 뜨고 난 뒤 한참 뒤에 등잔불을 킨 것이다. 첫 번째 사건에서는 날이 춥고 눅눅했기 때문에 난로를 피웠지만 등잔불은 굳이 필요하지 않은 상태였다는 점에서 독가스와 불이 연관이 있다는 것을 알아냈고 여기서 홈즈는 두 사건 모두 뭔가가 불에 타면서 유독 가스를 내뿜었다는 추리를 하게 된다. 그래서 등잔을 살피는데 등잔의 활석 덮개나 등피에 묻은 흰 재와 타지 않은 갈색가루를 발견하고 이 가루가 연소되면서 사건이 발생했다고 추측하게 된다. 그 가루가 바로 '악마의 발(Radix pedis diaboli)'이다.

(8) 모티머의 진술 중 창 밖에 누군가 있는 것 같다는 말.

⇨ 사람들의 주의를 돌려놓기 위한 모티머의 거짓 진술이다. 그가 나가면서 난로에 약을 뿌린 것이라는 결론을 내린다.

(9) 레온 스턴데일 박사는 라운드헤이 목사의 전보를 받고 아프리카에 가려고 일부의 짐을 아프리카로 보내고 플리머스 항까지

갔다고 다시 돌아옴. 자신은 먼 외친척이어서 사건을 듣고 돌아왔고 홈즈에게 사건에 대해 어떻게 생각하냐고 물어봄.

⇨ 레온 스턴데일은 자신이 트리제니스 가족의 먼 외친척이라고 했으나 그 정도의 이유로 돌아왔다고 하기에는 무리가 있다는 추측을 하고 홈즈는 그를 의심하게 된다.

(10) 스턴데일이 살던 집 대문 옆에 무더기로 쌓여 있는 붉은 자갈과 그가 신고 있던 테니스화.

⇨ 모티머의 살인사건이 일어나 모티머의 하숙집을 살펴본 결과, 창문 아래에서 스턴데일이 신은 테니스화의 발자국과 붉은 자갈을 발견하고 잔디밭에서는 시거의 재를 발견하여 홈즈는 스턴데일이 모티머를 살해했다는 결론을 내린다.

읽을거리

불교의 지혜-2

不怕念起
只怕覺遲

(생각이 떠오르는 것을 두려워 말고,
그것을 빨리 알아차리지 못함을 두려워하라)

밤에만 꿈을 꾸나? 우리는 벌건 대낮에도 꿈을 꾼다.
온갖 잡생각이 나는 것, 그것은 어찌할 수가 없다.
중요한 것은 지금 나에게 이런 생각이 떠올랐다는 사실을 빨리 알아차리는 (mindfulness)것이다. 알아차리면 신기하게도… 사라진다!

5. 네 개의 서명

"The Sign of Four"

발표문

홍지연, 최정원, 강소미

인물 소개

- **셜록 홈즈**: 명탐정으로, 메리 모스턴에게 사건의 의뢰받고 이를 해결하게 된다.
- **존 H. 왓슨**: 홈즈의 영원한 단짝이자 조수이다.
- **메리 모스턴**: 10년 전 아버지의 실종 사건과 6년 전부터 배달되어 오는 진주에 대해 의문을 품어왔다. 급기야 정체불명의 사람으로부터 만나자는 연락을 받고 홈즈에게 사건을 의뢰한다. 사건의 해결과정에서 왓슨과 특별한 관계로 발전하여 후에 그의 부인이 된다.
- **새디어스 숄토**: 아버지 숄토 소령 대신 메리 모스턴에게 정당한 보상을 해주려고 하지만, 형 바솔로뮤 숄토 살인 사건의 유력한 용의자로 체포된다.
- **바솔로뮤 숄토**: 새디어스 숄토의 쌍둥이 형으로 매우 탐욕스럽다. 숄토가(家)가 살고 있는 폰디체리 저택에서 우여곡절 끝에 숄토 대령이 숨겨 놓은 보물을 찾아내지만, 결국 방문이 잠긴 방 안에서 살해당한 채 발견된다.
- **존 숄토 소령**: 안다만 교도소 경비 장교로 숄토 형제의 아버지이자 모스턴 대위와는 절친한 친구 사이이다. 카드 노름으로 큰 빚을 지고 위기에 몰려 있던 차에 조나단 스몰에게 보물에 관한 이야기를 듣는다. 이후, 대저택에서 부유하게 살지만, 인도에서 온 한 통의 편지를 받고 시름시름 앓다 죽고만다.
- **모스턴 대위**: 안다만 교도소 경비 장교로 메리 모스턴의 아버지이다. 1878년 영국으로 돌아온 뒤 실종된다.
- **조너선 스몰**: 한번 목표로 세운 일은 꼭 해내고 마는 집념과 고집을 가졌다. 살아남기 위해서 보물의 존재를 알렸다가 배신당한 뒤 복수하겠다는 일념으로 살아왔다.
- **통가**: 안다만의 원주민으로 죽을 병에 걸렸던 그를 조나단 스몰이 구해주어 그에게 충성을 다한다. 하지만 과도한 행동 탓에 비극적 결말

을 맞게 된다.

- 압둘라 칸: 시크교도. 조나단 스몰을 위협해 보물 강탈 사건에 개입시킨다.
- 마호메트 싱: 시크교도. 압둘라 칸의 동료다.
- 도스트 아크바르: 여행 중에 아흐메트와 동행하다 보물의 존재를 알게 된다. 압둘라칸, 마호메트 싱과 함께 보물을 강탈할 계획을 수립한다.

❖ 작품 소개

이 책 『네 개의 서명』은 명탐정 홈즈가 등장하는 코난 도일의 추리소설 중에서 가장 추리력과 박진감이 넘치는 장편소설이다. 여기서 홈즈의 영원한 단짝 친구이자 조수인 왓슨은 사건의 의뢰인이었던 여인과 사랑의 결실을 맺게 된다.

이야기는 한 여인이 자신에게 일어난 이상한 일과 아버지의 실종 사건을 홈즈에게 의뢰하면서 시작한다. 그런데 조사 도중에 살인 사건이 발생하고, 그 현장엔 의문의 네 사람의 서명이 적힌 쪽지가 발견된다. 또한 엄청난 보물이 그 뒤에 숨어 있다는 사실이 밝혀지면서 목숨을 건 범인과 홈즈의 추격전이 펼쳐진다.

❖ 인물 관계도&소개

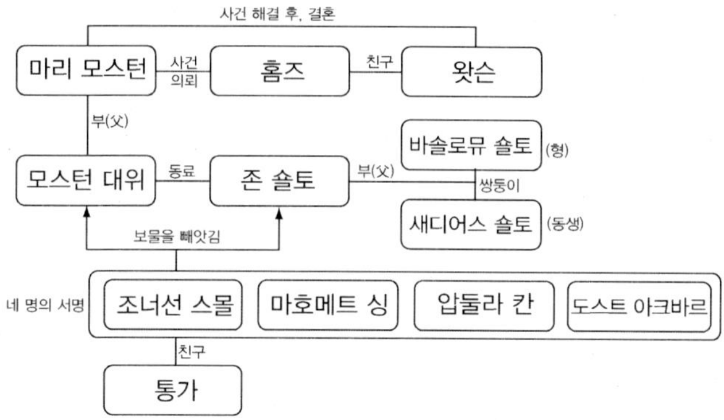

❖ 줄거리

어느 날, 메리 모스턴이라는 한 여성이 홈즈에게 의뢰를 맡기기 위해 찾아오게 된다. 인도 주군 연대의 장교로 근무했던 그녀의 아버지 때문에 메리 모스턴은 아주 어렸을 때부터 혼자 영국에 있게 된다. 그 후, 아버지가 휴가를 얻어 영국에 왔다는 소식을 듣고 아버지를 만나러 갔지만 그녀의 아버지는 그녀를 만나지 못한 채 실종되고 만다. 세월이 흐른 뒤, 어느날 신문에 그녀의 연락처와 주소를 묻는 광고가 실리게 된다. 이에 그녀가 연락처를 보내자, 그 다음부터 매년 같은 날마다 그녀에게 희귀하고 값비싼 진주가 배달되게 된다. 그런데 이번에 그녀는 이상한 내용의 편지를 받게 된다.

'당신은 피해자이니 대가를 받아야만 한다'는 내용의 익명의 친구라는 사람이 보낸 편지는 그녀에게 친구 두 명을 데리고 함께 만나자고 제안했고, 그녀와 홈즈 일행은 함께 익명의 친구를 만나러 간다.

편지를 보낸 사람을 만나기 위해 가는 도중, 그녀는 홈즈와 왓슨에게 아버지가 가지고 있던 종이를 보여준다. 그것은 인도산 종이로 건물의 일부를 그린 도면으로 추정되며 기묘한 표시들이 있고 마지막에는 갈겨쓴 글씨로 '네 개의 서명 - 조나단 스몰, 마호메트 싱, 압둘라 칸, 도스트 아크바르'라고 적혀져 있었다. 약속 장소에 도착한 그들은 편지를 보낸 익명의 친구가 메리 모스턴의 아버지의 동료 숄토 소령의 쌍둥이 아들 중 한명인 새디어스 숄토였다는 것을 알게 되고 그는 인도에서 온 편지를 받고 시름시름 앓다가 유언으로 남긴 숄토소령의 이야기를 해주었다. 어느 날, 숄토 소령과 모스턴 대위는 인도에서 보물을 발견하고 영국을 귀국했지만 먼저 보물을 가지고 영국에 도착한 숄토 소령이 모스턴 대위에게 그의 몫을 지불하려 하지 않으려다 다툼이 일어났고, 심장이 약했던 모스턴 대위가 다툼 끝에 그만 죽어버렸고 숄토 소령은 죽기 전 재산의 반은 메리 모스턴의 것이라면서 자신이 죽은 뒤 메리 모스턴에게 자신이 준비해둔 진주 금관을 보내라고 부탁했다. 그런데 그 순간, 숄토 소령은 창밖에 남자가 있다며 화들짝 놀란다. 두 형제가 밖을 확인하러 간 사이 숄토 소령은 숨을 거두고 그의 가슴에는 네 개의 서명이 적힌 쪽지가 남겨져 있었다고 했다. 두 형제는 아버지가 숨겨둔 보물을 저택의 천장에서 찾게 되고 새디어스는 메리 모스턴에게 자신의 형 바솔로뮤로부터 보물의 몫을 지켜야한다고 제안한다.

그런데 그들이 형의 저택에 도착했을 때 이미 바솔로뮤는 독침으로 살해당한 뒤였다. 그의 곁에는 또다시 네 개의 서명이 담긴 쪽지가 남겨져 있었다. 그리고 천장에 있던 보물 또한 사라진 뒤였다. 홈즈는 문이 잠겨 있었던 점과 창틀에 진흙이 묻은 발자국, 둥근 진흙 자국이 남아있었던 점을 통해서 바솔로뮤를 살인한 사람이 의족을 한 자라는 사실을 밝혀냈다. 또 벽을 타고 창문에 기어오르는 것은 불가능하기 때문에 공범이 있을 것이라 추측한다. 공범은 방문, 창문, 굴뚝으로도 들어오지 못하기 때문에 천장에서 지붕으로 나가는 들창으로 들어왔음을 확인한다. 다시 말해서 공범이 먼저 침입한 뒤에 밧줄을 내려 의족을 한 사람이 쉽게 들어올 수 있도록 창문에 밧줄을 내려준 것이다. 또한 천장에는 범인이 밟은 크레오

소트라는 약물이 묻은 작은 발자국이 곳곳에 찍혀 있었다. 또 홈즈는 지붕에서 기왓장의 헐거워진 부분들을 통해서 범인의 이동경로를 파악하고, 지붕의 떨어져있는 독침을 통해 자신의 추리를 입증했다. 그리고 숄토 소령이 생전에 의족을 한 백인들을 경계했었던 점을 통해서 네 개의 서명 중에 백인인 조나단 스몰이 바솔로뮤를 살인한 범인 중 한 명이라 추측한다.

이후 홈즈는 범인들을 추적하기 위해서 개의 후각을 이용해 범인들이 도주할 때 사용했던 선착장을 발견하게 된다. 이를 통해서 홈즈는 범인들이 사용했을 증기선에 대한 증언 등을 토대로 범인들의 배의 위치를 알아냈다. 강에서의 추격전 끝에 공범인 원주민 통가는 목숨을 잃고 말았지만 조나단 스몰은 잡을 수 있었다.

❖ 사건의 단서

1) 사다리 – 홈즈는 다락방으로 이어진 사다리를 타고 올라가 다락방에서 작은 들창을 발견하게 되고 범인이 이곳으로 들어왔다고 추리한다.
2) 지팡이&이상한 발자국 – 탁자 옆에서 발견된 외나무 다리모양의 발자국과 지팡이를 발견하여 홈즈는 범인이 한 쪽 다리가

불편한 사람이란 것을 짐작한다.

3) 건물높이&밧줄 – 홈즈는 18m나 되는 사건현장은 다리가 불편한 사람이 오르기엔 힘들 것으로 추측하여 다른 공범이 밧줄로 그를 도와주었을 것으로 추리한다.
4) 작은 발자국&독침 – 홈즈는 서적을 통해 인도의 안다만 제도의 원주민이 유독 체구가 작고 독침을 쏘는 특징을 갖는다는 것을 확인하여 또 다른 공범이 이 원주민임을 추측한다.
5) 깨진 유리병 – 현장의 범인이 밟아 깨진 유리병에 지독한 냄새의 크레오소트가 들어있다는 것을 발견하여 그 냄새를 명견 토비를 통해 추격하여 선착장까지 이어진 것을 보고 범인들이 배를 타고 도주했음을 간파한다.
6) 배 대여소 – 냄새가 끊긴 선착장 근처, 증기선 대여소에서 그날 새벽 3시 쯤 오로라 호라는 배가 대여되었음을 확인하고 이를 추적한다.
7) 베이커가 특공대

❖ 사건의 진상

조너선 스몰은 인도에 주둔하는 군인 출신으로 불의의 사고로 인도에서 다리를 잃고 만다. 그 후로 영국인들이 지배하는 인도 농장의 감독관으로 일하게 된다. 하지만 곧이어 세포이 항쟁이 발생하고 그는 아그라의 성으로 도망치게 된다. (아그라의 성=세포이의 항쟁에 맞선 영국군들의 주둔지) 스몰은 아그라의 성에서 야간 경비 책임자로 일하게 되는데, 갑자기 나타난 압둘라 칸이 총을 겨누면서 그에게 협력을 요구한다. 아그라의 성에 있는 보물을 찾아 함께 나누자는 말에 스몰은 동의하게 되는데, 그 보물은 북부 지방의 군주가 아그라의 요새에 숨겨둔 것이었다. 그 군주는 아흐메트라는 하인을 보내 그 보물을 되찾을 생각이었지만, 압둘라 칸과 의형제를 맺은 도스트 아크바르와 동행하다 그만 비밀을 누설하고 만다. 이후 서로 행동을 함께하던 시크교도인 압둘라 칸, 도스크 아크바르, 마호메트 싱과 군주의 하인인 아흐메트를 살해하고 세포이의 항쟁이 끝난 후에 보물을 다시 찾아 나누기로 한다. 하지만 이후 세포이의 항쟁이 진압되자마자 그들은 아흐메트의 주인인 군주에 의해 아흐메트의 살인죄로 체포된다. 네 사람은 탈출하려는 시도를 하지만 불가능했기에 꾀를 내게 되는데, 도박으로 빈털터리가 된 숄토 소령과 그의 친구인 모스턴 대위를 끌어들이는 것이었다. 즉 압둘라, 도스트, 마호메트, 스몰이 자유의 몸이 되는 대신에 보물을 두 사람에게 나눠준다는 것이었다. 스몰은 숄토 소령이 먼저 보물을 확인하고 돌아올 수 있도록 지도를 자세하게 그린 뒤에 압둘라, 아크바르, 마호메트와 자신의 이름을 지도 아래에 적어 놓았다. 이것이 바로 메리 모스턴이 가지고 있던 기묘한 기호들이 있던 종이었던 것이다. 그런데 이후 숄토 소령은 감감 무소식이었고 모스턴 대위가 확인했을 때 이미 숄토 소령은 인도를 떠난 뒤였다. 다섯 명과의 약속을 어긴 채 숄토 소령이 혼자 보물을 독점하고 떠난 것이었다. 이후 복수의 칼을 갈며 살아온 스몰은 감옥에 있을 때 그가 극진히 간호하여 살려놓은 원주민 통가와 함께 감옥을 탈출하게 되고, 숄토 소령을 찾아다닌다. 그 후, 폰디체리 저택을 발견하고, 이에 대한 감시를 늦추지 않다가 보물이 숨겨져 있다는 사실을 알아 챈 뒤에는 통가와 함께 보물을 훔치기 위한 범행을 저지른 것이었다. 하지만 보물을 훔쳐서 달아나던 도중 홈즈의 추격에 곧 붙잡힐 것을 예감한 스몰은 아무도 그 보물을 가질 수 없게 보물을 강에 던져버리고 만다.

6. 얼룩무늬 끈

"the Adventure of the Speckled Band"

발표문

미술사학과 윤경선 · 이지현, 영어영문학과 김현영

이 방에는 기묘한 점이 몇 가지 있어.
예를 들면, 환기구가 옆방으로 뚫려 있거든,
같은 수고를 들여서 바깥의 공기와 통하게 할 수도 있는데,
이런 바보짓을 하는 목수가 또 있을까?

- 홈즈, 얼룩끈 -

의사가 그릇된 길로 들어서면 최고의 범죄자가 되지.
담력과 지식을 갖추고 있으니까.

- 홈즈, 얼룩끈 -

인물 소개

- **헬렌 스토너**: 쌍둥이 언니를 잃고 홈즈에게 사건을 의뢰하는 약 30대의 여성.
- **그림즈비 로일럿 박사**: 영국의 색슨족 가문 중 가장 오래된 가문인 스토크 모런의 로일럿 가문의 후손. 한 때 부유했으나 선조들의 낭비벽으로 많던 재산을 잃어버린 인물.
- **줄리어 스토너**: 헬렌 스토너의 쌍둥이 언니. 결혼을 앞두고 방 안에서 의문의 휘파람 소리를 들은 뒤 목숨을 잃게 되는 인물.

❖ 작품소개

〈얼룩무늬 끈〉은 셜록 홈즈의 모험에 실린 열두 개의 에피소드 중 여덟 번째 소설로, 1892년 2월 '스트랜드 매거진'에 발표되었다가 후에 단행본 '셜록 홈즈의 모험'에 수록되었다. 작가 코난 도일이 마음에 드는 홈즈 시리즈 작품을 골라달라는 부탁을 받았을 때도 1위로 꼽은 것이 바로 〈얼룩무늬 끈〉이었다. 폭력적인 새아버지와 함께 사는 쌍둥이 자매, 결혼식 전 의문의 휘파람 소리와 함께 죽음을 맞이한 언니 줄리어가 남긴 단서인 얼룩무늬 끈, 그리고 헬렌의 귀에 다시 들려오는 휘파람 소리, 얼룩무늬 끈에 감춰진 비밀이 무엇인지 그의 추리가 시작된다.

❖ 인물 관계도

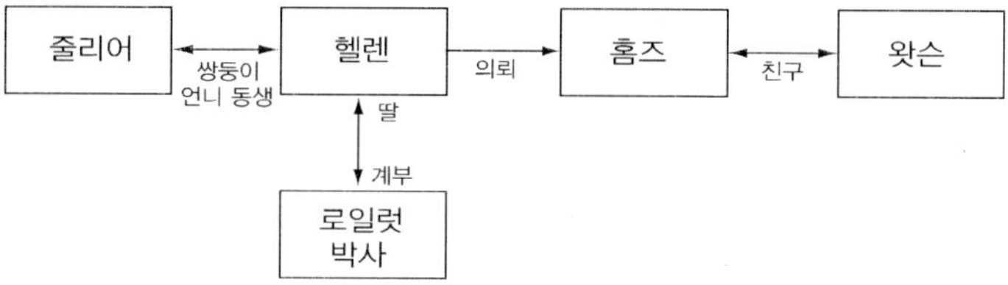

❖ 줄거리

1883년 4월 초 어느 날 아침, 셜록 홈즈와 그의 절친한 친구인 존 왓슨은 한 여인의 방문을 받게 된다. 여인의 이름은 헬렌 스토너로 최근에 쌍둥이 언니를 잃고 자신의 목숨 역시 위협을 받고 있는 인물이다. 그녀는 홈즈와 왓슨에게 자신의 인생과 언니와 계부에 관한 이야기를 해 준다. 그녀의 계부인 그림즈비 로일럿 박사는, 한때 영국에서 가장 부자였으나 선조들의 낭비벽으로 재산을 모두 탕진해버린 가난한 귀족 가문인 스토크 모런의 로일럿 가문의 후손이다. 그림즈비 로일럿 박사는 친척에게 돈을 꾸어 의과 공부를 한 뒤 인도의 캘커타로 건너가 개업을 한다. 그는 이 때 줄리어와 헬렌의 어머니와 만나 결혼을 하게 된다. 상당한 재력가였던 줄리어와 헬렌의 어머니는 딸들이 결혼

을 할 시, 재산의 일부를 상속해 주어야 한다는 조항 하에 로일럿 박사에게 자신의 전 재산을 물려주고 영국으로 귀국한 지 얼마 지나지 않아 사망한다. 이후 스토크 모런으로 돌아간 이들은 줄리어와 헬렌의 어머니가 남겨준 유산으로 편안한 생활을 이어가지만 로일럿 박사의 괴팍한 성격으로 인해 줄리어와 헬렌은 고통을 받게 된다. 그러던 중, 줄리어는 한 해군 소령을 만나 결혼을 약속하게 되고 얼마 지나지 않아 그녀는 사망하게 된다.

줄리어와 사망 전 남긴 단서는 휘파람 소리를 들었다는 사실과 얼룩무늬의 끈을 보았다는 말 뿐이다. 이후 세월이 지나 헬렌 역시 결혼을 약속한 배필이 생겼다. 그러자 로일럿 박사는 헬렌의 기존 방을 수리한다는 명목으로 헬렌을 과거 줄리어가 쓰던, 그의 옆방으로 옮기게 하고 그날 밤 헬렌은 언니를 죽음으로 몰고 갔던 바로 그 휘파람 소리를 듣게 된다. 겁에 질린 그녀는 홈즈와 왓슨을 찾아가 그녀의 이야기를 전하고, 홈즈와 왓슨은 그녀를 도와주기로 하고 스토크 모런으로 찾아간다. 로일럿 박사가 부재중인 틈을 타, 헬렌의 기존 방과 현재의 방을 살펴본 홈즈는 몇 가지 흥미로운 사실을 발견했다. 홈즈는 헬렌 스토너에게 그날 밤 그녀의 기존 방에서 자고 홈즈 자신과 왓슨을 현재 그녀의 방에 몰래 들여보내 달라는 요청을 한다. 밤이 되자 홈즈와 왓슨은 무장을 한 뒤 조용히 담을 넘어 헬렌의 현재 방이자 줄리어가 사망한 바로 그 방 안으로 들어가 밤을

지새게 된다. 한밤중이 되자 로일럿 박사의 방에서 등불을 켜는 듯한 불빛과 냄새가 홈즈와 왓슨이 있는 방으로 새어 들어오고 곧이어 휘파람 소리가 들린다. 휘파람 소리를 듣자 홈즈는 방 안에 늘어져 있는 초인종 벨을 지팡이로 힘껏 내려쳤고 곧이어 끔찍한 비명소리와 함께 박사가 사망한다. 박사의 방으로 건너간 홈즈와 왓슨은 박사가 줄리어 스토너를 살해하는 데에 쓴 인도산 독사에 물려 죽어 있는 것을 발견하고 목숨을 구한 헬렌 스토너는 해로에 있는 이모의 집으로 옮겨간다.

❖ 사건 해결과 과정

1) 로일럿 박사, 줄리어 스토너, 헬렌 스토너는 로일럿 가문의 저택에서 거주하는데 이 때 이 세 명의 방은 로일럿 박사, 줄리어, 그리고 헬렌 스토너 순으로 나란히 붙어 있는 구조이며 방 사이에 통하는 문은 없다.

   → 로일럿 박사가 직접 줄리어에게 해를 가할 수는 없었다.

2) 이런 상황에서 줄리어가 로일럿 박사의 옆방에 있다가 죽음을 맞았고, 박사는 헬렌을 무리하게 그의 옆방으로 옮겨 오게 한다.

   → 헬렌을 해치기 위해서 그녀가 그의 옆방에 있어야만 했다.

3) 헬렌의 현재 방을 살펴본 결과 홈즈는 세 가지의 흥미로운 사실들을 발견한다.

   → 바닥에 붙어 고정된 침대, 벨이 아니라 통풍구의 못에 연결된 초인용 벨, 그리고 통풍구가 로일럿 박사와 헬렌의 현재 방을 잇고 있는 유일한 통로라는 점.

4) 홈즈는 로일럿 박사의 방을 살펴보고 그의 방 안에서도 특이한 요소들을 발견한다.

   → 작은 우유 접시, 끝에 휘어진 고리가 달린 채찍.

5) 홈즈는 헬렌의 현재 방과 로일럿 박사의 방에서 발견된 단서들을 조합, 다음과 같은 결론을 내게 된다.

→ 통풍구와 고정된 침대, 통풍구 근처에서 시작해 침대 위로 늘어진 줄이 일종의 다리 역할을 할 수 있다는 사실.

→ 굳게 닫힌 금고와 우유 접시, 특이한 모양의 채찍으로 미루어 보건대, 로일럿 박사가 어떤 동물을 훈련시켜 살인 무기로 쓰고 있을 수 있다는 사실.

→ 로일럿 박사의 방에서 발견된 의자에서 그가 자주 그 의자에 올라간다는 흔적이 있다는 사실.

6) 홈즈는 이 사실들을 조합, 로일럿 박사가 훈련된 독사를 사용해 줄리어 스토너를 죽이고 헬렌 스토너에게도 해를 끼치려 했다는 사실을 도출해내었다.

❖ 홈즈의 관찰력과 추리력을 알 수 있는 예

홈즈는 헬렌 스토너가 아침 일찍 집을 나섰고, 질퍽거리는 진흙길을 이륜마차를 타고 마부의 왼편에 앉아 오랜 시간 달려 역에 도착한 뒤, 기차를 타고 런던에 왔다는 사실을 추리해내었다.

→ 기차를 탔다는 사실 : 헬렌 스토너가 쥐고 있는 기차 왕복표

→ 질퍽거리는 진흙 길과 이륜마차 : 헬렌의 왼쪽 소매에 묻은 일곱 개의 진흙 자국

→ 마부의 왼편에 앉음 : 왼쪽 소매에 진흙이 튀었음

❖ 의문점

이 소설은 동물을 다루는 탐정 소설의 대가 에드가 알렌 포우의 '모르그 가의 살인'과 거의 대등한 인기작으로 아주 잘 알려져 있다. 그러나 유감스럽게도 이 작품은 동물학적으로 보면 실수가 많았다.

1) 로일럿 박사는 뱀을 금고 안에다 키우고 있었다.

   → 이렇게 되면 신선한 공기의 유입이 안 돼 뱀이 곧 질식해 버릴 것이다.

   → 뱀은 개구리나 쥐 같은 작은 동물을 먹으며, 우유는 마시지 않는다. 따라서 우유접시를 보고 홈즈가 금고 안에 고양이라도 있는지 의문을 품은 것은 당연하다. 또한 뱀은 공기의 진동에 의한 음은 듣지 못하므로 휘파람으로 뱀을 불러들이는 것은 불가능한 일이다.

2) 홈즈가 끈을 따라온 뱀을 막대기로 후려쳤을 때 그 뱀은 떨어지지 않고 그대로 끈을 따라 돌아가 버린다.

   → 끈 위를 거꾸로 거슬러 올라가는 뱀은 존재하지 않는다.

– 출처 : 작품에 대한 주석 「얼룩무늬 끈」(추리로 답을 찾는 사람들) –

읽을거리

불교의 지혜-3

凡所有相 皆是虛忘
若見諸相 非相 卽見如來

(무릇 형상을 가진 것은 모두 허망한 것이다.
모든 상이 상이 아님을 보는 자는 곧 여래를 보는 것이다.)

제행무상(諸行無常)의 교훈이다. 길거나 짧거나, 둥글거나 모나거나, 아름답거나 추하거나 이 모든 것은 사라진다.

7. 위스테리아 별장

"The Adventure of Wisteria Lodge"

발표문

회계학과 배하나, 경영학과 조지현

인물 소개

- 스콧 에클스: 사건 의뢰인. 가르시아가 살해당한 사건의 실마리를 가진 유일한 증인.
- 가르시아: 에클스를 별장에 초대한 날 밤, 살인을 당함.
- 베인스 경감: 수사에 철저를 기하는 경찰. 사건을 해결하여 출세하고파 하는 희망을 품고 있음. 홈즈와 함께 수사함.
- 그레그슨 경감: 베인스 경감과는 다른 마을에서 일하지만 사건이 발생하면 서로 도움을 줌.
- 핸더슨(본명 – 돈 무릴로): 하이게이블 저택에 살고 있음. 돈이 엄청나게 많음. 여행을 자주 하며 모습을 잘 드러내지 않음.
- 루카스(본명 – 로페스): 핸더슨의 비서로서 언제 어디든지 함께 다님.
- 버넷부인: 핸더슨의 두 딸들의 가정교사. 가르시아가 살해된 날부터 모습을 볼 수 없음.
- 존 워너: 하이게이블 저택의 정원사였음. 핸더슨의 비위를 건드려 쫓겨남. 버넷 부인을 구출하는 데 결정적 역할을 함.

❖ 작품 소개

위스테리아 별장은 1908년 9월과 10월 '스트랜드 매거진'에 발표됐다가 후에 단행본 '셜록 홈즈의 마지막 인사'에 수록되었다. 그 당시 영국에서는 전편 '존 스콧 에클스의 기괴한 체험'과 후편 '산페드로의 호랑이'라는 제목으로 2회에 걸쳐 발표되었다. 또 미국의 '코리어스 매거진'에는 1회로 합쳐 'J. 스콧 에클스씨의 기괴한 체험'이란 다른 제목이었다. 셜록 홈즈의 단편을 나누어 게재하는 경우는 이 밖에도 몇 차례 있었지만 다른 타이틀을 붙인 경우는 드문 예라고 할 수 있다.

❖ 주요인물 관계도 & 소개

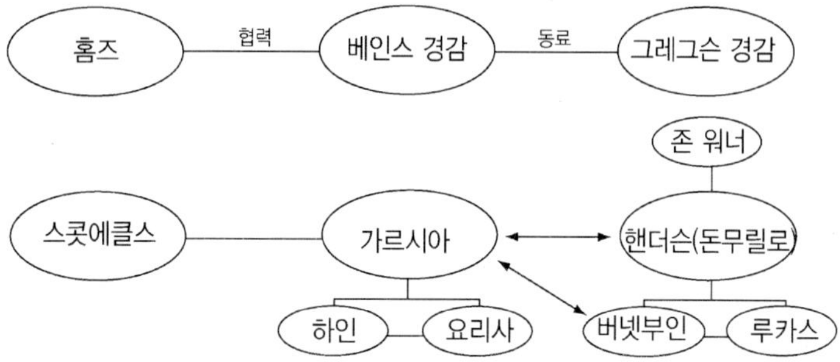

❖ 줄거리

일이 없어 심심해하던 홈즈에게 에클스가 사건을 의뢰한다. 무엇인가에 놀란 듯한 의뢰인 에클스가 놀란 마음을 진정시키고 자신의 상황을 얘기하려던 그때, 베인스 경감과 그레그슨 경감이 범인 수사를 위해 에클스를 찾아 들어온다. 에클스는 경감들을 통해 가르시아가 죽었다는 사실을 듣고 깜짝 놀라며 자신의 황당하고 기이한 경험을 얘기했다.

에클스는 얼마 전 멜빈씨의 초대를 받아 놀러간 자리에서 가르시아를 알게 되었다. 가르시아는 에클스에게 호의적이며 그 다음날 에클스의 집에 놀러 올 정도로 급격히 친해졌다. 가르시아는 자신이 사는 '위스테리아의 별장'으로 에클스를 초대했다. 초대를 받아서 간 에클스는 자신을 환영해 주지도 않는 분위기에 별장을 간 것을 곧 후회했다. 가르시아는 어딘가 모르게 굉장히 정신이 없어 보였고, 저녁 식사 도중 하인으로부터 편지를 받고난 뒤에는 더욱더 심각해지고 안절부절 못했다. 식사를 마치고 잠을 자기 위해 에클스는 방으로 갔고 불을 끄고 누워있는데 가르시아가 갑자기 들어오더니 초인종 눌러서 자기를 불렀냐며 물었다. 에클스가 그런 적 없다고 하자 가르시아는 벌써 1시가 되었으니 얼른 주무시라고 하고는 나갔다. 그리고는 다음날 아침, 에클스가 일어나보니 가르시아와 하인, 그리고 요리사가 흔적도 없이 사라졌다. 에클스는 가르시아가 혹시 집세 때문에 떠난 것이 아닌가라고 추측하고 부동산 소개소에 가서 물어봤지만 집세는 선불로 지불되었다고 했다. 또 스페인 대사관에 가서 가르시아의 행방을 찾으려 했으나 가르시아라는 인물에 대해 아는 바가 없다고 했다. 이렇게 기이하고 황당한 일을 당한 에클스는 참다못해 홈즈를 찾아 온 것이었다.

베인스 경감은 가르시아가 별장을 조사하다가 발견한 편지를 홈즈에게 보여줬다. 그 편지는 에클스가 말했던 저녁 식사 도중 받은 편지였다.

> 우리의 색은 녹색과 백색, 녹색은 열리고 백색은 닫힘.
> 정면 계단, 제 1 복도, 오른쪽에서 7번째 녹색커튼
>
> – 부디 성공하기를 D로 부터

가르시아는 집에서 2km가량 떨어지고 전방 400~500m엔 집이 없는 외진 곳에서 죽어 있었다. 머리를 모래주머니 같은 것으로 강하게 얻어맞은 듯 했으며 바지 뒷주머니에서 에클스가 별장에 가겠다고 한 편지가 유일한 단서였다.

베인스 경감은 평소 사건을 멋지게 해결하여 이름을 떨치고 싶어하는 마음이 있었으므로 홈즈와 함께 각자 다른 방식이지만 협력하

여 조사를 하기로 했다.

단서들을 곰똘히 본 홈즈는 베인스 경감에게 옥스숏 부근의 대저택을 알려달라고 부탁했다. 홈즈는 왓슨과 여관에 머물며 며칠 동안 마을을 산책하기만 할 뿐 사건 해결에는 전혀 관심이 없는 듯이 다녔다.

홈즈와 베인스 경감은 함께 가르시아가 살던 '위스테리아 별장'에 갔다. 그 별장에는 베인스 경감이 월터스 경관을 배치해놓았는데, 방금 매우 크고 검은색의 괴물 같은 사람이 나타났었다며 겁에 질린 채 말했다.

그리고 며칠 뒤, 베인스 경감이 가르시아의 살인 용의자를 체포했다는 기사가 났다. 그 용의자는 가르시아의 요리사인 흑인으로 성질이 매우 사납다고 보도됐다. 이를 듣고 깜짝 놀란 홈즈는 베인스 경감을 찾아가 분명 뭔가가 잘못되었을 것이라며 조심스레 베인스 경감에게 말했다. 그러자 베인스 경감은 무례한 것 아니냐며 처음부터 각자의 방법으로 조사하기로 한 것 아니었냐고 화를 냈다.

홈즈는 여관으로 돌아와 왓슨에게 자신이 그동안 조사한 것을 말했다. 며칠 동안 마을을 산책하며 베인스 경감이 알려준 대저택을 조사하고 다녔다. 그 중 눈에 띄는 곳이 있었는데, 하이게이블 저택의 핸더슨 씨가 아무리 봐도 비정상적이고 마치 비밀을 가진 사람처럼 보였다고 한다. 그의 곁에는 항상 비서 루카스가 따라다닌다고 했다. 또한 핸더슨에게는 두 딸과 딸들의 가정교사인 버넷부인이 함께 사는데, 가르시아가 살해된 날부터 버넷부인의 모습을 찾아볼 수 없다고 했다. 이로써 이상함을 눈치 챈 홈즈는 한때 하이게이블 저택의 정원사였던 워너로 하여금 저택 앞을 감시하게 했다.

이렇게 그동안에 조사했던 바를 왓슨에게 말한 홈즈는 위험하지만 그 저택에 들어가야 할 것 같다고 말했다. 그때, 워너가 한 여자와 함께 홈즈에게 왔다. 마침 베인스 경감도 홈즈에게 왔는데 워너

와 그 여자를 보고는 홈즈에게 잘됐다며 내가 잡으려고 했던 사람도 이 사람이었다며 홈즈를 깜짝 놀라게 한다. 사실 베인스 경감은 홈즈가 무엇을 하는지 지켜보았는데 핸더슨을 용의자로 생각할지도 모른다는 것을 알고는 범인을 가르시아의 요리사로 체포한 것처럼 기사로 떠들었던 것이었다. 그 기사를 본 핸더슨은 안심을 하고 비서와 함께 버넷 부인을 끌고 기차를 탔는데 힘없이 끌려가던 버넷부인이 기차를 타려는 순간, 도망쳐서 뒤를 좇던 워너가 버넷부인을 마차에 태워 홈즈에게 데리고 온 것이었다.

버넷부인은 정신이 혼미해 보였는데, 동공이 검은 점으로 움츠러든 것을 보고는 아편을 먹은 것이라며 진한 커피를 두 잔 마시게 했다. 그렇게 정신을 차린 버넷부인은 사건의 진상을 말했다.

핸더슨은 '산 페드로의 호랑이'라 불리는 '돈 무릴로'라는 사람이다. '산 페드로의 호랑이'란 아메리카 대륙의 중간에 위치한 서인도 제도의 아이티 섬 산 페드로 지방의 독재자로, 주민들이 악마처럼 두려워했던 인간이다. 10여 년에 걸쳐 무자비한 힘으로 주민을 탄압하여 막강한 권세를 누렸다. 그러나 너무나 가혹한 정치에 시달린 주민들은 마침내 독재자 돈 무릴로에 대한 반항 운동을 벌였지만 그는 미리 빼돌린 재산을 배에 싣고 탈출했다. 그런 줄도 모르고 궁전을 습격한 반항군은 이미 궁전이 텅 비어 있는 것을 알았다. 돈 무릴로는 물론, 그의 두 딸과 심복인 비서는 감쪽같이 빠져 나가고 없었던 것이다. 그렇게 주민들은 돈 무릴로를 찾아 떠났으며 약 1년 전 핸더슨이라는 가명을 쓰고 살고 있는 것을 알고는 그를 암살하기로 계획했다.

버넷부인의 남편은 돈 무릴로에게 억울하게 죽임을 당했다. 삶의 희망을 잃은 버넷부인은 돈 무릴로를 찾았는데 운이 좋게 가정교사로 그 집에 들어갔으며 정의감에 불타 돈 무릴로를 암살하기로 한 가르시아에게 편지를 보내 알렸던 것이었다.

녹색과 백색, 이것은 안전한지를 알리는 신호였고 뒤의 내용은 돈 무릴로가 늘 경계를 늦추지 않아 방을 바꿔서 잠을 잤기 때문에 돈 무릴로의 침실을 알려주는 내용이었다. 그러나 루카스의 의심을 받는 것도 모른 채 편지를 다 쓰고 봉하려 하자, 그가 갑자기 버넷부인에게서 편지를 빼앗아 모든 사실을 알게 된 것이다. 버넷부인은 끝까지 말하지 않으려 했지만 팔을 비틀고 칼로 살을 찢는 등의 고통을 견딜 수 없어 사실을 말한 것이었다. 그 뒤, 돈 무릴로와 루카스가 미리 숨어 있다가 가르시아를 죽인 것이다.

이렇게 모든 사실을 알게 된 베인스 경감은 돈 무릴로를 체포하려 했지만 경찰을 따돌리고 감쪽같이 영국을 빠져나갔다. 6개월가량이 지나, 마드리드의 한 호텔에서 몬탈바 후작과 그의 비서 롤리라는 사람이 살해되었는데 범행은 혁명단원이 한 것으로 추정되었으나 끝내 체포되지 않았다. 살해된 몬탈바와 롤리가 바로 돈 무릴로와 그의 비서 루카스였다. 정의의 심판이 내려진 것이다.

❖ 사건 해결의 단서 & 실마리

1. 홈즈와 에클스의 첫 만남에서

   홈즈 : “그런데 왜 곧장 오시지 않았습니까?”

   에클스 : “그건 무슨 뜻이지요?”

   홈즈는 흘끗 회중시계를 꺼내어 보며 말했다.

홈즈 : “2시 15분이 지났습니다. 전보를 친 건 1시경이지요? 그런데 당신의 머리나 복장이 흐트러져 있는 것으로 보아, 눈을 떴을 때부터 걱정스러운 일이 있었단 걸 알 수 있습니다.”

2. 가르시아와 에클스의 친분

① 가르시아가 에클스와 처음 만난 다음날에 런던 반대편 끝의 에클스 집까지 방문, 그리고 며칠 뒤에 위스테리아 별장으로 초대

⇨ 급진적인 관계의 부자연스러움

⇨ 가르시아가 에클스에게 목적을 가지고 접근한 것

② 누가 봐도 에클스는 전형적인 영국 신사 스타일

⇨ 자신의 증인으로서 알리바이를 확인해주기에 적합

3. 가르시아가 에클스와 저녁식사 도중 받은 편지

① 세 번 접어 보라색 초로 봉인

⇨ 초는 급히 칠함. 평평하고 둥근 것으로 누름. 베인스 경감이 발견

② 작은 가위모양이 나 있음

⇨ 가위 자국이 휘어진 것으로 보아 손톱 화장용

③ 봉인 자국은 평평한 커프스 버튼으로 누른 것임

(커프스 버튼 : 남자 와이셔츠 소매 끝에 다는 장식용 단추)

4. 편지를 통한 장소 추정

① “정면 계단, 제 1 복도, 오른쪽에서 일곱 번째, 녹색 커튼”

⇨ 정면 계단에 올라가 복도에서 일곱 번째 문이라면 최소 7개의 방이 있다는 것으로 보아 대저택임을 추리함

② 홈즈 : “그 집이 옥스숏에서 2-3km 정도밖에 떨어져 있지 않다는 것도 확실해지네.”

⇨ 가르시아가 옥스숏 방향으로 걸어가고 있었고, 알리바이가 성립하도록 1시까지 돌아올 생각이었음을 추리함

5. 편지를 통한 인물 추정

홈즈 : "여자가 쓴 모양인지 가는 펜으로 쓰여 있습니다만, 받을 사람의 주소는 다른 펜으로 썼던가. 아니면 다른 사람이 쓴 겁니다. 보시다시피 한결 글씨가 큽니다."

⇨ 하이게이블 저택에 유일한 여자인 버넷 부인일 확률이 높음

6. 홈즈가 핸더슨에 대해 추리하는 과정에서

홈즈 : "50이 넘은 당당한 몸집을 한 남자로, 머리는 희끗희끗하지만 눈썹은 검고 짙으며, 방안을 서성이는 폼이 사슴처럼 민첩하고, 그의 태도는 황제처럼 위험이 가득하더군. 검게 탕 얼굴에 불꽃처럼 격렬한 정신을 가지고 있는 듯했네.

⇨ "그는 외국인이 아니면, 열대 지방에서 오래 생활한 사람으로 짐작되었지."

7. 홈즈가 납치될 뻔한 버넷 부인을 보는 순간

본문 중에서 : 초췌한 모습으로 보아 말할 수 없는 시달림을 받았다는 것을 한눈에 알 수 있었다. 숙였던 고개를 들어 멍한 눈을 우리에게 돌렸을 때, 회색빛 눈의 동공이 검은 점으로 움츠러져 있다는 것을 알았다.

⇨ 아편을 먹인 것이리라

읽을거리

불교의 지혜-4

罪無自性 從心起
心若滅時 罪亦亡

(죄란 본성이 없고 오직 마음 따라 일어나니,
마음이 사라지면 죄 역시 사라지느니.)

'원죄설' 때문에 주눅이 들어있는 사람들에게 이 구절은 한줄기 빛이 될 수도 있지 않을까?

8. 입술이 비틀린 사나이

"The Man With Twisted Lip"

발표문

사학과 김성희 · 송승연, 철학과 지윤혜

인물 소개

- 셜록 홈즈: 변장술에 능한 명탐정.
- 왓슨: 홈즈의 친구, 이야기의 필자.
- 네빌 세인트 클레어: 수완 좋은 사업가.
- 세인트 클레어부인: 남편에게 변고가 생겼다고 사건을 의뢰한 사람.
- 휴분: 아편굴에 사는 불구자, 런던에서 유명한 거지.
- 래스커: 세인트 클레어가 사라진 아편굴 건물의 주인.

❖ 작품소개

이 작품은 당시 영국의 시대상이 잘 반영되어 있다는 것이 특징이다. 첫 번째로 가난으로 인해 구걸하는 사람이 많았다는 점이다. 이 작품의 피해자이자 피의자인 세인트 클레어도 거지로 위장해 돈을 벌고 있었다. 두 번째로 아편의 유행을 들 수 있다. 현재 아편은 마약으로 규정되어 엄격히 규제되어 있지만 당시에는 진통제로서 쉽게 구할 수 있었다. 아편을 사서 즐기는 '아편굴'이라는 곳도 존재하였는데 이 작품 초반 배경이 범죄로 얼룩진 런던 이스트엔드의 아편굴이다.

그리고 이 작품의 또 다른 특징은 '페어플레이' 형식으로 서술되었다는 점이다. '페어플레이'형식이란, 탐정과 독자에게 모든 정보가 동시에 공개되는 추리소설을 말한다. 홈즈는 오직 생각만으로 사건을 해결하는데 이는 Arm chair Detective의 면모를 보여주었다고 할 수 있다.

❖ 인물 관계도

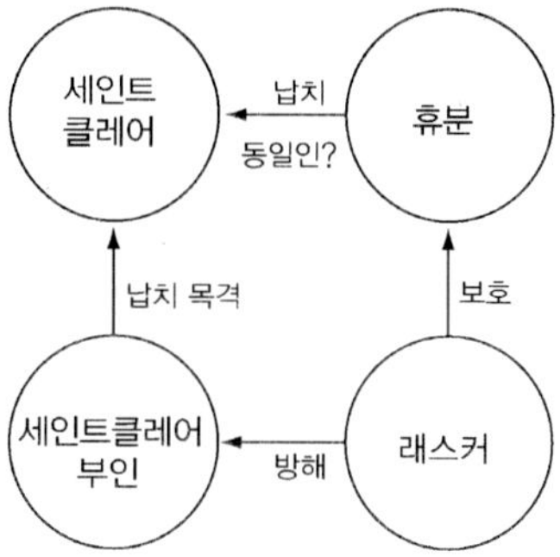

❖ 줄거리

왓슨은 남편을 찾아달라고 부탁하는 부인의 친구를 위해 스윈덤 골목에 있는 아편굴로 간다. 아편굴에 도착한 왓슨은 변장을 하고 있던 홈즈를 만난다. 홈즈는 왓슨에게 '입술이 뒤틀린 남자' 이야기를 해준다.

평소 검소하고, 좋은 남편인 네빌 세인트 클레어가 월요일에 아이에게 줄 장난감 블록을 사오겠다고 말하고 집을 나섰다. 그 후에 세인트 클레어부인은 외출을 하게 되는데, 아편굴이 있는 스윈덤 골목을 지나가게 된다. 세인트 클레어부인이 골목을 지나갈 때쯤 익숙한 목소리의 비명소리를 듣고 놀라 주위를 살폈다. 그녀가 서있는 곳 바로 옆의 아편굴 건물 2층에서 세인트 클레어가 눈을 크게 뜨고 자신을 내려다보고 있었기 때문이다. 그리고 곧 세인트 클레어는 누군가가 세인트 클레어를 잡아챈 것처럼 창문 안으로 사라져 버렸다. 부인이 놀라서 그 건물 안으로 뛰어 들어 갔을 때, 아편굴 주인인 래스커와 그 부하가 합세하여 부인을 막았기에 들어가지 못하였다.

그래서 부인은 경찰을 동행하여 아편굴 건물로 들어갔다. 그러나 남편을 보았던 그 방에서는 남편은 없었고 험상궂게 생긴 앉은뱅이 거지(휴 분)만이 앉아있었다. 세인트 클레어는 그 어디에도 없었고, 세인트 클레가 선물로 사오겠다는 장난감만이 놓여있었다. 창문 뒤에 양륙장을 조사한 경찰은 세인트 클레어의 시체를 발견하지 못하고, 휩쓸려 가지 않고 호주머니에 동전이 가득 들어있는 세인트 클레어의 양복을 발견하였다. 왓슨은 그곳에 앉아있던 거지를 유력한 용의자로 꼽는데, 거지의 이름은 휴 분으로 길거리 모퉁이에서 더러운 모자를 앞에 놓고 하루도 빠짐없이 구걸을 하곤 하였다. 휴 분은 심한 화상으로 얼굴이 일그러졌고 입술은 많이 뒤틀린 모습이었지만, 재치 있는 말들로 꽤 많은 돈을 벌고 있었다. 그런데 휴 분의 셔츠의 소매에서 피가 묻어있었고, 약지엔 심한 상처를 입고 피를 흘리고 있었으므로 그는 경찰서까지 끌려갔다.

아편굴에서 나와 세인트 클레어의 저택에 도착한 홈즈와 왓슨은 부인에게 세인트 클레어에게서 온 편지 봉투가 도착했다는 말을 듣게 된다. 편지 봉투는 스윈덤 골목 근처에 있는 우체국에서 보낸 것이었다. 편지 봉투 안에는 그의 반지와 함께 편지가 있었다. 편지에는 세인트 클레어가 부인에게 걱정하지 말라는 짧은 글이 급하게 쓴 듯 엉망으로 써져 있었다. 홈즈는 편지대로라면 세인트 클레어가 살아서 편지까지 쓸 수 있는데 어째서 집에 돌아오지 않는지에 대한 의문을 제기한다. 홈즈는 아침이 되자마자 왓슨을 데리고 휴 분이 갇혀있는 경찰서로 향한다. 휴 분이 있는 유치장에 들어선 홈즈는 목욕용 솔로 그의 얼굴을 문지르기 시작한다. 이윽고 나타난 얼굴은, 바로 세인트 클레어였다. 세인트 클레어가 바로 휴 분으로 분장해 거지 노릇을 하고 있었던 것이다. 그 후 세인트 클레어는 거지 행세를 다신 하지 않겠다는 맹세를 하고 집으로 돌아간다.

❖ 홈즈 추리과정

첫 번째, 홈즈는 처음에 용의자로 몰린 거지 휴 분이 범인이라고 생각했다.

그 근거는

① 세인트 클레어가 사온다던 장난감블록이 휴 분의 방에 있었다.

② 세인트 클레어의 옷가지들이 휴 분의 방에서 나타났다.

③ 창틀의 핏자국과 휴 분의 셔츠 소매에 묻어있던 피.

④ 입구는 하나였기 때문에 세인트 클레어가 사라졌다면 아편굴 뒤 양륙장 쪽 창문으로 떨어진 것이 분명했다.

⑤ 아편굴 옆의 강에서 세인트 클레어의 코트가 나타났다. 그 코트 안에 휴 분이 구걸해서 벌은 듯한 동전이 가득 차 있었다.
→ 코트를 가라앉히기 위해(1페니 동전이 421개, 반페니 동전이 270개 → 총 무게는 약 5.5kg)
하지만, 세인트클레어 부인이 남편에게서 편지를 받음으로 인해 세인트 클레어가 죽었다는 가설은 깨진다.

◆ 편지

세인트 클레어부인은 편지의 글씨체가 남편의 것이라고 확신했다.

① 봉투에 주소를 쓴 사람은 주소를 물어보고 썼다.
why? 받는 사람의 이름은 진한 검정색 잉크이다 → 잉크가 저절로 마른 것
나머지 글자는 색이 진하지 않다 → 압지를 사용한 것

② 8절지 책의 면지를 찢어서 사용했다 → 형식을 갖춰 편지를

쓸 시간이 없었다는 뜻

③ 봉투를 보고 알 수 있는 점

- 그레이브젠드에서 엄지손가락이 더러운 남자가 부쳤다
- 봉투 깃은 고무풀로 붙였다. (고무풀은 물이나 침을 바르면 끈기가 생긴다.)
- 씹는 담배를 즐기는 사람이 침으로 발라 붙였다.

두 번째, 홈즈는 가설에 의하면 절대 받을 수 없는 편지의 존재에 대해 다시 생각에 빠진다.

결국 휴 분이 변장한 세인트 클레어라는 사실을 알아낸다.

① 편지를 쓸 수 있는 상황인데 종적을 감추고 있다.

② 아편굴 2층의 열려진 창문으로 본 남편이 무척 놀라는 표정이었다. → 부인을 보고 놀랄 이유가 없다.

③ 세인트 클레어는 아편을 피우지 않는다. → 아편굴에 왜 있었는지 설명되지 않는다.

④ 교도소에 있는 휴 분이 손만 씻을 뿐 얼굴은 닦지 않는다. → 분장이 지워지기 때문에

❖ 사건의 진상

홈즈는 런던거리에서 구걸을 하는 거지 휴 분이 젠틀한 사업가로 알려진 세인트 클레어와 동일 인물임을 추리하였다. 세인트 클레어는 원래 런던의 석간지 기자였으나 거지를 취재하면서 거지가 구걸해서 버는 돈이 상당히 많다는 사실을 알았다.(기자였을 때 벌은 돈은 일주일에 2파운드) 그래서 가족들에게는 비밀로 하고 기자를 그만두고 거지로 직업을 바꾼 것이었다. 분장술을 배운 그는 흉측한 얼굴로 동정심을 불러일으켜 하루에 26실링 4펜스(요즘 돈으로 15만원

남짓)를 벌었다. 그는 스완덤 레인의 아편굴 주인인 래스커에게 돈을 많이 주고 방을 빌려, 아침에는 말쑥한 차림으로 집을 나서고 아편굴에서 분장을 하고 거지꼴로 돈을 벌다가, 다시 집에 갈 때는 멀쩡한 모습으로 퇴근하는 일상을 유지했다. 재치 있는 대꾸도 하고 분장술도 늘어 그는 1년에 700파운드 가량을 버는 고수입의 직업을 갖게 된다. (하루에 2파운드)

그러던 어느 날 아편굴 창가에서 길을 내다보다 아내가 그를 발견하고 이 사건이 일어나게 된 것이다. 세인트 클레어는 경찰이 이 사건을 묵과하는 대신 더 이상 휴 분으로 분장하여 돈을 벌지 않기로 맹세함으로써 이 사건이 결말나게 된다.

- 창문의 핏자국 – 옷가지를 버리려고 급히 창문을 열다가 아침 침실에서 베인 상처가 터짐
- 코트만 버린 이유 – 아내가 경찰들과 방으로 올라와서 버릴 시간이 없었음
- 편지 – 래스커에게 아내에게 보내는 편지를 맡김
- 편지가 늦게 온 이유 – 래스커도 경찰에게 감시당하고 있었기 때문에

❖ 의문점

- 홈즈도 변장술로 다른 사람을 속이는 솜씨가 있기 때문에 처음에 세인트 클레어의 변장술을 알아보지 못한 점은 이상하다.
- 분장은 물에 적신 스펀지로 두 번 문지른다고 지워지지 않는다. 휴 분이 세인트 클레어로 변하는 모습을 극적으로 표현하기 위해 왓슨이 과장한 듯 싶다.

9. 보스콤 계곡의 미스테리

"The Boscombe Valley Mystery"

발표문

사회복지학과 양효실 · 조희정

인물 소개

- 존 터너: 오스트레일리아에서 강도로 금 호송마차를 강탈하여 부자가 된 뒤 영국으로 건너와 속죄하는 마음으로 착하게 살며 찰스 매카시에게 협박을 받고 도와 줌.
- 앨리스 터너: 의심 받고 있는 제임스 매카시의 무죄를 입증하기 위해 레스트레이드 형사를 부름.
- 찰스 매카시: 누군가에게 죽임을 당함. 오스트레일리아에서 금 호송마차를 운반하던 마부. 터너의 딸에게 알린다고 협박을 하며 여러 가지를 얻어냄.
- 제임스 매카시: 찰스 매카시의 아들. 아버지를 죽인 용의자로 경찰에게 잡혀감.
- 레스트레이드: 스코틀랜드의 경감. 터너양에게 의뢰받은 사건을 자기 생각대로 해결하려 했지만 문제가 있어 홈즈를 부름. 「주홍색 연구」에도 나왔지만 홈즈는 그를 무시하는 경향을 보임.

❖ 작품소개

「보스콤 계곡의 미스터리」는 1891년 10월 '스트랜드 매거진'에 발표된 아서 코난 도일의 셜록 홈즈 시리즈 작품 중 하나이다. 호주 출신의 찰스 매카시가 누군가에게 살해를 당했는데 범인이 정황 상 그의 아들로 몰아져가는 중 홈즈의 추리로 범인이 밝혀진다. 여기서 호주 출신이라는 것이 사건의 실마리를 제공하게 된다. 이 작품과 「글로리아 스코트호」, 「레이디 프란시스 카팍스의 실종」, 「프라이어리 학교」등에 호주와 관련된 것이 나온다. 그 이유는 호주가 1901년까지 영국의 식민지였다는 시대적 배경 때문이다.

❖ 등장인물 관계도

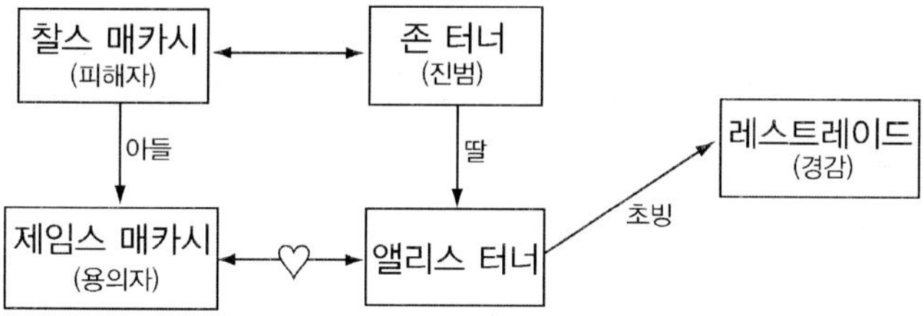

❖ 줄거리

헤리퍼드셔에서 제일 큰 지주는 오스트레일리아에서 돈을 벌어 오래 전에 귀향한 존 터너이다. 터너는 소유 농장 중 해서리 농장을, 같은 오스트레일리아에서 살다 온 찰스 매카시에게 주었다. 둘은 식민지(당시 오스트레일리아는 영국의 식민지였다)에서부터 서로 잘 알았고, 터너가 더 부유했지만 전과 다름없이 평등한 친구사이로 지낸다. 그러던 어느 날, 찰스가 보스콤 호수 근처에서 시체로 발견된다. 보도에 따르면 찰스는 거기서 누군가를 만나려 했었다.

어쩌다보니 정황 상 찰스의 아들 제임스가 체포되고 살인혐의를 받는다. 존 터너의 딸인 앨리스 터너는 제임스가 결백하다고 믿고 레스트레이드 형사에게 도움을 요청했고, 레스트레이드는 홈즈에게 도움을 청한다. 증인들은 제임스가 총을 들고 찰스의 뒤를 쫓아간다고 했지만 제임스는 자신이 숲에 간 이유는 사냥 때문이었지 아버지를 따라간 게 아니라고 설명한다. 숲에서 아버지가 자신을 부를 때 말하는 "쿠우이"라는 소리를 듣고 아버지를 찾아보니, 아버지는 호수가 근처에 서 있었다. 어떤 이유인지 그들은 격렬하게 말싸움을 했고 제임스는 해서리 농장으로 돌아가기로 하지만, 잠시 후 아버지의 비명을 듣고 돌아와 아버지가 쓰러져 있는 것을 발견했다. 제임스는 아버

지를 살리려고 했지만 죽었고 마지막에 "쥐(a rat)"라고 한 것 같았지만 그 의미를 알 수 없다고 진술했다. 또 근처에 회색 외투가 있었지만 그가 돌아왔을 때에는 없어졌다고 했다. 그리고 끝까지 아버지와 다툰 이유를 말하지 않았다. 묵비권이 자신에게 불리하게 적용될 수도 있다는 검시관의 경고에도 불구하고 제임스는 말다툼의 원인을 밝히기를 거부했다.

앨리스는 홈즈를 찾아와 찰스가 자신과 결혼하라고 하지만 제임스가 거절하기 때문에 그 둘이 싸운 것이라고 말한다. 홈즈, 왓슨 그리고 레스트레이드 형사는 해서리 농장으로 가서 찰스와 제임스의 구두를 조사하고, 보스콤 호수에서 발자국을 보니 찰스와 제임스 외에 다른 사람이 있었다는 증거를 찾아낸다. 홈즈는 범인이 키가 크고, 시가를 피우는 왼손잡이 남자라고 설명했는데 레스트레이드는 믿지 못한다. 얼마 뒤, 존 터너가 홈즈에게 자백을 하게 된다. 존은 자신의 자술서에 서명하고, 홈즈는 제임스가 풀려나는데 필요하지 않으면 자술서를 공개하지 않겠다고 한다. 제임스는 존 터너의 자술서 없이 홈즈가 써준 반론만으로 석방된다.

❖ 주목할 점

① 찰스는 아들이 언제 돌아올지 몰랐기 때문에 저수지 근처에서 만나기로 한 누군가는 아들이 아니라는 점

② 찰스가 아들이 돌아왔다는 사실을 알기 전에 "쿠우이"라고 소리친 점

③ 찰스가 죽어가면서 아들에게 엉뚱하게 "쥐"에 관한 얘기를 남긴 점

❖ 홈즈의 추리과정

- 제임스 매카시는 범인이 아니다.

  → 자신이 체포된다는 사실을 알고 깜짝 놀라거나 화를 내는 척했다면 더 의심스러웠을 텐데 솔직하게 상황을 받아들였다.

- 제임스 매카시가 농장으로 돌아가다가 비명을 듣고 급하게 뛰어왔다는 증언은 맞다.

  → 습지로 이루어진 사건 현장에서 제임스의 발자국 발견. 발자국은 깊지만 뒤꿈치가 거의 보이지 않는 것을 보고 급히 달려왔음을 알 수 있음.

  → 제임스의 발자국 옆에 발꿈치를 들고 걸은 발자국 발견. 구두코가 네모진 부츠.

- 살인 무기가 돌이라고 확신함.

  → 돌 밑에 풀이 깔려 있는 것은 그곳에 떨어진지 며칠밖에 되지 않았다는 것을 알 수 있고 돌의 모양과 상처 모양이 일치함.

- 찰스 매카시가 만나기로 한 사람은 오스트레일리아 사람이었음.

  → 아들이 어디 있는지 몰랐기 때문에 쿠우이는 아들에게 소리친 게 아님.

  → 원래 쿠우이라는 말은 오스트레일리아 원주민이 사용하는 말이라는 것을 알아냄.

- 찰스가 말한 "쥐(A RAT)"는 범인을 말하려던 것이었음.
  → 찰스가 만나려던 사람이 오스트레일리아 인이라는 것을 알아낸 뒤 그곳 지도를 입수. 한 도시의 이름이 "발라라트BALLARAT"였음.
  → 찰스가 말한 쥐(A RAT)는 발라라트BALLARAT의 마지막 두 음절.
  → 범인은 오스트레일리아 발라라트의 아무개.
- 범인은 내부인으로 저수지 근처에 집이 있음.
  → 저수지에 접근하기 위해서는 농장이나 영지를 거쳐야 하기 때문.
- 범인의 특징.
  → 키가 큼.(보폭을 이용해 키 계산)
  → 오른쪽 다리를 저는 왼손잡이.(오른쪽 발자국이 항상 왼쪽 발자국보다 흐릿했고 매카시를 바로 뒤에서 가격한 부분이 왼쪽이었음)
  → 인도산 시가를 피우고 담배를 피울 때 물부리를 사용.(홈즈는 담뱃재에 대한 전문 지식이 풍부 – 140가지 다종다양한 파이프, 시가 등에 대한 논문도 발표, 담배꽁초가 사람 입속에 들어간 흔적이 없었음)
  → 날이 무딘 주머니칼을 휴대.(필터가 잘려 있었지만 깨끗하게 잘리지 않았음)

❖ 사건의 진상

존 터너는 오스트레일리아 발라라트 갱단의 일원이었는데 그들은 찰스가 마부인 금 호송마차를 습격하여 금을 탈취하고 탈취한 금으로 부자가 되어 영국으로 옮겨와 조용히 산다. 그러던 중 존은 우연히 구걸하던 찰스를 만나게 되고, 찰스는 그를 협박해 해서리 농장과 돈을 받는다. 하지만 찰스는 앨리스와 제임스를 결혼시켜 존의 재산을 더 가지려한다. 제임스는 좋아하지만 찰스가 앨리스를 통해 자신의 재산을 거머쥐려는 걸 용납할 수 없는 터너는 결혼을 반대한다. 존은 제임스가 찰스와 싸울 때 앨리스가 매춘부라도 되는 양 말하는 찰스를 보고 화가 났고, 자신의 자유와 딸의 행복을 위해 찰스를 살해했다.

❖ 홈즈의 추리력

왓슨의 집 침실 창문이 안에서 봤을 때 오른쪽에 붙어있다는 사실 추리

⇨ 왓슨은 군인으로서의 깔끔함이 몸에 배어있어서 아침마다 면도를 함.

⇨ 요즘 같은 철에 아침 햇빛을 조명삼아 면도를 하기 때문에 얼굴 왼쪽으로 갈수록 수염이 잘 안 밀림.

⇨ 홈즈 "기본이 되는 건 사소한 것들에 대한 관찰이다."

읽을거리

상황증거

왓슨 : 이보다 더 확실한 사건은 없겠군. 상황증거가 확실히 범인을 가리키는 사건이 있다고 한다면, 이것이 바로 그러한 사건의 전형적인 예야.

홈즈 : 그런데 그 상황증거에 문제가 있네. - 보스콤 계곡 미스터리-

상황(또는 정황)증거 (Circumstancial evidence)란 범죄사실을 직접 목격하고 얻은 증거가 아니라, 간접적으로 추측하게 하는 사실을 통한 증거를 뜻한다. 예를 들어, 비명을 듣고 달려가서 피살자 옆에 연기가 나는 총을 들고 있는 사람A를 보고 A를 범인으로 판단한다면, 이는 정황증거에 의한 것이다. 「녹주석 보관」에 바로 이런 장면이 나오는데, 은행가 알렉산더 홀더는 자신의 아들을 도둑으로 오인한다. 아들이 보물관을 들고 있는 것을 눈으로 똑똑히 보았으니 의심할 여지가 없다는 것이다. 그러나 '명백한 사실' 만큼 오해를 불러일으키기 쉬운 것은 없으니, 무언가 새로운 사실을 나타나면 정황증거는 여지없이 무너질 수 있기 때문이다.

이처럼, 하나의 원형에 이끌려 그 원형에 반하는 가능성들을 고려하지 못하고 문제의 원인을 잘못 짚는 오류를 '대표성 오류'(representativeness error)라고 한다. 형사유죄 판결이 정황증거에 근거를 두고 억울한 사람을 잡는 일이 없어야 할 것이다.

10. 세 학생

"The Adventure of the Three Students"

발표문

미술사학과 김지은, 철학과 김은지 · 이은지, 스페인어과 정예슬

인물 소개

- **셜록 홈즈**: 비상한 두뇌와 함께 종잡을 수 없는, 무척 제멋대로인 기질의 소유자. 펜싱, 복싱 등의 각종 격투기와 바이올린 연주에도 일가견이 있음.
- **존 왓슨**: 홈즈에 비하면 비교적 점잖고 곧은 성격의 소유자. 사건(소설)의 서술자.
- **힐턴 소움즈**: 세인트 루크 대학의 학감 겸 강사. 키가 크고 마른 체구. 흥분하기 쉬운 과민한 기질의 소유자. 포테스큐 장학생 시험 중 그리스어 시험의 출제자.
- **베니스터**: 작은 체구에 희끗한 머리를 가진 50대의 남성. 성실하고 정직한 성격으로 10년간 소움즈의 믿음직한 하인으로 지냈음. 약간의 건망증이 있음. 소움즈의 하인으로 일하기 이전에 길크리스트 집안의 집사로 지냈던 적이 있음.
- **길크리스트**: 학감실 위 2층에서 기숙하는 학생. 경마로 파산한 자베스 길크리스트경의 아들. 황갈색 머리에 홈즈에 뒤지지 않을 정도로 큰 키의 소유자. 성적 우수에 만능 스포츠맨으로, 대학의 럭비, 크리켓 팀 양쪽에서 활약하고 있으며 장애물 경주와 멀리뛰기 선수이기도 함. 근면하고 유망하다는 평을 받고 있지만 집안이 어려운 편.
- **다우라트 라스**: 학감실 위 3층에서 기숙하는 인도인 학생. 과묵한 편이나 꼼꼼하고 성실. 그리스어는 취약한 과목이지만 전반적으로 좋은 성적을 내는 학생. 키는 마일스 맥클러런보다도 작음.
- **마일스 맥클러런**: 학감실 위 4층, 맨 위층에서 기숙하는 학생. 비상한 두뇌의 소유자로 마음만 먹으면 전교 최고 성적을 내는 것도 가능하나 변덕스럽고 무절제한, 방종한 성격의 소유자임. 신장 165cm 정도. 카드 스캔들로 퇴학 위기를 겪은 적이 있음. 이번 학기에는 놀기만 했으며, 그래서 이번 시험을 앞두고 두려워하고 있을 것이라는 게 소움즈의 설명.

❖ 인물 다이어그램

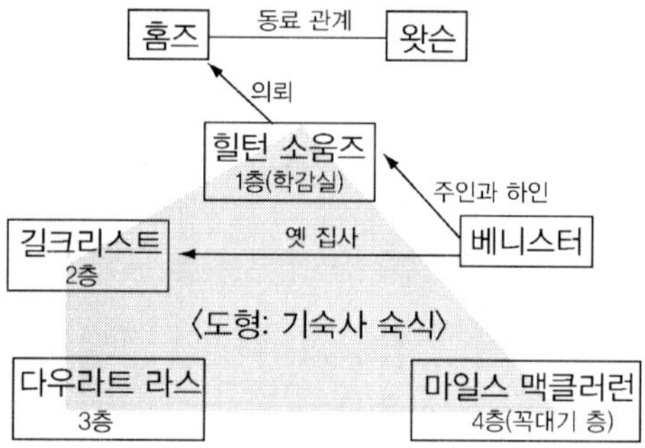

❖ 줄거리

1895년 어느 날, 베이커가 하숙집을 떠나 어느 도서관 근처에서 머물고 있던 홈즈와 왓슨에게 소움즈 학감이 찾아와 도움을 요청한다. 당시 심기가 불편했던 홈즈는 소움즈의 요청을 거절하려 하지만, 의뢰 내용을 듣고는 흥미를 느껴 수락한다.

소움즈의 진술 내용은 이렇다. 당일 오후 세시 경 포테스큐 장학생 선발 시험의 그리스어 시험지를 받고 네시 반까지 검토한 뒤 외출을 나서 한 시간이 넘도록 방을 비운 사이 베니스터가 그만 방문에 열쇠를 꽂은 채로 나와 버렸고, 그래서 학감실에 아무도 없는 사이에 누군가 방에 침입해서 시험지를 베끼고 도망쳤다는 것이다. 베니스터를 의심하기도 했지만 그는 아니라는 것을 알고 나서, 책상의 가죽이 찢어지고 그 위에 작은 삼각뿔 모양의 진흙덩이가 남겨진 것을 보고 베니스터가 아닌 다른 사람의 범행임을 확신하고 나서 홈즈에게 도움을 요청하러 온 것이다.

홈즈는 소움즈에게 시험지가 도착했다는 것에 대해서는 인쇄업자 외에는 아는 이가 아무도 없으며, 한편 현장에는 구겨진 시험지, 연필 깎은 부스러기, 책상 위의 진흙 등의 여러 증거들이 남아 있었다는 증언을 들은 뒤 대학으로 출발한다. 도착하자마자 건물 구조를 파악한 뒤 현장을 조사해 범인이 창문으로 들어가지 않았고, 또한 침실의 커튼 뒤에 숨어있었다는 것도 알아낸다. 창유리 한 장은 사람이 드나들기에는 너무 좁았고, 커튼 아래에서는 책상 위에 있던 것과 똑같은 삼각뿔 모양의 진흙덩이가 발견되었기 때문이다. 시험지의 위치로는 범인이 시험지가 놓인 창가 자리에서 문제를 베끼며 소움즈의 귀가 여부를 보고 있었을 것이라 추리하지만, 소움즈가 창문으로는 볼 수 없는 옆문으로 들어왔다고 증언하자 범인이 급하게 도망쳤을 거라고 추측한다. 한편 연필을 깎은 부스러기를 관찰하고서는 범인이 무딘 칼의 소유자라는 것, 연필이 부러질 정도로 급하게 썼다는 것, 그리고 조한 파버〈Johann Faber〉 제조사의 4cm 길이의 몽당연필을 사용했다는 것도 추리해낸다. 바로 용의자로 의심되는 세 학생에게 각각에 대한 설명을 듣고 나서는 베니스터에게 열쇠를 깜빡 잊고 문을 열어놓은 채로 떠나게 된 경위를 듣고, 베니스터가 열쇠를 두고 간 4시 반부터 소움즈가 돌아올 때까지 문이 열려 있었다는 것도 알아낸다. 그 뒤에는 기숙사를 견학하는 척하면서 세 학생의 방을 살펴보는데, 이때 홈즈는 내부를 스케치하면서 연필을 부러뜨리는 실수하는 척 연기를 반복하며 학생들 각각의 연필과 칼을 살펴본다(다만 맥클러런에게는 방문을 거절당한다). 그리고 나서는 다음 날 다시 방문해 사건을 해결할 것을 약속하며 소움즈에게 인사하고 돌아간다. 그날 밤 홈즈는 마을의 문구점들을 돌아다니며 연필

에 대해 조사하지만 모든 문구점에서 이미 품절되었기에 연필에 대해서는 별 소득을 얻지 못한다.

다음날 아침 홈즈와 왓슨은 세인트 루크 대학에 가서 베니스터를 몰아세우고 길크리스트르를 범인으로 지목해 둘의 자백을 끌어내는데 성공한다. 길크리스트는 자신의 범행을 순순히 인정하고, 동시에 자신은 범인으로 지목당하기 이전에 이미 시험을 포기했음을 고백하고 아프리카로 건너가 경찰이 되기로 결정했다고 말한다. 홈즈는 그의 장래를 지켜보겠다는 말을 남기며 사건을 종결한다.

❖ 사건 개요와 분석

(1) 사건 개요 분석

◆ 사건 내용 : 길크리스트는 멀리뛰기 연습을 하고 기숙사로 돌아오는 중 호기심에 학감실을 엿보게 되었고, 책상 위의 시험지를 보게 된다. 이에 흔들린 길크리스트는 잘 되면 시험지를 엿볼 심산으로 학감실로 가 보는데, 때마침 베니스터가 소움즈의 티타임에 맞춰 찾아왔다가 열쇠를 두고 가는 바람에 문이 열려 있었다. 길크리스트는 곧바로 창문으로 가 중정을 보고 소움즈가 나타나는지를 살펴보며 시험지를 베끼기 시작하지만, 예상외로 소움즈가 옆문으로 들어왔기에 미처 피할 틈도 없이 옆 침실로 급하게 숨어든다. 엉망이 된 현장을 발견한 소움즈는 베니스터를 불러 책망하지만 그가 범인이 아님을 깨닫고 곧바로 홈즈에게달려간다. 한편 베니스터는 창가 의자 위에 길크리스트가 숨기 직전에 미처 챙기지 못하고 놔둔 장갑을 보고 범인이 바로 길크리스트임을 알았고, 길크리스트의 부친인 자베즈

경의 옛 집사이기도 했던 베니스터는 현기증을 느끼는 척 연기하며 의자 위의 장갑을 숨겨준다. 소움즈가 돌아가자마자 베니스터는 길크리스트의 자백을 듣고 바로 돌려보낸다.

◆ 홈즈의 추리 내용 :

① 학감이 떠나고, 베니스터가 열쇠를 잊고, 시험지가 방 안에 있었을 때, 이 세 가지 상황이 겹쳤을 때 거기에 마침 누군가 들어왔다는 우연은 있을 법하지 않다. 따라서 범인은 학감실 책상 위에 있는 것이 시험지라는 것을 알고 들어온 사람이다.

② 인쇄업자와 인도 학생 라스는 용의선상에서 제외된다. 인쇄업자는 굳이 학감실에 침입하지 않아도 얼마든지 기회를 얻을 수 있으며, 인도 학생은 시험지가 두루마리로 말린 상태에서 봤기 때문에 그것이 시험지라는 것을 알 수 없기 때문이다.

③ 학감실 책상 위에 있는 것이 시험지라는 것을 알기 위해서는 위의 둘 외에도 다른 방법을 통해 알 수 있는 이가 있을 것이다. 만약 창문을 통해 엿본 경우를 생각해 본다면, 학감실의 창문은 키가 180cm인 홈즈도 까치발을 들어야 할 정도로 높이 달려 있었기 때문에 따라서 범인은 적어도 홈즈만큼 키가 큰 사람일 것이다.

④ 세 학생 중에서 높이 달린 창문을 엿볼 수 있을 정도로 키가 큰 사람은 길크리스트 뿐이다. 나머지 두 학생은 170cm가 채 되지 않는다.

⑤ 한 장의 시험지가 창가에 놓여있는 것은 곧 범인이 학감이 오는지를 보기 위해 창가에서 시험지를 베끼고 있었다는 증거이다. 하지만 소움즈는 범인의 예상과는 달리 옆문으로 들어왔다. 책상 가죽이 찢어진 것은 책상 위의 무언가를

급히 잡아당긴 흔적으로, 따라서 범인이 매우 급히 달아났음을 알 수 있다. 나중에 이 물건은 길크리스트의 점프화 바닥의 스파이크라는 것이 밝혀진다.

⑥ 도약용 모래사장에 찰진 검은 흙과 미끄럼 방지용 톱밥이 있다. 이것은 책상 위와 커튼 아래에서 찾아낸 것과 일치한다. 길크리스트는 멀리뛰기 선수이기도 하다.

(2) 지표 분석

◆ 시험지의 위치 : 첫 장은 바닥에, 두 번째 장은 창가에, 세 번째 장은 놓아 둔 그대로 있었다. 맨 첫 장은 전부 베끼고 바닥으로 집어던져진 것이며, 둘째 장은 창가의 그 자리에서 베끼는 중이었다는 것을 알 수 있다. 세 번째 장만이 그대로 놓여 있다는 것은 범인이 건드리지 않았기 때문일 것이다. 창가에서 상황을 관찰하려 했던 범인의 예상과는 달리 소움즈는 시야 밖의 옆문으로 들어왔기에 범인은 시험지들을 제자리에 놓지도 못한 채로 아주 급하게 피했을 것이다.

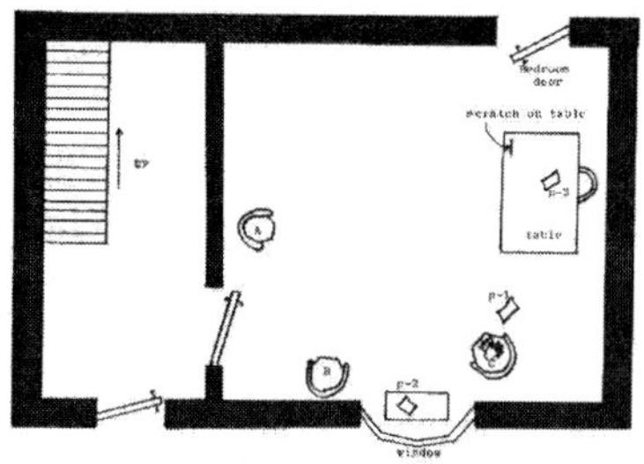

◆ 발자국 소리 : 범인이 아주 급하게 도망쳤다면 뛰어갔을 것이 분명하다. 그리고 소움즈는 범인의 발소리를 들을 수 있었을 것이다. 하지만 소움즈는 아무 소리도 듣지 못했다고 증언한다. 소움즈가 경황이 없었을 가능성이 있지만, 한편 범인이 발소리를 내지 않을 수 있는 상황이었다고 추측할 수 있다.

◆ 커튼 뒤의 은신 : 홈즈는 커튼 밑의 흙덩이를 발견하기 이전에 이미 범인이 커튼 뒤에 숨었을 가능성을 알아차린다. 범인은 소움즈가 옆문으로 들어올 것이라는 점을 예상하지 못했기에 침실로 숨어들었을 가능성이 높은데, 침대와 옷장은 둘 다 너무 낮아서 숨을 만한 곳이 없기 때문이다.

◆ 연필 부스러기 : 부스러기의 형태를 보고 범인의 칼이 무딘 칼이라는 것을 알아내며, 부스러기에 있는 은박의 〈nn〉자를 보고 그것이 연필 제조사 이름 로고인 〈Johnn Faber〉의 일부라고 추측해낸다. 또한 깎인 글자가 〈Johnn Faber〉중 〈nn〉이므로 길이가 4cm정도 남은 몽당연필이라는 것까지 추측해낸다. 다만 작중에서는 모든 문구점에 재고품이 없었기에 그것이 특대형 연필이라는 것 외에는 별 소득을 얻지 못한다.

◆ 진흙덩이 : 작은 삼각뿔 모양에 톱밥이 섞여 있는 형태이다. 도약용 모래사장에 있는 것이 학감실 책상에 남겨져 있다는 것은 먼저 모래사장에 간 적이 있는 사람의 신발이 이후에 책상 위에 놓여 있었다는 것을 뜻한다. 이것이 침실의 커튼 밑에서 발견되었다는 것은 범인이 그곳에 숨어있었다는 증거이며, 소움즈의 범인이 창문으로 들어왔다는 가설을 반박할 증거이기도 하다. 만약 범인이 소움즈의 추리대로 침실 창문을 통해 들어온 후 학감실 문을 통해 도망쳤다면, 진흙덩이가 창문 아래가 아닌 커튼 밑에서 발견된 이유를 설명할 수 없다.

◆ 창문 : 180cm인 사람도 그냥 서서는 엿볼 수 없을 정도로 높은 높이라면, 당연히 그만한 키의 사람이 아니면 방을 들여다볼 기회가 없을 것이라는 결론이 나온다.

◆ 베니스터와 의자 : 베니스터는 소움즈가 자신을 찾고 현장을

보이자, 순간 현기증을 느껴 방구석의 의자에 주저앉는다. 그런데 만일 갑작스런 상황에 당황해 쓰러진다면, 보다 가까이 있는 의자를 선택하는 것이 일반적이다. 출입문 옆의 의자를 놔두고 창가, 즉 방의 구석까지 가는 것은 수상할 것까진 없더라도 분명히 비일반적인 행동임에는 틀림없다. 여기서는 길크리스트가 장갑을 의자에 두었다고까지 추리하기에는 부족하지만, 베니스터가 길크리스트를 감싸고 있다는 것을 심증적으로 짐작할 수는 있다.

(3) 나쁜 분석의 사례

- 소움즈의 잘못된 분석의 예: 그는 홈즈의 추리와 반대로 범인이 침실 창문으로 침입해서 학감실 문으로 도망쳤다는 추리를 제기한다. 하지만 그가 근거로 든 증거는 침실 창문의 크기가 사람이 드나들 수 있을 정도로 충분히 크고 일부가 침입에 용이하게 가려진 상태라는 것 정도이다. 이것은 실제 사건의 증거가 아니라 그저 가능성을 제시하는 지표 정도로 보는 것이 옳다. 한편, 교정쇄가 도착했다는 것은 인쇄업자 외에는 아무도 모르고 있다. 따라서 거기에 시험지가 있다는 것을 전혀 모르는 상황에서 굳이 침실 창문으로 침입을 시도할 이는 없을 것이다.
- 왓슨의 잘못된 분석의 예: 왓슨은 세 학생 중 가장 수상한 사람으로 맥클러런을 꼽는다. 하지만 왓슨이 든 근거는 그의 품행이 나쁘고 거절하는 태도가 매우 무례하다는 것뿐으로 전혀 논리적인 근거가 되지 못한다.
  : 또한 왓슨은 다우라트 라스가 방 안을 분주히 돌아다니고, 방문자의 침입을 매우 불쾌하게 생각하는 것을 수상하게 여긴다. 하지만 그러한 라스의 행동은 그가 시험을 하루 앞둔 학생이라는 점을 감안하면 오히려 전혀 수상한 행동이 아니다.

❖ 감상평

이 사건의 범인인 길크리스트는 운이 좋았던 편이다. 쉽게 설명하자면, 이 작품의 범행은 무계획적이고 충동적인 범행이다. 그리고 이렇다 할 트릭도 없었다. 증거의 개수도 한 손으로는 세기에 모자랄 지경이다. 이처럼 사건 자체는 허점투성이지만, 홈즈의 말대로 정작 이 중에서 결정적으로 길크리스트를 지목해 줄 수 있는 증거가 부족하다.

왜냐하면 범인이 베니스터가 실수했을 때 학감실에 우연히 들어왔을 가능성을 완전히 배제할 수 없기 때문이다. 만약 홈즈가 불가능하다고 판단했던 이 우연이 실제 일어났었더라면 작중에 등장했던 증거들은 의미가 없다. 이 경우 범인은 창문을 엿볼 필요가 없다. 찢겨진 가죽 또한 무엇에 찢긴 것인지 증명하지 못하면 증거로는 부족하다. 연필은 길크리스트가 홈즈가 방문했을 때 이미 숨겼고, 전 문구점에서 이미 품절되어 조사가 불가능했다. 진흙덩이는 모든 사람이 운동장에 갈 수 있다는 이유로 변명할 수 있다. 베니스터의 비일반적인 행동도 길크리스트와의 관계를 모르는 시점에서는 별 도움이 되지 못한다. 나머지 커튼 밑의 진흙이나 시험지의 위치 등을 증거들로는 범인을 특정 인물로 좁힐 수조차 없다. 길크리스트가 조금만 더 비양심적이었다면, 이를 지적하며 시치미를 떼는 것도 가능했을 것이다.

실제로 작중에서 홈즈도 길크리스트를 범인으로 지목할 때 직접적인 증거가 없다고 말한 바 있다. 다만 꼭 확정적인 증거에 의지하지 않고도 이렇게 정확히 범인을 알아맞힐 수 있었던 것은, 그저 홈즈가 운이 좋아서가 아니라 가장 논리적인 결론을 추리하려 했기 때문이다. 그것이 바로 범인이 우연히 학감실에 들어왔을 가능성을 배제한 것이며, 그렇게 해서 홈즈는 길크리스트를 성공적으로 범인으로 지목할 수 있었다.

❖ 그 밖의 것들 : 설정 오류

- 이 시험의 그리스어 발제문의 저자인 투키디데스는 『펠로폰네스 전쟁사』를 쓴 고대 그리스의 장군 겸 역사가이다. 그런데 사람들의 지적에 따르자면, 장학금에 도전하는 학생이라면 이 투키디데스의 저술도 열심히 읽었을 것이기 때문에 투키디데스의 전쟁사에서 시험 문제를 발제한다는 도일의 설정은 좋지 않은 것이라고 한다.
- 또 다른 문제로, 앤드루 랭 외의 여러 사람들이 지적한 바로는 투키디데스의 전쟁사 저술 중에서는 시험지 세 장에 이를 만큼 긴 대목이 없다.
- 로널드 A 녹스는 출제위원이라는 사람이 시험지 전부가 아닌 고작 반 장의 내용을 교정하는 데에 한 시간하고도 반이 걸린다는 것은 말도 안 된다고 지적했다.
- 앤드루 랭은 범인이 정말로 똑똑했더라면 굳이 교정쇄를 전부 베끼려 들지 않았을 것이라고 지적했다. 굳이 전부 베낄 필요 없이 맨 첫 문장과 마지막 문장을 베끼고 자기 방으로 돌아와 그것이 어디서 발제된 것인지만 알아내면 되니 말이다.

읽을거리

反己者 觸事皆成藥石
尤人者 動念卽是矛戈

(자신을 반성하는 자는 부딪치는 일마다 약이 되고, 남을 원망하는 자는 마음이 일어날 때 마다 창과 칼이 되느니라.)

11. 공포의 계곡

"The Valley of Fear"

발표문

섬유미술과 민지연, 컴퓨터학과 정희원 · 이정은, 의상디자인 김혜인

인물 소개

- 셜록 홈즈: 명탐정, 포록에게서 암호가 있는 편지를 받는다. 모리어티 교수와 숙적.
- 존. H. 왓슨: 홈즈의 룸메이트이자 필자.
- 프레디 포록: 홈즈에게 암호문의 편지를 전달하는 연락책.
- 모리어티 교수: 홈즈와는 숙적이자 과학을 범죄에 악용하는 천재수학자.
- 존 더글라스: 벌스톤가에서 의문의 살인을 당한 부유한 시골 신사.
- 세실 바커: 더글라스와 절친. 살인현장 발자국의 주인. 더글라스 부인과 다정한 사이.
- 더글라스 부인: 더글라스의 죽음에 눈물 한 방울 흘리지 않음.
- 맥도널드: 런던 경찰국의 경감.
- 화이트 메이슨: 서섹스 본국의 형사반장.
- 테드 볼드윈(하그레이브): 에티를 탐내는 스카우러단의 간부. 집단의 이익을 위해 살인을 일삼음. 20년 전 사건의 복수를 위해 더글라스를 찾아오고 도리어 공격당해 죽는다.
- 스카우러단: '대자유인단'이라 불리는 살인조직.
- 맥머도: 20년 전 더글라스가 스카우러단에서 활약할 때의 이름.
- 에티: 맥머도가 묵는 하숙집의 딸이고 맥머도와 사랑에 빠짐.
- 버디 에드워즈: 스카우러단으로부터 피해를 입은 기업들이 그 집단을 척결하기 위해 고용한 탐정. 더글라스의 진짜 정체.

❖ 작품소개

「공포의 계곡」은 벌스톤의 영주의 저택에서 벌어지는 기이한 살인 사건을 시작으로 홈즈의 막힘없는 사건 해결 과정을 보여 주는

추리 소설이다. 사건 전반에 걸쳐 미국의 버미사 계곡을 중심으로 활동한 살인 범죄 조직의 끈질긴 복수와 홈즈의 영원한 숙적인 범죄계의 대부 모리어티 교수의 보이지 않는 음모가 펼쳐진다. 그에 맞서는 홈즈의 추리가 매우 흥미진진하다. 1부에서는 살인 사건이 일어나고 2부에서는 그 살인 사건의 비하인드 스토리가 이어진다.

❖ 줄거리

◆ 1부 벌스톤의 비극

"벌스톤에 거주하는 부유한 시골신사 더글라스라는 사람을 상대로 어떤 잔인한 일이 계획되고 있다."는 내용의 암호문이 담긴 포록의 편지를 받은 홈즈에게 맥도널드 경감이 찾아와서 암호해독문을 보고 놀라며 지난 밤 벌스톤 영주의 저택에 사는 더글라스 씨가 살해당했다고 말한다. 홈즈는 문제해결을 위해 살인사건이 벌어진 벌스톤으로 향한다.

더글라스 부부가 살고 있던 벌스톤 영주의 저택은 유서 깊은 건물로 한 때 요새로 쓰인 적이 있었으며 오직 도개교를 지나서만 들어갈 수 있고 낮은 깊이의 해자로 둘러싸여 있다. 시체의 가슴에는 총신을 30cm가량 잘라낸 산탄총이 놓여있었고, 근거리에서 발사된 총을 전부 얼굴에 맞아 머리는 거의 산산조각이 난 상태였다. 처음 시신을 발견한 바커와 시골경사는 처음엔 도개교가 올라와 있어 범인이 밖으로 도주할 길이 없기 때문에 자살이라고 생각했지만 열려있는 창문과 창문턱에 피 묻은 발자국을 보고 살인임을 추측한다.

또 〈V.V.-----341〉이라고 적힌 카드와 어제 그림을 갈아 끼우다 놓아둔 망치, 커튼 뒤 구석에 찍힌 흙 발자국, 죽은 사람의 오른쪽 팔뚝에서 동그라미 속에 든 삼각형 모양의 낙인이 발견된다. 손에는 원석반지와 뱀 반지가 껴져 있었는데 원석반지 아래에 있던 결혼반지를 빼가고 원석반지를 다시 껴놓았다.

현장조사를 위해 영주의 저택에 직접 간 홈즈는 해자는 익사할 정도로 깊지 않다는 것을 확인하고 방에 들어와 조사를 하던 중 하나밖에 없는 아령에 대해 의문점을 가지고 증언을 듣는다.

홈즈는 시체를 발견한 당시 바커가 신고 있던 슬리퍼의 발자국이 창문턱의 발자국과 일치하는 것을 알아냈다. 그때 현관문 근처에서 발견된 범인의 자전거는 더글라스가 사건 전날 갔었던 턴브리지 웰스의 호텔에 투숙했던 하그레이브라는 사내의 것이라는 게 밝혀졌다. 그 사내는 미국인이었으며 전날 아침 자전거를 타고 떠난 뒤 아무 연락이 없었고 더글라스와 거의 흡사한 외모를 가지고 있었으며 회색 트위드 정장에 노란 반코드를 입고 있었다.

정원에서 웃으며 떠들고 있는 바커와 더글라스 부인을 목격한 왓슨이 홈즈에게 말하러 갔을 때 홈즈는 없어진 다른 하나의 아령 찾기에 집중하고 있었다. 홈즈는 바커와 더글라스 부인이 거짓말을 하고 있고 불륜관계는 아니지만 공모를 했다고 의심했다. 사실 총격은 벨이 울리기 30분전에 일어난 것이며 그 두 사람은 무엇을 하고 있어서 즉각 벨을 누르지 않았나하는 의문을 갖게 된다. 홈즈는 서재에서 하룻밤 조사를 마친 뒤 하그레이브를 찾는 일을 중단하라고 말한다.

홈즈는 다른 하나의 아령을 찾아냈으며 바커에게 해자의 물을 빼야겠다는 편지를 보낸다. 그날 저녁 홈즈 일행이 몰래 영주관의 저택을 감시했는데 몇 시간 뒤, 서재의 창문이 열리며 한 사나이가 몸을 굽혀 해자를 휘젓더니 뭔가를 잡아채 창안으로 크고 둥그런 물체를 끌어들여놨다. 그 사나이는 바커였고 그 물체는 아령이 들어있는 꾸러미였다. 편지를 받은 바커는 꾸러미가 들킬까봐 밤에 건져 올리러 온 것이었다. 그 안에는 칼과 하그레이브의 옷가지들이 있었고 홈즈는 코트 안주머니에 써진 〈닐 의상실, 버미사, U.S.A〉를 보고 시체 옆 카드의 〈V.V〉가 버미사 계곡(Vermissa Valley)이며 이 계곡이 바로 공포의 계곡일 거라고 바커를 추궁했다. 그때 더글라스 부인이 들어왔고 홈즈는 부인에게 더글라스 씨에게 직접 나와서 이야기를 하도록 설득해 주라고 말하자 어둠속에서 사실은 살아있었던 더글라스가 나와 왓슨에게 종이뭉치를 건넨다.

◆ 사건의 진실

사실 죽은 사내는 더글라스가 아니라 하그레이브였다. 하그레이브의 본명은 테드 볼드윈이고 20년전 조직을 속이고 배신한 더글라스에게 복수를 하러 왔다가 오히려 자신이 당한 것이었다. 더글라스는 전날 턴브리지 웰스에 갔다가 그를 언뜻 보고 경계를 늦추지 않았다고 한다. 다음날 다리를 올린 뒤 안심하고 집 안 단속을 하던 더글라스는 서재에 숨어있던 볼드윈과 맞닥뜨린다. 칼을 들고 있던 볼드윈에 망치로 맞섰지만 그 뒤 총을 꺼내든 볼드윈과 몸싸움을 하다가 결국 볼드윈이 얼굴에 산탄을 맞게 되었다. 하인들은 총소리를 듣지 못했고 오직 부인과 바커만이 달려왔다. 더글라스는 부인을 올려 보내고 바커와 함께 자신과 외관이 비슷한 볼드윈을 자신이 죽은 것처럼 위장할 생각을 하게 된다. 볼드윈은 팔에도 더글라스와 같은 낙인이 찍혀있었고 얼굴은 거의 알아볼 수 없었기 때문에 위장이 수월했지만, 더글라스의 결혼반지는 미처 빠지지 않아 껴놓지 못했다. 그 뒤 바커는 볼드윈의 옷을 해저에 던지고 발자국을 만들었으며 벨을 눌러 사람들을 불러 모았고 더글라스는 영주관 은신처에서 피신을 하고 있었던 것이다. 그는 만약에 홈즈가 시체의 반창고를 떼어보았다면, 상처가 없었음을 알 수 있었을 것이라고 했다.

홈즈는 볼드윈이 더글라스의 집주소와 들어오는 통로, 은신할 곳에 대해 안 것으로 보아 더 무서운 위험이 도사리고 있는지도 모른다며 경계를 늦추지 말라는 충고를 하면서 사건은 막을 내린다.

◆ 2부 스카우러단

1875년 2월 4일 무쇠와 석탄을 캐는 버미사 지구의 음침한 고장에 용맹한 젊은이가 나타난다. 그는 대자유인단 회원인 존 맥머도로 시카고에서 온 사내였다. 시카고의 어두운 과거를 잊기 위해 버미사로 온 맥머도는 그곳에서 재치 있게 대화를 이끌고 주위사람들을 즐겁게 해주며 섀프터 하숙집에 머물게 된다. 이곳에서 맥머도는 하숙집의 딸 에티와 사랑에 빠지지만 그녀에게는 스카우러단인 약혼자 테드 볼드윈이 있었다. 테드 볼드윈은 사랑과 스카우러단 내에서 대립관계를 이루는 맥머도를 싫어한다.

일자리를 찾던 맥머도에게 기차에서 봤던 스캔런이 찾아와 대장 맥긴티를 빨리 찾아뵈라며 독촉한다. 맥긴티는 대자유인단을 표방하는 스카우러단의 우두머리였고 그를 찾아간 맥머도는 스카우러단 버미사, 341지부에 들게 된다. 하지만 대자유인단과 달리 스카우러단은 살인 조직이었고 수십 건의 폭력과 살인들을 저지르며 버미사를 공포에 몰아넣고 있었다. 그는 거침없는 태도와 호기로 버미사 지부의 형제들의 마음을 사로잡았고 맥긴티의 신임을 얻게 된다.

맥머도는 그의 충성심을 증명하기 위해 동그라미 안에 삼각형이 있는 모양의 낙인을 찍는 의식을 하게 된다. 그 뒤로 맥머도는 지부의 폭력사건 등에 동참하면서 점차 조직 내에서 중요한 위치를 차지하게 된다.

해럴드의 편집장 스탠저를 구타한 혐의로 마빈 경감에게 체포된 맥머도는 스카우러단의 거짓증언으로 풀려나고 전에 머물던 하숙집주인의 딸 에티에게 1년 안에 이 공포의 계곡을 같이 떠나게 될 거라고 약속한다.

내부 일을 담당하는 집사로 임명되어 언젠가 몸주인 맥긴티의 뒤를 이을 유력한 후계자가 된 맥머도는 이제 동지들에게 없어서는 안 될 자문역이었다. 하루는 단원 모리스가 스카우러단의 독재에 화가 난 대기업들이 고용한 탐정 버디 에드워즈가 스카우러단의 준동을 막으러 파견되어 활동하고 있다고 적혀있는 편지를 가져왔다. 맥머도는 이 일을 맥긴티에게 알려 버디 에드워즈를 처단할 계획을 세운다. 맥머도는 버디 에드워즈를 만나 규약과 규정에 관한 책과 조직원에 대한 기록을 준다고 꾀하지만 버디 에드워즈는 오지 않았고 맥머도는 자신이 바로 버디 에드워즈라고 말하며 집을 에워싸고 있던 경찰들이 스카우러단을 진압한다.

그 후 버디 에드워즈는 에티와 함께 공포의 계곡에서 벗어나 시카고에서 결혼식을 올린다. 하지만 목숨을 부지한 몇몇 스카우러단의 복수는 무서웠고 그는 시카고에서부터 쫓기게 된다. 그는 시카고에서 이름을 바꾼 다음 캘리포니아로 갔고 첫 번째 부인을 잃은 후 성을 더글라스로 바꾼 뒤 어느 외진 협곡에 들어가 일했다. 그 협곡에서 그는 바커라는 이름의 영국인 동업자와 함께 큰 재산을 모았다. 다시 스카우러단의 경고를 받고 영국으로 피신한 더글라스는 재혼한 뒤 시골 신사로 서섹스에서 5년간을 살았다.

❖ **인물관계도**

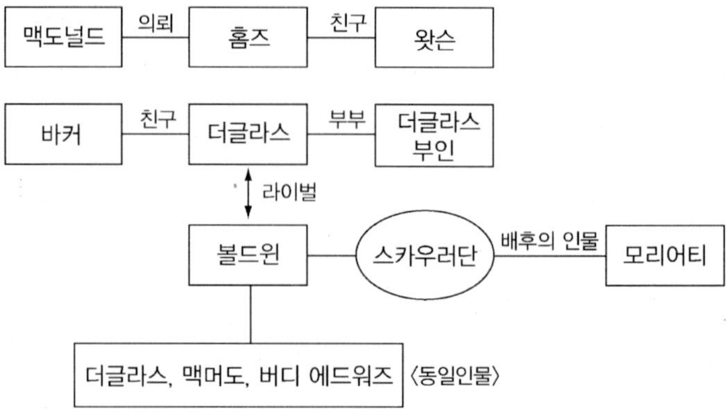

❖ **홈즈의 해결과정**

[편지 추리]

- 편지가 폴록이 보낸 것임을 알게 됨
  → e를 그리스체로 흘려 쓰는 것이 특징.
  → Graphology
- 편지 속 암호

> 534 C2 13 127 36 31 4 17 21 41
> 더글라스 109 293 5 37 벌스톤
> 26 벌스톤 9 47 171

:::: 어느 책의 몇 페이지에 있는 몇 번째 단어를 가리키는 것임을 확신함

1. 534는 암호가 담긴 페이지의 숫자라고 가정 → 두꺼운 책
2. C2 → Column2, 두 개의 칼럼으로 인쇄된 두꺼운 책
3. 그 두꺼운 책이 희귀한 것이라면 폴록이 보냈겠지만 보내지

않았음, 그 책은 모든 책이든 페이지가 일치하는 표준화된 책
→ '휘태커 연감'

4. 534페이지 두 번째 칼럼에 있는 각 숫자 번째 문자들을 조합
→ There is danger may come very soon one.
Douglas rich country now at Birlstone House Birlstine confidence is pressing

[사건 추리]

- 총에 대한 전문적 지식 – 총의 홈에 'P-E-N'이 써져있다는 말을 듣고 미국산 엽총임을 앎. 미국산 엽총이 있었다는 정황증거로 미국인이 범인임을 추측함.
- 초 – 초가 쓰러져있지 않은 걸로 보아 방에 들어오자마자 총을 맞은 건 아님.
- 얼굴의 반창고 – 집사의 증언에 의하면 면도하다가 다친 것인데 평소의 더글라스 답지 않음.
- 망치 – 핏자국이 묻어있지 않았으나 무기로 사용되지 않았다는 확신은 없음.
- v.v.341 카드 + 팔뚝의 낙인 – 비밀 조직과 연관되어 있음을 짐작.
- 결혼반지 – 없어진 결혼반지는 원석반지 아래에 끼워져 있었는데 범인은 결혼반지를 빼고 다시 원석반지를 껴놓아 의문을 품음.
- 커튼 밑 구두 발자국 – 범인이 그곳에 숨어 있었음.

〈가설〉 1

비밀 단체에서 나온 요원이 집 안에 침입해서 잠복해 있다가 총으로 더글라스를 살해하고 해자를 건너 도주한다. 카드는 신문에 보도되었을 때 그 단체의 회원들이 복수가 이루어졌다는 것을 알게 하기

위한 수단이다.

- 창틀의 핏자국
  - 폭이 넓은 구두 발자국으로 커튼 뒤의 날씬한 발자국과 달랐다.
  - 시체를 발견할 당시 바커가 신고 있던 슬리퍼의 모양과 일치함.

- 아령 – 아령 중 하나가 없음을 발견 → 무거운 아령이 필요한 일이 있었음을 짐작.
- 자전거 – 침입자는 외부인임.
- 집사람들의 증언
  - 집사 아메스는 사건 전날 주인이 어쩐지 불안해 한다는 것을 눈치챘다. 사건 당일 집 뒤쪽 식기실에서 있을 때 총소리를 듣지 못했으며 벨소리를 듣고 방을 나왔다.
  - 가정부인 앨런부인은 벨소리가 울리기 30분 전, 문이 쾅 닫히는 것 같은 소리를 들었다. 다른 하인들의 방은 집의 맨 뒤쪽에 있기 때문에 애당초 무슨 소리를 듣는 것은 불가능했다.
  - 세실 바커는 여느 때와 같이 영주의 저택에 놀러와서, 위층에서 있을 때 총소리를 듣고 급히 내려와 죽은 더글라스를 처음으로 발견하게 된다. 홈즈가 촛불에 관해 묻자 바커는 방에 들어갔을 때 촛불만 켜져있었고 사람들이 달려온 뒤 등잔을 키고 촛불을 껐다고 증언했다.
  - 더글라스 부인은 더글라스가 "공포의 계곡에 있은 후로 신변의 위험을 받고 있다. 아직도 공포의 계곡을 벗어나지 못했다."라고 말한 적이 있고 몸져 누워있을 때 "몸주인 맥긴티"라는 말을 되뇌었다고 했다.

- 실제로 총격전이 벌어진 시각
  - 총소리가 들리고 나서 1분도 되지 않아 부인과 바커가 달려왔기 때문에 범인이 그동안 죽은 사람의 손가락에서 결혼반지를 빼고 카드를 던져놓은 다음 창문을 열고 도망가 붙잡히지 않은 것은 불가능하다. 만약 더글라스가 스스로 반지를 내어준 것이라면 어느 정도 가능성이 있지만 초가 탄 짧은 시간 안에 순순히 내놓을 더글라스가 아니다. 즉, 총격은 벨을 울리기 훨씬 전에 일어난 일이다.
  - 가정부가 들은 문소리는 사실 총소리였다.
    → 총격은 실제로는 벨을 울리기 30분 전에 일어났고 부인과 바커의 거짓증언이 탄로 남.
- 부인과 바커의 즐거워하는 모습이 목격됨 – 그 전부터 두 사람의 공모를 의심한 홈즈는 이로써 확신을 하게 됨.

〈가설〉2

- 더글라스의 부끄러운 과거
- 복수를 벼르던 외부인이 더글라스를 살해하고 도망가려는 순간, 바커와 더글라스 부인이 서재에 도착
- 범인 → 자기를 체포하면 치욕적인 과거가 드러날 것이라며 협박
- 그 둘은 범인을 놓아줌
- 달아나게 하려고 다리를 내렸다가 올림
- 범인은 자전거보다는 걸어 도망가는 게 더 안전하다고 생각, 안전하게 도망간 다음에야 발견될 곳에 자전거를 숨김
- 두 사람은 범인이 도망간 경로를 암시하는 증거를 조작하고 30분 뒤에 벨을 누름

- 해자에서 발견된 꾸러미 – 침입자의 옷가지가 들어있었으며 홈즈는 이것을 찾고 방안의 시체가 더글라스가 아닌 침입자라고 확신했다.
- 소책자 – 찰스1세가 한 때 영주의 저택을 은신처로 이용했음이 나와 있었고 더글라스가 집안에 숨어있을 것이라고 생각한다.
- 볼드윈의 노란 코트의 상표 – 비국 버미사, 닐 의상점이라는 상표 발견
  - 시체 옆에 있던 카드의 V.V는 버미사 계곡(Vermissa Valley)를 뜻함을 알게 되고, 이 계곡이 '공포의 계곡'이라는 것을 추정

❖ 결말

홈즈가 벌스톤 영주의 저택에서 더글라스에게 앞으로 더 큰 위험이 닥쳐올 거라고 경고했듯이 더글라스는 두 달 후 결국 강풍 속에서 갑판 너머로 추락해 교묘하게 살해당했고 사고의 경위에 대해 아는 사람은 아무도 없었다.

홈즈는 이 사건에서 모리어티의 존재를 감지할 수 있었다. 그는 이번 사건은 결코 실패하지 않는 사람이 저지른 일로 뛰어난 두뇌와 거대한 조직이 한 사람의 목숨을 빼앗는 일에 집중되었다고 말했다.

이대로 앉아서 당해야만 하냐는 바커에게 홈즈는 모리어티를 쓰러뜨릴 수 없는 것은 아니지만 시간이 필요하다는 개탄을 한다.

12. 실버 블레이즈
"Silver Blaze"

발표문

국제통상학과 조아라 · 배윤정, 문헌정보학과 편채경

The curious incident of the dog in the night-time.

– 홈즈, 실버 블레이즈 –

인물 소개

- **존 스트레이커**: 로스대령 기수로 5년, 조교사로 7년 동안 일함. 이중생활을 하고 있음이 드러났다.
- **실버 블레이즈**: 소설의 주인공으로 경기에 나갈 때마다 상을 탐. 웨식스 배 경마대회의 우승후보인데 실종되었다.
- **로스대령**: 운동선수 출신으로 경마 계에서 유명하다. 그리고 실버 블레이즈의 주인이다.
- **피츠로이 심슨**: 좋은 집안에서 태어나 훌륭한 교육을 받은 인물이지만 경마에 재산을 날린 뒤 런던의 경마클럽에서 마권업자로 조용히 일하고 있음. 용의자로 지목된다.
- **그레고리 경감**: 잉글랜드 경찰 계에 이름을 날리기 시작한 사람. 증거물을 꼼꼼히 챙기는 면모를 보이나 상상력이 부족한 인물.
- **네드 헌터**: 존 스트레이커 밑에서 일하는 마부 중 한 명으로 사건 당일 아편이 든 음식을 먹고 깊게 잠듦.
- **에디스 백스터**: 존 스트레이커의 집에서 일하는 하녀.
- **실라스 브라운**: 실버 블레이즈의 라이벌 말인 데스버라(케이플턴 마방)의 조교사.
- **백 워터경**: 케이플턴 마방의 주인.

❖ 작품소개

「실버 블레이즈」는 아서 코난 도일의 단편소설 중 하나로 단편집 「셜록 홈즈의 회상록」의 첫 번째 작품이다. 「실버 블레이즈」, 「은성호 사건」, 「백은호 사건」등 여러 제목으로 해석되었다.

이 작품은 스포츠 미스터리 가운데 가장 유명한 작품으로, 홈즈가 살았던 19세기가 마차와 말이 주요 이동수단이여서 경마와 직접적 연관이 된 사건이 발생한다. 실버 블레이즈 라는 이름은 말 이마에 하얀 부분이 있기 때문에 붙여진 이름이다.

사건의 무대는 「바스커빌가의 개」의 무대와 같은 곳인 데본셔 다트무어로 그곳 마구간에서 불침번이 약에 취해 잠든 동안 경마레이스에 나갈 유력한 우승후보인 '실버 블레이즈'가 실종된다.

❖ 인물관계도

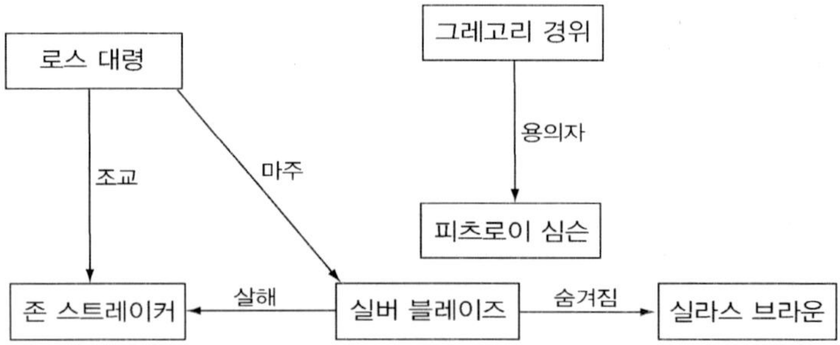

❖ 줄거리

영국 웨식스 배 경마대회 우승후보 말인 실버 블레이즈가 사라지고 조교사인 존 스트레이커가 살해되는 사건이 발생한다. 이 괴상한 사건은 영국 전역에서 초미의 관심사가 되었다.

홈즈는 마주인 로스대령과 수사책임자인 그레고리 경위로부터 협조를 부탁하는 전보를 받았고, 홈즈는 왓슨과 함께 다트 무어로 떠난다.

실버 블레이즈는 대회에서 유력한 우승후보였다. 그래서 실버 블레이즈가 대회에 참가하지 못하면 막대한 이익을 챙기게 될 사람이 많았다.

로스대령이 소유한 마구간의 조교사인 존 스트레이커는 소년 3명을 밑에 두고 일하고 있고, 마구간에서 2백 미터 가량 떨어진 곳의 작은 주택에서 하녀를 두고 살고 있었다. 또 3킬로미터 떨어진 곳에서는 백 워터경 소유의 케이플턴 마방이 있고 이를 실라스 브라운이 관리하고 있었다. 그리고 케이플턴 마방에는 실버 블레이즈의 라이벌인 데스버라가 있었다. 그 밖은 다 황무지이고 사람이라곤 고작 떠돌이 집시 몇 명뿐이다.

그 사건이 일어나던 날 밤에, 마부 네드 헌터는 말을 지키고 있었고 하녀인 에디스 벡스터는 네드를 위한 그날 저녁인 양고기 카레를 가지고 마구간으로 가고 있었다. 마구간으로 가던 중 하녀는 심슨과 마주치게 되는데 그녀는 그를 수상히 여겨 마구간으로 뛰어갔고, 심슨는 그녀 뒤를 쫓아갔다. 그는 마구간에 있는 네드 헌터에게 실버 블레이즈의 정보와, 같은 마구간에 있는 다른 말인 바야르에 관한 정보를 달라고 요구했다. 네드 헌터는 이 염탐꾼을 내쫓기 위해 개를 데려오러 갔으나 그동안 심슨은 이미 사라지고 없었다. 스트레이커는 이 소식을 듣고 흥분해서는 그날 새벽 한 시에 일어나서 마구간을 둘러보고 오겠다고 부인에게 말을 남기곤 비오는 마장에 우비를 입고 나갔다. 아침에 일어났을 때 남편이 아직 집에 없다는 것을 알고 부인은 하녀와 함께 마구간에 간다. 그러나 네드 헌터는 이미 인사불성이 되어있었고, 그들은 스트레이커를 찾기 위해 밖으로 나갔지만 그는 이미 죽은 후였다. 그의 머리에는 흉기로 심하게 얻어

맞은 듯한 상처가 있었고, 허벅지에는 칼이 길게 베인 자국이 있었다. 존 스트레이커의 오른손에는 작은 칼이 쥐어져 있었고, 왼손에는 스카프가 쥐어져 있었다.

그 스카프는 심슨의 것이라고 밝혀졌고 또 그는 흉기가 될 만한 무거운 지팡이를 가지고 있었다. 그리고 심슨이 실버 블레이즈가 아닌 말에 5천 파운드에 달하는 금액을 걸었다는 것이 밝혀짐으로써 경찰은 심슨을 용의자로 지목한다. 또한 경찰은 네드 헌터가 먹다 남긴 양고기 카레에서 상당량의 아편을 검출했다.

존 스트레이커의 소지품에는 청구서, 성냥, 칼, 등이 있는데 청구서는 여성의류점에서 수신자인 윌리엄 다비셔에게 보낸 것이었다. 부인은 다비셔가 스트레이커의 친구라고 말해주었다. 그리고 홈즈와 왓슨은 말을 찾으러 황무지로 갔는데 황무지에서 말발자국과 각진 구두코 모양이 찍혀있는걸 발견한다. 홈즈와 왓슨은 발자국을 따라 갔는데, 그것은 메이플턴 마방으로 연결됐다. 홈즈는 메이플턴의 마구간으로 가서 실라스 브라운 조교와 대화를 나누었다. 그 후 다시 마구간으로 돌아와서 홈즈는 런던으로 가겠다고 말한다. 그 때 홈즈는 마구간에서 일하는 한 소년에게 양에게 별 문제가 없었냐고 물어봤다. 소년은 양 3마리가 최근에 다리를 절기 시작했다고 말했다. 그리고 홈즈는 로스대령에게 개가 사건 날 밤에 짖지 않는 사실을 지적했다.

나흘 뒤, 홈즈와 왓슨은 웨식스 배 경마대회를 관전하기 위해 윈체스터로 갔고, 다함께 어떤 말이 우승하는 것을 보았다. 그 말을 포도주로 씻겼더니 바로 실버블레이즈였다.

❖ 홈즈의 추리력

① 양고기 카레 : 아편은 냄새가 강한데, 그걸 숨길 수 있는, 향이 강한 카레를 식사로 정했다는 건 심슨이 미리 알 수 없으므로 아편을 넣은 범인으로 스트레이커 부부가 의심됨.

② 양 : 스트레이커가 말을 해치기 전에 미리 연습했을 거라 추측하고 양 세 마리가 뒷다리를 저는 것을 알아냄.

③ 개 : 마구간에 있는 개가 그날 밤 짖지 않은 것을 보고 내부인의 소행일 것이라고 추리함.

④ 청구서 : 다른 사람의 청구서를 가지고 있을 이유가 없다고 생각하여 이중생활을 하고 있을 거라 추리하고 부인에게 비싼 옷에 대해 은근슬쩍 물어봄.

"언젠가 파티에서 뵌 걸로 기억됩니다. 비둘기색 비단옷과 타조의 털 장식을 달고 계셨지요."

⑤ 말발굽 : 황무지에서 발견한 말발굽 자국을 실버 블레이즈의 편자와 비교해서 그 발자국이 실버 블레이즈의 것임을 알아냄.

⑥ 각진 구두 코 : 실라스 브라운의 구두를 보고 황무지의 각진 구두 코 발자국이 브라운의 것임을 알아냄.

⑦ 우비 : 우비가 덤불 위에 있는 것을 보고 그날 바람이 많이 불지 않았기 때문에 스트레이커가 스스로 걸어놨다는 것을 추리함.

❖ 사건의 전말

다비셔라는 이름으로 이중생활을 하는 존 스트레이커에게는 사치스러운 애인이 있었는데, 그 애인은 값비싼 드레스를 좋아해서 존 스트레이커는 결국 빚더미에 오르게 되었다. 그래서 그는 판돈을 상대편 말에 걸고 실버 블레이즈의 다리를 절게 해서 도박에서 이기려고 한다. 이를 위해서 그날 새벽에 실버 블레이즈를 끌고 나가게 된다. 가는 길에 그는 심슨이 떨어뜨린 스카프를 보고 말의 다리를 묶는 것에 사용해야겠다고 생각한다. 그리고 실버블레이즈 앞에서 성냥을 켰는데 말은 그 불빛을 보고 놀랐고 말은 존 스트레이커가 자기를 해칠 거라는 것을 본능적으로 느껴 그에게 뒷발길질을 한다. 그리고 그 발길질에 존 스트레이커가 머리를 맞고 죽게 된다. 그때 그는 쓰러지면서, 들고 있던 칼로 자신의 허벅지를 깊게 벤다. 그리고 말은 도망쳐 황무지를 돌아다니다가 메이플턴의 조교인 실라스 브라운에게 발견되고 그는 자기 말을 우승시키기 위해 실버 블레이즈를 변장시켜 숨긴다. 결국 실버 블레이즈가 케이플턴에 있다는 것을 알아낸 홈즈가 브라운과 얘기를 해서 실버 블레이즈를 경주에 다시 내보내게 된다. 그리고 난 후 로스대령은 사건의 전말을 알게 된다.

100대 탐정소설

이 목록은 멀티미디어 문헌정보관리 부서에서 다년간 근무한 Yvon Allard씨가 선정한 것이다. 따라서 완전한 것은 아니며, 주관적인 기준에서 선정되었다는 사실을 양해해야 한다.

Allingham, Margery. Mort d'un fantôme.(유령의 죽음)

Armstrong, Charlotte. Troublez-moi ce soir.(오늘 저녁 나를 뽀개세요.)

Ballinger, Bill. Une dent contre lui--. (원한)

Bardin, John Franklin. Le diable prend la mouche. (악마가 화내다.)

Bentley, E. C. (Edmund Clerihew). L'affaire Manderson. (맨더슨 사건)

Berkeley, Anthony. Le club des détectives. (탐정 클럽)

Biggers, Earl Derr. Le perroquet chinois. (중국 앵무새)

Blake, Nicholas. Le squelette en habit. (옷 입은 해골)

Block, Lawrence. Huit millions de façons de mourir. (800만 가지 죽는 방식)

Boileau-Narcejac. Sueurs froides. (식은 땀)

Brown, Fredric. La nuit du Jabberwock. (자버워크의 밤)

Burnett, W. R. (William Riley). Quand la ville dort.(도시가 잠들 때)

Cain, James M. (James Mallahan). Assurance sur la mort.(사망보험)

Carr, John Dickson. Le naufragé du Titanic.(타이타닉호의 침몰)

Caspary, Vera. Laura.

Chandler, Raymond. Le grand sommeil.(깊은 잠)

Chase, James Hadley. Du gâteau.(과자)

Chesbro, George C. Bone.(뼈)

Chesterton, G. K. (Gilbert Keith). La clairvoyance du père Brown. (브라운 신부의 예지)

Christie, Agatha. Dix petits nègres.(10명의 흑인)

Collins, Max Allan. Faisans et malfaisants.(사기꾼과 악인)

Collins, Wilkie. La pierre de lune. (달 위의 돌)

Daeninckx, Didier. Meurtres pour mémoire.(기억을 위한 살인)

Davis, Mildred. La chambre du haut. (윗방)

Dickens, Charles. Le mystère d'Edwin Drood. (에드윈 드루의 비밀)

Doyle, Arthur Conan, Sir. Le chien des Baskerville. (바스커빌의 개)

Du Maurier, Daphne. Rebecca.

Eastwood, James. La femme à abattre. (제거해야 할 여자)

Eustis, Helen. L'homme horizontal.(수평적 인간)

Fearing, Kenneth. Le grand horloger.(위대한 시계공)

Francis, Dick. Danger. (위험)

Freeling, Nicolas. A cause des chats.(고양이 때문에)

Futrelle, Jacques. Treize enquêtes de la machine à penser. (생각하는 기계에 대한 13가지 조사)

Gaboriau, Emile. L'affaire Lerouge.(르루즈사건)

Gardner, Erle Stanley. La nièce du somnambule.(몽유병자의 질녀)

Gerrard, Paul. La Javanaise. (쟈바여인)

Goodis, David. Sans espoir de retour.(귀환 희망 무)

Greene, Graham. Rocher de Brighton.(브라이튼의 바위)

Hall, Geoffrey Holiday. L'homme de nulle part.(아무데도 없는 사람)

Hammett, Dashiell. Le faucon maltais.(몰타의 독수리)

Harris, Thomas. Le silence des agneaux. (양들의 침묵)

Hart, Frances Noyes. Le procès Bellamy. (벨라미 소송)

Highsmith, Patricia. Monsieur Ripley. (리플레씨)

Hillerman, Tony. Le voleur de temps.(시간 도둑)

Hubbard, Philip Maitland. A marée haute.(밀물 때에)

Hughes, Dorothy B. (Dorothy Belle). Voyage sans fin. (끝없는 여행)

Hull, Richard. Le meurtre de ma tante.(이모의 살해)

Iles, Francis. Préméditation.(계획적인 범죄)

Irish, William. Lady Fantôme. (유령부인)

Japrisot, Sébastien. Piège pour Cendrillon. (신데레라의 곤경)

Kassak, Fred. On n'enterre pas le dimanche.(일요일을 포기하지마!)

Kemelman, Harry. On soupçonne le rabbin.(의심받는 랍비)
Latimer, Jonathan. Quadrille à la morgue. (영안실의 카드놀이)
Le Fanu, Joseph Sheridan. L' oncle Silas.(실라 아저씨)
Leblanc, Maurice. L'aiguille creuse.(속이 빈 바늘)
Leroux, Gaston. Le mystère de la chambre jaune.(노랑 방의 비밀)
Levin, Ira. La couronne de cuivre.(구리로 만든 왕관)
Levin, Meyer. Crime.(범죄)
Lockridge, Frances. L'essence du drame.(참사의 본질)
Lovesey, Peter. Cidre brut.(생 능금주)
MacDonald, Philip. La nurse qui disparut.(사라진 하녀)
Macdonald, Ross. La grimace d'ivoire. (상아로 만든 조각)
Marsh, Ngaio. Un piège pour Miss C.(C양에게 놓은 덫)
Mason, A. E. W. (Alfred Edward Woodley).
Le trésor de la Villa Rose.(로즈 빌라의 보물)
McCloy, Helen. Le miroir obscur. (흐린 거울)
McDonald, Gregory. Fletch.
McIlvanney, William. Laidlaw.
Millar, Margaret. D'entre les morts.(죽은자들 가운데서)
Milne, A. A. (Alan Alexander). Le mystère de la maison rouge.
(붉은 집의 비밀)
Monteilhet, Hubert. Les mantes religieuses.(사마귀)
O'Connell, Carol. Meurtres à Gramercy Park.(그래머시 공원의 살인)
Paul, Barbara. Les paupières lourdes.(무거운 눈꺼풀)
Queen, Ellery. La ville maudite.(저주받은 도시)
Quentin, Patrick. L'assassin est à bord.(일보 직전의 살인자)
Rendell, Ruth. L'analphabète.(문맹자)
Rice, Craig. Malone quitte Chicago.(마론느 시카고를 떠나다.)
Rinehart, Mary Roberts. L' escalier en colimaçon.(나선형 계단)
Rogers, Joël Townsley. Jeu de massacre.(잇따른 해고)
Sanders, Lawrence. L'homme au divan noir.(검은 침상의 남자)

Sayers, Dorothy L. (Dorothy Leigh). Lord Peter et l'inconnu. (피터경과 무명인)

Scerbanenco, Giorgio. Les enfants du massacre.(학살된 아이들)

Seeley, Mabel. D'autres chats à fouetter.(더 중요한 일)

Simenon, Georges. L'affaire Saint-Fiacre.(쎙 휘아크르사건)

Sjöwall, Maj. Roseanna.(로제아나)

Steeman, Stanislas-André. L'assassin habite au 21. (21가에 사는 살인자)

Stout, Rex. Fer de lance.(첨병)

Tey, Josephine. La fille du temps.(시간의 딸)

Thomas, Louis C. Jour des morts.(사자들의 날)

Thomas, Ross. Ondes de choc.(충격파)

Thompson, Jim. Le démon dans ma peau.(악마가 내 안에)

Turow, Scott. Présumé innocent.(무죄추정)

Uhnak, Dorothy. La mort est un jeu d'enfants.(죽음은 어린애 장난)

Van de Wetering, Janwillem. Le papou d'Amsterdam. (암스테르담의 파푸아인)

Van Dine, S. S. L'affaire de l'évêque.(주교가 얽힌 사건)

Vázquez Montalbán, Manuel. Les mers du Sud.(남해 바다)

Vickers, Roy. Service des affaires classées.(기결사건국)

Walsh, Thomas. Midi, gare Centrale.(정오,중앙역)

Waugh, Hillary. On recherche--.(수사 중...)

White, Teri. Les lamentations de Jeremiah.(예레미아의 통곡)

Williams, Charles. Ont-ils des jambes?(그들의 다리는?)

■ Bentley, E. C

추리 소설가로서는 추리사에 남는 명작 「트렌트 마지막 사건」의 작자로서 알려져 있다.

1913년, 종전의 지나치게 강렬한 통속적 추리소설에 대한 가벼운 비판까지 담은 『트렌트 최후의 사건』을 발표하여 근대추리소설의 이정표가 되었다.

이 작품은 전세기의 홈스를 중심으로 하는 단편 중심의 탐정 소설로부터 크게 탈피해서 본격 장편 황금시대의 개막을 고한 작품으로 유명한데 장편인데 참신한 구상과 빼어난 트릭, 생생한 인간성 등으로 해서 현대 추리소설의 선구가 된 획기적인 작품이다.

그리고 추리소설과 연애를 유기적으로 결합시키는 것에 처음으로 성공한 작품이기도 한데

베일리는 브라운 신부로 유명한 추리소설가 G.K. 체스타톤과는 재학시절부터 절친한 친구로 알려져 있는데 1908년에 체스타톤은 장편 「목요일의 남자」를 그 5년 후에 베일리는 「트렌트 마지막 사건」을 서로에게 헌정했다. 친구의 체스타톤은 이 작품의 성공을 매우 기뻐했다고 한다. 「마지막 사건」이라는 제목에서 알 수 있듯이 베일리는 이 작품 한 편으로 더 이상 쓰지 않을 생각이었지만 주위의 강한 요망에 의해 그 후 몇 개의 트렌트가 주인공으로 나오는 작품을 발표하게 되는데 H.W. 앨런과 공동으로 저술한 장편 『트렌트 자신의 추리(1936)』가 있다.

■ Berkeley, Anthony

그의 작품은 버클리 명의 뿐만이 아니라 프랜시스 아일즈, A.B 콕스, 몬마스 프랏트등의 수많은 명의를 사용해 발표되고 있다.

추리소설에서는 본격 추리의 분야뿐만이 아니라 「살의」 등으로 대표되고 있는 프랜시스 아일즈 명의의 작품에서는 범죄자를 주인공으로 하고 그 범죄의 과정이나 범행 뒤에 죄여오는 심리적 압박감을 리얼하게 그려내는 이른바 〈범죄 심리소설〉 의 분야에서도 새로운 경지를 개척했으며 드로시.L 세이어즈 들과 함께 추리소설 작가의 친목 단체인 〈탐정 클럽〉 설립의 중심적 역할을 담당하는 등 항상 시대의 앞선 선지구자로서의 역할을 완수해 왔다.

국내에서는 독초콜릿 사건, 살의, 여자 살인이야기 등이 출판되었다.

■ Block, Lawrence 800만 가지 죽는 방식

매트는 애인인 일레인의 친구 킴을 만난다. 창녀인 킴은 자신의 일을 그만두고 싶어 하지만, 포주인 챈스가 두려워 말을 꺼내질 못하고 매트에게 대신 자신이 창녀를 그만두게 도와달라고 부탁을 한다. 매트는 신비주의 포주인 챈스를 찾아 온 도시를 찾아 헤매고, 그를 권투시합장에서 만나는데 챈스는 자신은 노예상이 아니라며, 그녀들은 자신의 친구고 그만두고 싶을 땐 언제든지 그만둘 수 있다고 말을 한다. 그날 밤, 킴에게 만나자고 전화가 오고 킴은 매트에게 챈스를 만났으며, 일이 잘 풀렸다고 한다. 그리고 잔금과 보너스를 그에게 주고 매트는 돌아와 집에서 잠을 잔다. 다음날 아침, 매트는 신문에서 킴이 호텔에서 잔인하게 살해당한 기사를 읽고, 술집에서 폭음을 하다 병원에 실려 간다. 퇴원한 그에게, 챈스가 만나자고 하고 챈스가 범인이라고 의심하던 매트에게 자신은 범인이 아니며 그녀는 자신의 친구라며, 범인을 찾아달라고 의뢰를 한다.

■ **Carr, John Dickson 타이타닉호의 침몰**

구부러진 경첩(The crooked hinge / 1938)

두 명의 모피리 경이 등장하여 서로 자기가 진짜라고 우긴다. 그날 밤 모두들 마른 침을 삼키며 지켜보는 가운데 이들의 대결이 펼쳐진다. 서로 상대방이 타이타닉 호의 사건으로 인해 신분을 바꾼 것이라고 주장한다. 누가 진짜인지 판별할 수 있는 방법은 지문감식 뿐인데 누군가가 살해된다. 딕슨 카의 대표작으로 불리 우는 이 작품은 불가능 범죄뿐만 아니라 악마 예배 등의 오컬티즘을 느낄 수 있다.

■ **Caspary, Vera 로라**

뉴욕 상류사회, 주인공들은 광고회사 디자이너 로라와 그의 보호자격인 칼럼니스트 왈도, 그리고 그의 죽음을 수사하는 과묵한 민완형사 마크등 3인. 로라가 자기 집에서 얼굴이 무참히 일그러진채 살해되면서 마크가 사건 수사를 맡는다. 마크는 펜을 독검처럼 휘두르는 왈도가 로라를 뉴욕광고계의 실력자로 키웠으며 로라를 광적으로 사랑하나 로라는 다른 남자를 사랑했다는 사실을 알아내고 왈도를 유력한 용의자로 지목한다.

■ **Chandler, Raymond 깊은 잠** (이 소설을 원작으로 한 영화줄거리 소개)

하드보일드 문체의 대가로 꼽히는 미국 작가 레이먼드 챈들러의 추리소설이다. 1939년도에 출간된 작품으로, 필립 말로 시리즈 1작이자 장편 데뷔작이다. 로스앤젤레스 거리에 모습을 드러낸 사립탐정 필립 말로는 백만장자 스턴우드 장군으로부터 사건 해결을 의뢰받는다. 장군에게는 도박꾼에다가 알콜 중독자인 맏딸 비비안과 색정광에다가 마약 중독자인 작은 딸 카멘이 있는데, 그녀들이 말썽인 것이다. 미국 상류층 사회에 만연한 부패와 퇴폐를 날카롭게 파헤친 작품으로, 험프리 보가트와 로버트 미첨 주연으로 두 차례 영화화되었다.

■ Chesterton, G. K 브라운 신부의 예지

굼뜬 데다가 동그란 얼굴에 얼뜨기 신부이지만 아무리 어려운 사건이라도 단번에 진상을 꿰뚫어보고 그 핵심을 찌르는 브라운 신부가 주인공이다. 홈즈 시리즈와 쌍벽을 이루는 브라운 신부의 시리즈가 담긴 책으로 기상천외한 트릭, 통렬한 풍자와 유머, 독특한 역설과 경구로 미스터리계를 무찌른 체스터튼의 작품이다.

■ Christie, Agatha 10명의 흑인

열 명의 검둥이 아이들이 정찬을 먹으러 나갔다. 한명이 숨통이 막혀 아홉 명이 되었다. 아홉 명의 검둥이 아이들이 밤늦도록 잠을 자지 않았다. 한명이 늦잠을 자 여덟 명이 되었다. 여덟 명의 아이들이 데본을 여행했다. 한명이 남겠다고 하여 일곱 명이 되었다. 일곱 명의 검둥이 아이들이 나무를 하러 갔다. 한명이 배가 갈려 여섯 명이 되었다. 여섯 명의 검둥이 아이들이 벌집을 가지고 장난쳤다. 한명이 벌에 쏘여 다섯 명이 되었다. 다섯 명의 검둥이 아이들이 소송을 일으켰다. 한 명이 재판소에 가 네 명이 되었다. 네 명의 검둥이 아이들이 바다로 나갔다. 빨간 청어가 한명을 삼켜 세 명이 되었다. 세 명의 검둥이 아이들이 동물원에 갔다. 큰 곰이 한명을 끌어안아 두 명이 되었다. 두 명의 검둥이 아이들이 양지쪽에 앉아 있었다. 한명이 타죽어 한명이 되었다. 한명의 검둥이 아이 혼자 남았다. 그가 결혼을 해서 아무도 없었다.

'그리고 아무도 없었다.'에서 소재로 10명의 흑인이 라임으로 쓰였다.

■ Collins, Wilkie 달 위의 돌

19세기 영국 작가의 탐정소설이다. 1799년 인도의 성지인 세링가파탐을 점령한 영국 군대는 귀중한 달의 보석을 약탈하고, 국보를 되찾으려는 인도의 노력을 피해 보석을 숨기지만 탐욕스런 영국인들의 손을 거친 끝에 제자리로 돌아와 빛난다는 이야기이다.

■ Dickens, Charles 에드윈 드루의 비밀

찰스 디킨즈의 미스테리 유작 장편이다. 크로이스터램 대성당의 성가대장 제스퍼, 관리인 토프, 기숙학교의 학생 로사 버드, 런던 박애협회장 록 허니선더 등 다양한 인물을 중심으로 영국의 대성당을 무대로 펼쳐지는 미완성 소설이다.

■ Doyle, Arthur Conan, Sir. 바스커빌의 개

찰스 바스커빌 경이 저택 바깥에서 의문의 급사를 하게 되면서 시작된다. 그의 절친한 친구 의사 모티머는 바스커빌 가를 둘러싼 불길한 저주의 전설을 들먹이면서 탐정 셜록 홈즈에게 도움을 요청한다. 그때 바스커빌 경의 유일한 상속자인 헨리가 런던에 도착하게 되고 모티머는 헨리가 조만간 두번째 희생자가 될 것이라는 경고를 하는데, 과연 바스커빌 가를 둘러싼 공포의 사냥개 전설은 무엇인지 홈즈는 서서히 범인의 실체에 대해 접근한다.

■ Gaboriau, Emile 르루즈사건

파리 센느 강가의 한적하고 작은 어촌, 어느 날 르루주라는 이름의 여자가 집 안에서 변사체로 발견되고 경찰 수사가 시작된다. 후에 명탐정으로 이름을 날리는 르코크 형사는 아직 말단 형사라서

이 소설에선 첫 부분에서만 등장한다. 탐정으로 활약하는 사람은 파리 경시청의 숨은 고문 타바레 노인이다.

■ Harris, Thomas 양들의 침묵

피해자가 모두 몸집이 비대한 여인들이고 피부가 도려내어 진 엽기적인 사건이 발생한다. 신참 FBI 요원 클라리스 스털링은 어느 날 상관 크로포드로부터 이 사건을 조사하라는 명령을 받는다. 이 사건의 유력한 용의자인 '버팔로 빌'이라고 별명이 붙여진 살인범에 대한 아무런 단서를 잡지 못하자 크로포드는 사건해결에 결정적인 도움을 한니발 렉터 박사에게 받으라고 이야기한다. 한니발 렉터는 자기 환자 아홉 명을 살해하고 그들의 살을 뜯어 먹은 혐의로 정신이상 범죄자 수감소에 수감 중인 전직 정신과 의사이다. 그는 스털링과 처음 만나자마자 스털링의 체취와 옷차림, 그리고 간단한 말 몇 마디로 그녀의 출신과 배경을 간파해 그녀를 놀라게 한다.

■ Highsmith, Patricia 리플레씨

심리 스릴러를 다룬 책이다. 뉴욕에서 불만족스러운 삶을 살고 있던 톰 리플리에게 사업가인 그린리프 씨가 다가와, 유럽에서 돌아올 생각이 없는 자신의 아들, 디키 그린리프를 설득시키는 것을 도와달라고 한다. 리플리는 디키를 잘 알지도 못하지만 그를 찾기 위해 유럽으로 가는 비용을 대준다는 말에 제안을 받아들인다. 잘생겼고, 부유하고, 걱정 없는 디키 그린리프는 미국으로 돌아갈 생각이 전혀 없어 보인다. 톰은 당분간 그와 어울리며 유럽 생활을 즐기지만, 남아 있는 돈은 점점 줄어들고 디키의 친구 마지는 톰을 탐탁치 않게 여긴다. 톰은 점점 궁지에 몰리게 된다.

■ **Hillerman, Tony 시간 도둑**

토니 힐러맨은 '조 리프혼'과 '짐 치' 시리즈로 유명하며, 인디언 문화를 접목하여 색다르게 다가온다. 이 책에서는 한 인류학자의 실종사건을 밝히는 과정에서 미국 사회의 인디언 문제가 드러난다.

■ **Iles, Francis 계획적인 범죄**

Berkeley, Anthony의 또 다른 이름으로, 이 책은 범죄의 유형과 범죄 심리를 분석하는 도서 추리 소설의 걸작으로 뽑히는 작품이다.

■ **Irish, William 유령 부인**

주인공인 스콧 헨더슨은 아내와 다툰 후에 집을 뛰쳐나가게 되고 불안한 상태에서 처음 보는 여인과 식사를 하고 공연을 보게 된다. 집에 도착한 그를 기다린 것은 아내의 시체와 경찰들이었다. 알리바이를 입증해 줄 의문의 여자는 헨더슨 이외에는 아무도 알지 못하고, 사형집행일을 받아놓은 헨더슨과 그의 무죄를 믿지 않는 다른 사람들이 사건을 풀어나간다.

■ **Kemelman, Harry 의심받는 랍비**

랍비 데이브드 스몰은 원칙주의자로 책을 좋아하고 겉모습에 그다지 신경을 쓰지 않는다. 그래서 일부 신도들은 랍비를 못마땅하게 여겼다. 어느날 유모로 일하는 엘스페스 블리치라는 아가씨가 교회 마당에 세워진 랍비의 차 여페서 목이 졸린 시체로 발견되었고, 핸드백이 랍비의 차 안에 떨어져 있었다. 사건이 일어나던 날 밤, 랍비는 교회에 있는 서재에 있었고 아무도 본 사람이 없었다. 그녀와 비슷한 여성과 있었던 것으로 추측되는 유력한 용의자로 자동차 판매상인 알 베커의 동료 멜빈 브론스타인이 지목된다. 하지만 랍비는 브론스타인에게 걸린 혐의가 논리적으로 결함이 있다고 지적한다. 엘스페스의 방을 조사하던 중 라디오를 본 랍비는 그녀가 라디오에서 어떤 뉴스를 듣고 나갔다는 것을 추리한다. 범인은 랍비가 그날 만났던 경관이고, 임신 중이던 엘스페스는 경관의 약혼 소식을 듣고 사실 확인을 위해 갔다가 살해당한 것이었다.

■ **Leblanc, Maurice 속이 빈 바늘**

아르센 뤼팽 전집 21권 중 제3권으로 한국에서는 '기암성'이란 일본식 제목으로 알려져 있다. 여러 면에서 전작 '괴도신사 뤼팽'이나 '뤼팽 대 홈스의 대결'과 현저한 차이를 보인다. 일단 스토리의 다층적인 전개와 복선들이 보다 정교화되고, 주제와 소재 및 시공간적 스케일이 보다 확대되었다. 역시 홈스는 뤼팽의 호적수로 등장하며, 또한 새로운 영웅인 소년탐정도 선을 보인다.

■ **MacDonald, Philip 사라진 하녀**

1924년 대표작으로 여겨지는 「여」를 발표하고 황금시대의 작가로서 스타트를 하는데 그의 작품 발표는 단기의 사이에 집중적으로 쓰인 것이 특징 이다. 특히 1931년에는 일 년 동안에 8편의 작품을 발표한 적도 있다. 그 후 할리우드로 이주한 뒤 영화 일에 하면서 미스테리의 분야와는 멀어지게 된다. 이 후 시간이 지나 미스테리 작품을 다시 발표하지만, 맥도날드의 후기 작품은 본격이라고 하기보다는 오히려 서스펜스, 스릴러적인 요소를 가진 작풍이 중심이 되고 있다. 필립 맥도날드는 전부 20편 정도의 장편과 단편을 발표했는데 미국 탐정 작가 클럽(MWA) 상을 두 번 수상하는 등, 평론가들 사이에 높은 평가를 얻고 있는 작가로 미스테리 소설뿐만이 아니라 보통 소설도 많이 발표하고 있다.

■ **McDonald, Gregory 플레치**

민완기자인 I.M 플레처(통칭 플레치)는 해변가의 마약 밀매에 관한 특종 기사를 위해 거리의 떠돌이로 변장하고 조직과 친해지기 시작한 어느날, 콜린스 항공 회사의 사장이자 젊은 거부 앨런 스탠윅으로 부터 자신을 죽여달라는 부탁을 받는다. D-Day는 1주일 후. 플레치는 마약 밀매 기사에 대한 압력을 받으면서도 앨런 스탠윅에 대한 자신만의 조사활동을 펼쳐 나가며 동기와 자신을 선택한 이유에 대한 해답을 서서히 찾아나가게 된다.

■ **Millar, Margaret 죽은 자들 가운데서**

마가렛 밀러는 로스 맥도날드의 부인이다. 남편의 명성에 가려진 면이 없지 않다. 아쉽게도 국내에는 많은 작품이 소개되지 않았다.

■ **Milne, Alan Alexander 붉은 집의 비밀**

알렌 알렉산더 밀른은 위니 더 푸우의 작가로도 유명하다. 동화작가로 유명해진 뒤에 추리소설을 쓰기 시작했는데, 작품 속에서 추리소설 애호가로서의 견해가 드러난다. 주인공 길링검의 목소리를 통해 적극적으로 자신의 의견을 피력한다. 그는 과학수사를 하는 탐정을 못마땅해 했고, 지극히도 고전적인 탐정을 좋아했지만, 탐정이 조용하게 있는 것은 싫어했기 때문에 길링검처럼 솔직하고 말 많은 탐정을 만들어냈다. 이 작품에서 사건은 지극히 단순하다. 여기서는 용의자가 단 한 사람밖에 없다. 두 명의 청년이 집 주변을 살피고,

유력한 용의자를 감시하며 가끔 사람들의 말을 들어보는 정도이다. 탐정의 길링검의 생각도 거의 다 독자에게 전달되며 작가가 적극적으로 개입하는 동화적 서술을 하는 작품이다.

■ **Queen, Ellery 저주받은 도시**

미국의 역대 최고의 합작 작가이자 추리소설의 제왕으로 불리는 엘러리 퀸은 미스터리 팬이었던 동갑내기 사촌형제 프레드릭 더네이와 맨프레드리가 함께 작품을 쓰면서 탄생되었다. 이들은 엘러리 퀸이라는 필명 외에도 버나비 로스라는 필명으로 'Y의 비극' 등의 걸작을 발표하며 왕성한 작품 활동을 했다.

■ **Quentin, Patrick 일보 직전의 살인자**

패트릭 쿠엔틴도 엘러리 퀸의 뒤를 이어 등장한 합작 작가이다. 리처드 윌슨 웹은 마사 모트 켈리, 메리 루이스 애스웰 등 두 명의 여성 작가와 함께 Q. 패트릭이라는 이름으로 작품을 써오다가 휴 휠러와 함께 패트릭 쿠엔틴이라는 이름으로 활동을 시작했다. 이들은 조너던 스태크라는 필명으로도 작품 활동을 했으며, 1952년 이후 웹이 건강상의 이유로 합작이 해체되었으나 휠러는 이 이름으로 1960년대까지 계속 작품을 썼다.

■ **Rendell, Ruth 문맹자(유니스의 비밀)**

글을 읽지 못하는 유니스 파치먼이 문맹이라는 이유 때문에 자신이 가정부로 일하던 커버데일 가족을 몰살한다. 이 작품은 싸이코패스 같은 살인마의 이야기이다. 여기에서는 누가 죽였는지 보다 무슨 이유로 죽였는지를 중점으로 그려진다. 사랑을 거의 받지 못하고 살아서인지 사랑 같은 감정을 전혀 가지고 있지도 이해하지도 못하는, 그래서 인간이라기보다는 기계에 가깝게 느껴지는 특이한 주인공인 유니스와 방탕한 생활을 하다가 사이비종교에 빠져 말 그대로 미쳐버린 조안이 무슨 이유로 어떻게 커버데일 가족을 죽였는지를 작가는 담담하면서도 유머러스하게 그려나간다.

■ Sayers, Dorothy L. **피터경과 무명인**

도로시 세이어스는 황금시대를 대표하는 작가 중의 한명으로, 해외에서는 아가사 크리스티와 대등하게 평가하고 있으며 또 한사람의 〈미스테리의 여왕〉 이라고 지칭하고 있다. 1923년에 귀족탐정인 피터 윔지 경을 주인공으로 하는 장편 소설을 발표한다. 그 뒤 피터 경을 주인공으로 하는 장편을 중심으로 수많은 작품을 발표했다. 피터 윔지 경 시리즈는 장편 11편 단편 21편이 발표 되었으나 국내에서는 별로 소개되지 않았다.

■ Stout, Rex **첨병**

한국에서는 '독사'라는 제목으로 소개되었다. 렉스 스타우트의 처녀작인 장편추리소설로, 주인공 네로 울프는 몸무게 140kg에 한번 앉거나 누우면 제대로 움직일 수조차 없는 둔한 탐정이다. 집 밖으로 나가지도 않고 난초와 더불어 미식을 즐기던 그의 앞에 이중 삼중으로 얽히고설킨 연속살인사건이 나타난다.

■ Tey, Josephine **시간의 딸**

작품의 주인공 앨런 그랜트 경감은 맨홀에 빠져 다리가 부러지는 부상을 입고 병원신세를 진다. 병원 천장을 바라보며 시간을 보내던 그랜트는 우연히 한 초상화를 보게 된다. 경찰에 몸담고 있던 경험으로 얼굴에 관한 한 전문가라 자처하던 그랜트는 초상화가 떠올리는 그 사람의 성격, 인생을 생각해 본다. 큰 책임을 지고 있고, 양심적이며, 완벽주의자, 마치 판사와 같은 인물. 그랜트는 초상화의 주인공이 역사상 최악의 악인으로 알려진 리처드 3세임을 알고 놀라는 동시에 의문을 품게 되고 이것이 계기가 되어 젊은 미국인 역사 연구가 브렌트 캐러다인을 조수로 삼아 500년 전의 사건에 뛰어들게 된다. 역사적 사실을 배경으로 펼쳐지는 역사 추리소설이다.

■ **Thompson, Jim 악마가 내 안에**

텍사스 작은 마을의 부 보안관인 루 포드는 잘생긴 얼굴과 친절한 행동으로 마을 사람들의 신뢰를 한 몸에 받고 있다. 마을에서 가장 예쁜 약혼녀 에이미와 의사인 아버지에게서 물려받은 집까지 갖춘 그는 남부러울 것이 없다. 하지만 그에게는 남들이 모르는 병이 있다. 어릴 적 그를 지배할 뻔 했던 그 병은 다시 수면 위로 모습을 드러낸다. 루는 창녀 조이스와 마을 유지의 아들인 엘머를 복수라는 이름으로 동시에 살해하고, 사람들은 그들이 말다툼 끝에 서로를 죽였다고 생각한다. 그러나 점차 드러나는 증거가 루를 조여오고, 루는 그 살인을 은폐하기 위해 또 다른 살인을 저지른다.

■ **Van Dine, S. S. 주교가 얽힌 사건**

국내에는 비숍 살인사건으로 소개되고 있는 이 작품에서는 마더구즈의 노래 말대로 처참하고 기괴한 연쇄살인극이 벌어진다. 순진무구한 동요와 무시무시한 살인이 만난 미스터리다. 친구 매컴과 함께 사건에 개입한 반스는 독특한 심리분석으로 한 발짝씩 한 발짝씩 범인을 절벽 끝으로 몰아간다.

■ Vickers, Roy 기결사건국

국내에는 미궁과 사건부, 미궁부서 등의 제목으로 소개되었다. 부수가 많지 않아 지금은 희귀본이 되었다. 전부 10편의 이야기가 수록되어 있다.

1. 고무나팔

어머니의 과보호 하에서 성장한 유약한 청년 조지는 에셀이라는 아가씨와 마음에 없는 결혼을 한 뒤, 그와 노처녀 콜래미어와의 관계 때문에 그녀를 살해한다. 그가 자신의 존재를 숨기고 에셀과 교제했기에 경찰은 그를 찾지 못하고 사건은 미궁과로 넘겨진다.

2. 웃은 부인

유명한 광대 스펜글레이브는 자신의 아내가 자신을 남자로 인식하지 않고 "광대"로 인식하고 있다는 사실을 깨달은 뒤 그녀에게 살의를 품게된다.

3. 보트의 푸른 수염

조지 매커트니는 전에 알던 하녀와 보트를 타다가 일어난 우연한 사고 덕에 "완전범죄"의 방식을 깨닫게 되고 결혼 뒤 아내에게 보험을 가입하게 하고 그녀를 보트사고로 위장시켜 살해하는 수법으로 재산을 늘려나간다. 경찰은 그의 범행을 확신하지만 증거가 없어 체포하지 못하고 사건은 미궁과로 넘어간다.

4. 없어진 두개의 다이아몬드

블렌든 집안의 11대째 백작인 헨리 어시웬 경은 희극 여배우 넬리

해이드와 깊은 관계를 맺는다. 그러나 그녀가 결혼을 요구한 직후 살해되고 보석을 훔쳐간 건달 짐이 살인 혐의로 교수형을 받는다. 그러나 2년여의 세월이 흐른 뒤 도둑맞은 보석이 새롭게 발견되고 미궁과는 사건 해결을 위해 헨리경을 다시 찾게 된다.

5. 옥스퍼드 거리의 카우보이

앤드류 애머셤은 자그마한 체구의 소심한 사나이로 자신의 아내가 다른 남자와 관계를 맺고 있는 것을 묵인하고 살고 있었지만 어느 날 분노가 폭발하게 된다.

6. 빨간 카네이션

변호사 웨이컬링은 한때 자신이 사랑했지만 캐스버트라는 인물과 결혼을 약속한 여성 지니를 10여년이 흐른 뒤에 그녀가 출소하는 교도소 앞에서 우연히 만난 뒤 복잡한 감정에 휩싸인다. 결국 그녀가 병으로 사망하고 그는 그동안 만나지 않았던 캐스버트를 찾아가 그를 살해하게 된다.

7. 노랑 잠바

여자 기숙 학교의 선생인 루스 워틀링턴은 같은 학교의 교사 허버트와 이성으로서가 아닌 우정을 오랫동안 나누고 있던 관계로 허버트가 리타 스티븐즈라는 새로 부임한 선생과 결혼한다고 하자 진심으로 축하를 전한다. 그리고 결혼 선물과 관련하여 리타와 이야기를 나누던 도중, 그녀가 자신과 맞지 않는 가치관을 털어놓자 순간적으로 살인을 저지른다.

8. 사교계의 야심가

대부호 은행가 스텐틀러는 해디넘경과 어린 시절 기숙 학교에서부터 친분을 유지했던 관계로 서로의 아들 딸이 곧 결혼을 앞둔 사이이기도 하다. 또한 스텐틀러는 나름의 야심으로 사교계의 정점에 선 인물들만 가입할 수 있는 클럽 가입에 20여년의 세월에 걸쳐 노력해온 상태로 딸의 결혼과 클럽 입성이 눈 앞에 보여 행복의 정점에 서 있다고 믿는다. 그러나 해디넘경과의 식사 자리에서 자신의 클럽 가입이 거부되었다라는 것을 알게 된다.

9. 공처가의 살인

커머튼은 아내 거트루드에게 꽉 잡혀 사는 공처가로 아내와 전혀 다른 타입의 비서 이자벨과 은밀한 관계를 맺는다. 그러나 그 사실이 들통나고 이자벨에게도 너무 많은 돈을 요구 받게 되자 그녀를 살해한 뒤 그 사실을 아내에게 털어놓는다.

10. 장님의 망집

유망한 변호사 로버트는 자신의 변호에 앙심을 품은 여인의 테러로 장님이 되고 만다. 그 뒤 그는 자신의 다른 재능을 불태워 곧바로 성공한 작가로 자리매김한다. 그러나 자신의 아내에게 호감을 가진 웨인이라는 인물 때문에 자신의 장애를 깨닫게 된 뒤 그를 살해할 계획을 짜기 시작한다.

행복한 사람

■ **가장 현명한 사람** : 모든 사람에게서 배우는 사람

(현자가 바보에게 배우는 것이 바보가 현자에게서 배우는 것보다 많다.)

■ **가장 부유한 사람** : 자족할 줄 아는 사람

(설사 재벌이나 제왕이라 할지라도 더 원하는 것이 있으면 거지나 다름없다. 자식을 출세시키지 못해 애면글면하는 사람이 있다면, 이 또한 마찬가지. 네가 원하는 것을 가지려 하지 말고, 네가 가진 것을 원하라!)

■ **가장 강한 사람** : 자신을 이기는 사람

(성경은 이것이 100개의 성을 함락시키는 것보다 더 어려운 일이라고 말한다.)

원조 프로파일러
명탐정 홈즈의
추리 통학문적 접근

초판 인쇄 / 2012년 11월 10일
초판 발행 / 2012년 11월 15일

지은이 / 정계섭
펴낸이 / 오판근
펴낸곳 / 교우사
출판등록 / 1994년 3월 24일 제6-0256호
주소 / 서울특별시 동대문구 제기2동 148-19 교우빌딩 2층
전화 / 02)925-2861(총무부), 02)925-2825(편집부)
팩스 / 02)925-2860

E-mail / kyowoo@kyowoo.co.kr
http://www.kyowoo.co.kr

ISBN 978-89-8172-932-5 (03000)

값 15,000원